구약성경을
보다

구약성경을 보다 1

1판 1쇄 발행 2014년 12월 17일
1판 2쇄 발행 2015년 7월 6일

지은이 찰스 F. 켄트 **해설 및 감수** 우수호 **옮긴이** 박일귀 **펴낸이** 박찬영
편집 서유진 **교정 · 교열** 안주영 **그림** 문수민 **디자인** 이재호 **마케팅** 이진규, 장민영
발행처 (주)리베르스쿨 **주소** 서울시 성동구 성수일로77 서울숲IT밸리 301호
등록번호 제2003-43호 **전화** 02-790-0587, 0588 **팩스** 02-790-0589 **홈페이지** www.리베르.com
커뮤니티 blog.naver.com/liber_book(블로그), www.facebook.com/liberschool(페이스북)
e－mail skyblue7410@hanmail.net **ISBN** 978-89-6582-065-9(세트), 978-89-6582-063-5(04230)

리베르(Liber 전원의 신)는 자유와 지성을 상징합니다.

일러두기

1. 맞춤법은 표준국어대사전을 따랐다. 단, 성경에 나오는 인명과 지명 표기는 개역개정 4판을 따랐다.
2. 본문에 처음 나오는 주요 인명과 지명에는 영문을 병기했다. 영문 표기는 NIV를 따랐다. 단, 인명은 정확한 정보 전달을 위
   해 달리 표기하기도 했다.
3. 문장 부호는 다음의 경우에 따라 달리 표기했다.
   「」: 성경의 책들 · 회화 · 조각, 『』: 단행본

구약성경을 보다

창조 시대 ~ 통일 왕국 시대 I

(주)리베르스쿨

머리말

청소년과 성인 누구나 쉽게 읽을 수 있다

『성경을 보다(원제: The Children's Bible)』는 구약 성경과 신약 성경에서 간추린 이야기를 읽기 쉽게 편역한 책입니다. 이 책은 저자가 성경을 25년 넘게 관찰하고 연구한 결과물이라 할 수 있어요. 내용은 성경 원문이지만 청소년의 눈높이에 맞춰 다시 썼기 때문에 어린이와 성인 누구나 쉽게 읽을 수 있지요. 그렇다고 아주 쉬운 표현만 사용하지는 않았습니다. 성경을 읽으면서 새로운 표현이나 용어의 의미도 하나씩 배워야 하기 때문이에요.

성경에는 청소년들이 그리스도교를 이해하는 데 필요한 기본적인 내용들이 담겨 있습니다. 구약 성경과 신약 성경에 나오는 영원불멸의 이야기들과 시들은 아주 먼 옛날부터 전해 오는 값진 유산이에요. 이 위대한 유산을 청소년이 이해하고 즐길 수 있을 만한 언어로 전하는 것은 부모님과 선생님의 의무자 특권이지요.

『성경을 보다』가 부모님과 선생님의 오랜 소망을 만족시켜 주길 진심으로 소망합니다. 『성경을 보다』가 청소년들에게 유익한 것을 제공하고 그들의 흥미를 불러일으키는 데, 더할 나위 없이 좋은 책이라 자부해요. 청소년들이 이 책에 실린 이야기들과 시들을 좋아한다면, 훗날 진심 어린 관심으로 성경 전체를 읽고 싶어 하고, 또 읽을 수 있을 것이라 믿습니다.

지은이 씀

성경이 스스로 말하게 하다

이 책을 막 펼쳐 보았다면 성경에 조금이라도 관심이 있는 사람이겠지요? 이 책을 끝까지 다 읽는다면 여러분은 아마도 성경을 좋아하게 될 것입니다.

유명한 고전일수록 잘 읽히지 않는다는 말은 딱 성경을 두고 하는 말 같아요. 성경은 살면서 꼭 한 번은 읽어 보아야 하는 고전이라고 합니다. 하지만 가까이하기는 쉽지 않지요. 어찌 보면 당연합니다. 성경은 본래 하나님 나라에 대한 놀라운 비밀을 담은 '신비한' 책이기 때문이지요. 일반 상식으로 내용을 전부 이해하는 것도 어려운 일이고요. 성경이 쓰인 역사적 · 문화적 배경도 21세기 대한민국과 시 · 공간적으로 너무나 동떨어져 있습니다. 즉, 읽어도 무슨 내용인지 잘 모르고, 무슨 내용인지 모르니 재미없고 가까이할 수 없는 책이 된 거예요. 아무리 영양가 좋은 음식이라도 맛이 없으면 손이 잘 가지 않듯 말이지요.

그래서 성경을 쉽게 풀어 쓴 책이나 해설서 등이 쏟아져 나오고 있습니다. 먹기 힘든 성경을 먹기 좋게 요리해서 내놓은 책들이지요. '성경을 보다' 시리즈도 같은 맥락에서 기획되었어요. 부디 『구약성경을 보다』, 『신약성경을 보다』가 성경에 이르는 좋은 통로가 되었으면 하는 바람입니다.

'성경을 보다'만의 특징이 여러분에게 도움이 되었으면 합니다. 많은 사람이 예나 지금이나 성경은 종교 경전이기 때문에 토씨 하나 바뀌지 않고 후대에 전해져야 한다고 생각합니다. 그래서 100년 전이나 1,000년 전이나 성경의 내용과 표현 방식에 큰 차이가 없는 것이지요. 덕분에 세월이 흐르고 세상이 변해도 독자는 성경에 담긴 본래 내용과 표현, 분위기 등을 생생하게 느낄 수 있어요. 저자 역시 성경 원문의 느낌을 최대한 살리려고 노력했습니다. 여러분은 이 책을 읽고 성경이 주는 감동을 깊이 느낄 수 있을 거예요.

저자는 이처럼 성경 원문의 느낌을 그대로 살리기 위해 성경에 어떤 해설도 달지 않았습니다. 신앙인이 아닌 일반 독자가 성경에 다가가기 어려운 이유 가운데 하나는, 여타의 성경 해설서가 믿음을 '강요'하듯 성경을 해설하고 있기 때문이에요. 신앙인이든 일반인이든 성경을 성경 그 자체로 마주하고 싶은 사람이 있을 겁니다. 어쩌면 새로운 관점으로 성경에 접근해 보고 싶은 독자도 있겠지요. 하지만 방대하고 복잡한 성경을 읽어 내기란 쉬운 일이 아니에요. 이러한 독자들에게 '성경을 보다' 시리즈를 권합니다. 이 시리즈는 성경에서 중요한 이야기를 뽑아 편집한 책이에요. 물론 이야기를 가리는 과정에서 저자의 의도가 반영될 수는 있습니다. 하지만 저자는 구체적인 해석을 덧붙이지 않았지요. 성경이 스스로 말하게 한 거예요.

'성경을 보다'는 원저에 '보다' 시리즈의 옷을 입혀 탄생한 책입니다. 이 시리즈에는 수많은 명화가 수록되어 있어요. 여기에는 성경을 접한 옛사람들의 감동이 고스란히 녹아 있지요. 『구약성경을 보다』, 『신약성경을 보다』는 텍스트와 예술 작품이 어우러진 책입니다. 여러분은 예술 작품을 찬찬히 감상하며 고전을 읽는 특별한 즐거움을 만끽할 수 있을 거예요. 그러다 보면 옛사람들이 성경을 읽고 느낀 감동이 여러분의 마음에도 살아나겠지요.

성경은 말 그대로 '성스러운(聖) 경전(經)'입니다. 제목에서부터 범접할 수 없는 아우라가 느껴지지요. 실제로 성경은 심오한 진리와 천국의 보물이 담긴 책이에요. 하지만 성경에는 하나님과 천사들과 그들이 사는 머나먼 천상의 이야기만 있는 것이 아닙니다. 성경에는 오히려 이 땅에서 살아가는 사람들의 이야기, 즉 '우리들의 이야기'가 담겨 있어요. 지난 역사 속에서 하나님과 사람들이 만들어 낸 좌충우돌 에피소드들을 엮은 것이 바로 성경입니다.

모든 사람이 함께 읽고 즐길 수 있는 성경 이야기책을 기획하고 번역했기 때문일까요? 저는 이 책을 옮기면서 성경이 단순한 신앙 서적에서 벗어나 남녀노소 누구나 공유할 수 있는 책이 되길 바라는 마음이 커졌습니다. 동시에 지금까지 저도 성경은 신앙인만을 위한 책이라는 편견에서 크게 벗어나지 못했다는 것도 깨달았지요. 성경을 왜 종교 경전을 넘어 위대한 인문 고전으로 꼽는지 책을 준비하는 과정에서 새삼 생각해 보게 된 거예요.

우리나라에서는 여전히 인문학이 유행하고 있습니다. 개인적으로는 인문학의 유행이 아니라 일상화가 이루어지길 간절히 바라고 있어요. 이를 위해서는 독자들이 오리지널 인문 고전을 많이 읽어야 한다고 생각합니다. 특히 감성과 인격이 자라나는 청소년기에 고전의 참맛을 경험했으면 해요. 입맛을 알게 되는 첫 경험이 무엇보다 중요하니까요. '성경을 보다'가 성경이라는 오리지널 인문 고전의 참맛을 알려 주는 데 커다란 역할을 하리라 믿습니다.

옮긴이 씀

차례

 족장 시대

4장 통일 왕국 시대 I

① 창조 시대

성경에는 실제로 일어났던 일이 담겨 있습니다. 특히 구약 성경은 역사 이야기라고 할 수 있어요. 최초의 인류부터 고대 이스라엘인의 역사까지 기록되어 있기 때문이지요. 구약 성경의 여러 책 가운데 「창세기」, 「출애굽기」, 「사무엘」, 「열왕기 상」, 「열왕기 하」 등 '역사서'에 해당하는 책에는 많은 인물이 등장하는 다양한 일화가 상세히 기록되어 있어요. 따라서 성경은 경전이나 고전일 뿐만 아니라 뛰어난 역사서이자 역사 자료기도 하지요.

1장에서는 태초부터 아브라함 등장 이전까지 인류의 역사가 펼쳐집니다. 하나님은 6일간 천지(天地)를 창조하고 마지막 날인 여섯째 날에 인간을 만들었어요. 인간은 하나님이 만든 에덴동산에서 살았지요. 연구자들은 메소포타미아의 어딘가에 에덴동산이 실제로 있었으리라 추정하기도 합니다. 인간은 하나님에게 순종하지 않고 자기중심적인 인간으로 타락해 결국 에덴동산에서 쫓겨나지요. 인간이 타락한 후 세상은 죄로 가득해집니다. 하나님은 대홍수로 세상을 심판하면서 노아의 가족만은 살려 두었어요. 하지만 이후에도 인간의 욕심은 사라지지 않았고, 노아의 후손들 역시 하나님처럼 높아지고자 바벨탑을 하늘에 닿을 때까지 쌓으려 했답니다.

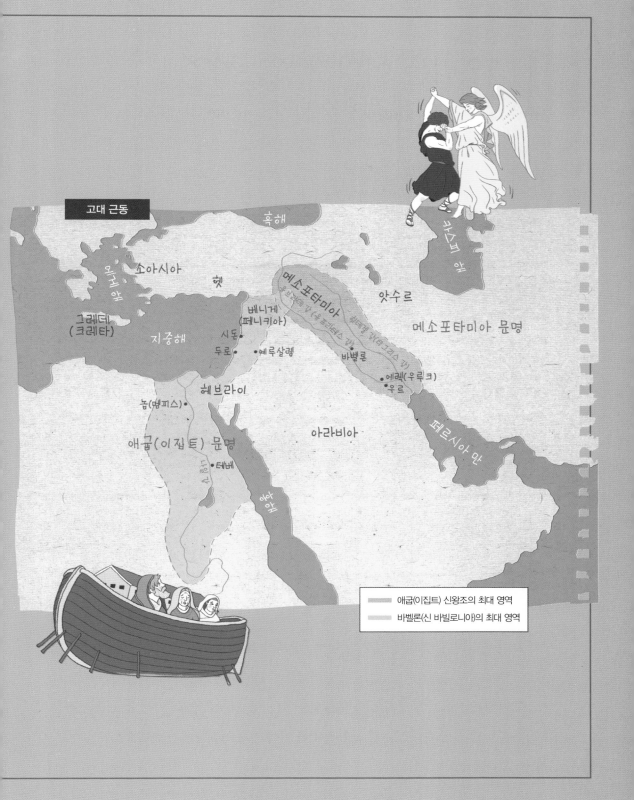

고대 근동

흑해

올림푸스

소아시아

헷

메소포타미아

카스피 해

앗수르

메소포타미아 문명

그레데
(크레타)

지중해

베니게
(페니키아)

유프라테스 강

티그리스 강

시돈

두로

예루살렘

바벨론

에렉(우루크)

우르

헤브라이

놉(멤피스)

애굽(이집트) 문명

테베

아라비아

페르시아 만

나일 강

애굽(이집트) 신왕조의 최대 영역

바벨론(신 바빌로니아)의 최대 영역

1 "우리는 어디서 왔는가?" |
천지 창조와 인간의 타락

'우리는 어디서 왔는가? 우리는 누구인가? 우리는 어디로 갈 것인가?' 프랑스 화가 폴 고갱의 대표적인 작품의 제목입니다. 작품 제목이기에 앞서 지금까지 인류가 가장 많이 던진 질문이기도 하지요. 성경은 이 질문에 가장 적절한 답을 「창세기」에서 보여 준답니다. 그래서 성경 맨 앞에 「창세기」를 두었는지도 모릅니다. 세상과 인간이 어떻게 생겨나고 당시 무슨 일이 일어났는지 파악하면, 현재 우리 모습을 이해하고 앞으로 어떻게 살아가야 할지 실마리를 얻을 수 있을 거예요. 지금부터 폴 고갱의 질문에 성경은 어떻게 답하고 있는지 창조에 얽힌 이야기 속으로 들어가 볼까요?

- 태초에 하나님이 천지를 창조하시니라. (『창세기』 1:1)
- 하나님이 자기 형상 곧 하나님의 형상대로 사람을 창조하시되 남자와 여자를 창조하시고 (『창세기』 1:27)
- 하나님이 하시던 모든 일을 그치고 일곱째 날에 안식하시니라. (『창세기』 2:2)
- 선악을 알게 하는 나무의 열매는 먹지 마라. 네가 먹는 날에는 반드시 죽으리라. (『창세기』 2:17)

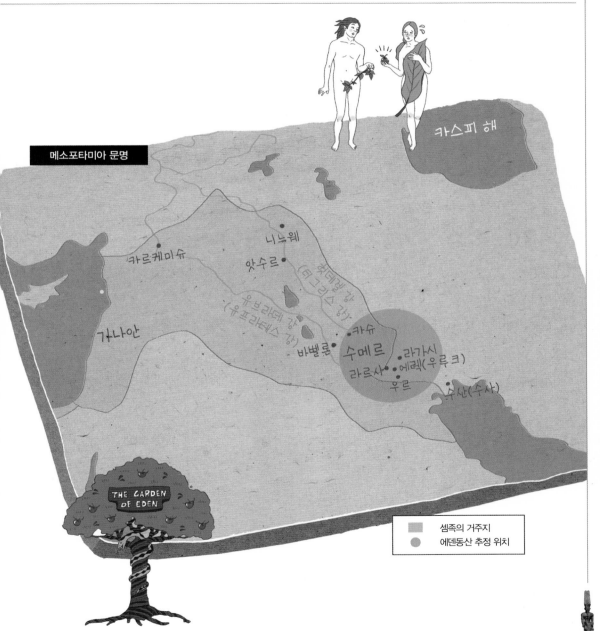

메소포타미아 문명

카스피 해

니느웨

카르케미슈

앗수르

티그리스 강

유브라데 강(유프라테스 강)

가나안

카슈

바벨론

수메르

라가시

라르사

에렉(우루크)

우르

수산(수사)

THE GARDEN OF EDEN

셈족의 거주지
에덴동산 추정 위치

하나님이 세상을 창조하다

태초에 하나님이 천지(天地)를 창조했습니다. 아직 땅이 모양을 제대로 갖추지 않았을 때 하나님이 말했어요. "빛이 생겨라." 그러자 빛이 생겼지요. 하나님이 보기에 빛이 참 좋았어요. 하나님은 어둠으로부터 빛을 나누었습니다. 빛을 '낮'이라 불렀고, 어둠을 '밤'이라 불렀답니다. 저녁이 지나고 아침이 되니 이날은 첫째 날이었어요.

하나님이 말했습니다. "창공(蒼空)이 생겨라. 창공이 물을 위와 아래로 나누어라." 그러자 그대로 되었어요. 하나님은 창공을 '하늘'이라고 불렀지요. 저녁이 지나 아침이 되니 이날은 둘째 날이었어요.

하나님이 말했습니다. "하늘 아래 있는 물은 한곳으로 모이고 육지는 드러나라." 그러자 그대로 되었어요. 하나님은 육지를 '땅'이라 불렀고, 한곳에 모인 물은 '바다'라 불렀지요. 하나님이 보기에 참 좋았답니다.

하나님이 또 말했습니다. "땅에서 화초와 나무가 자라나라." 그러자 그대로 되었어요. 화초들은 각자의 씨를 맺었고, 나무들은 각자의 열매를 맺었습니다. 하나님이 보기에 참 좋았지요. 저녁이 지나고 아침이 되니 이날은 셋째 날이었어요.

하나님이 말했습니다. "하늘에 빛이 있어 낮과 밤을 나누고, 계절과 날[日]과 해[年]를 구별해라. 하늘에서 빛나는 것들은 땅을 환히 비추어라." 그러자 그대로 되었어요.

「빛의 창조」
프랑스 화가 귀스타브 도레의 작품이다. 고대 사람들은 모든 별이 '항성'인 태양처럼 스스로 빛을 낸다고 생각했다. 따라서 '행성'인 달이나 금성, 지구 등은 태양 빛을 반사해 빛난다는 사실을 몰랐다.

「천지 창조와 낙원에서의 추방」

이탈리아 화가 조반니 디 파올로의 작품이다. 아라비아 사막을 유랑하던 이스라엘 민족은 고향을 떠나 북쪽으로 이동했다. 이후에 국가를 이룩한 이들은 우리에게 성경을 남겨 주었다. 구약 성경의 「창세기」는 이스라엘 민족의 창조 이야기다. 이스라엘 민족은 해가 지는 오후 5시 무렵을 하루의 시작이라 여겼다. 따라서 본문에서도 하루를 아침부터가 아니라 저녁부터라고 하고 있다.

메트로폴리탄 미술관 소장

「동물들의 창조」
이탈리아 화가 틴토레토의 작품이다. 하나님은 인간에게 만물을 "다스려라."라고 했다. 구약 성경은 하나님을 만물의 소유자로, 인간을 이 만물을 돌보는 관리자로 본다.
아카데미아 미술관 소장

그래서 하나님은 두 개의 큰 빛인 해와 달을 만들었습니다. 그 가운데 더 커다란 빛으로 낮을 다스리게 하고 더 작은 빛으로 밤을 다스리게 했지요. 또 하나님은 별을 만들어 하늘에 두고 땅을 비추도록 했습니다. 하나님이 보기에 좋았지요. 저녁이 지나고 아침이 되니 이날은 넷째 날이었어요.

하나님이 말했습니다. "물은 움직이는 생물을 번성하게 하고, 새는 땅 위 하늘을 날아다녀라." 하나님은 커다란 바다짐승과 물에서 번성하는 생물을 모두 종류대로 만들었고, 새도 모두 종류대로 창조했어요. 하나님이 보기에 참 좋았답니다.

하나님은 그 생물들에게 복을 주며 말했습니다. "번성해 바다를 가득 채워라. 새들도 땅 위에서 번성해라." 저녁이 지나고 아침이 되니 이날은 다섯째 날이었어요.

하나님이 말했습니다. "땅은 움직이는 동물을 내라. 가축과 기어 다니는 동물과 들짐승을 종류대로 내라." 그러자 그대로 되었어요. 그래서 하나님은 들짐승과 가축과 땅 위를 기는 동물을 종류대로 만들었지요. 하나님이 보기에 좋았답니다.

그리고 하나님이 말했습니다. "우리의 형상대로 인간을 만들자. 인간이 바다에 사는 물고기, 하늘의 새, 가축, 들짐승, 땅 위를 기어 다니는 동물을 다스리게 하자." 하나님은 자신의 형상대로 인간을 만들었어요. 인간은 남자와 여자로 나누어 창조했지요.

하나님은 인간에게 복을 주며 말했습니다. "자녀를 많이 낳고 번성해 땅을 채워라. 땅을 정복해라. 바다의 물고기와 하늘의 새, 땅 위에서 움직이는 생물을 모두 다스려라."

하나님이 계속 말했어요. "보아라. 내가 너희에게 땅 위의 온갖 씨 맺는 식물을 준다. 씨가 들어 열매를 맺는 나무를 모두 준다. 이 식물들과 나무들이 너희의 양식이 될 것이다. 땅에 사는 들짐승과 하늘의 새와 땅 위를 기어 다니는 동물에게는 모두 푸른 식물을 먹이로 준다." 그러자 그렇게 되었지요.

이렇게 만든 모든 것은 하나님이 보기에 참 좋았습니다. 저녁이 지나고 아침이 오니 그날은 여섯째 날이었어요.

하늘과 땅과 그 안의 모든 것이 다 지어졌습니다. 일곱째 날이 되자 하나님은 하던 일을 모두 마치고 쉬었어요. 하나님은 일곱째 날에 복을 주고 그날을 거룩하게 했답니다.

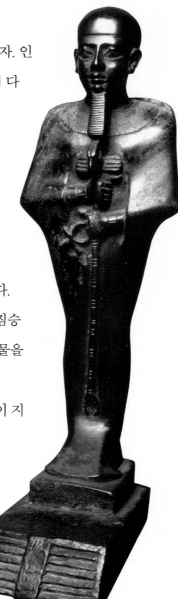

애굽 창조신 프타
애굽(이집트)을 비롯한 메소포타미아 신들은 인간을 창조한 후에 안식하곤 했다. 고대 창조 설화에서 안식에 대한 신들의 욕구는 이야기를 이끌어 가는 원동력이다.
월터스 미술관 소장

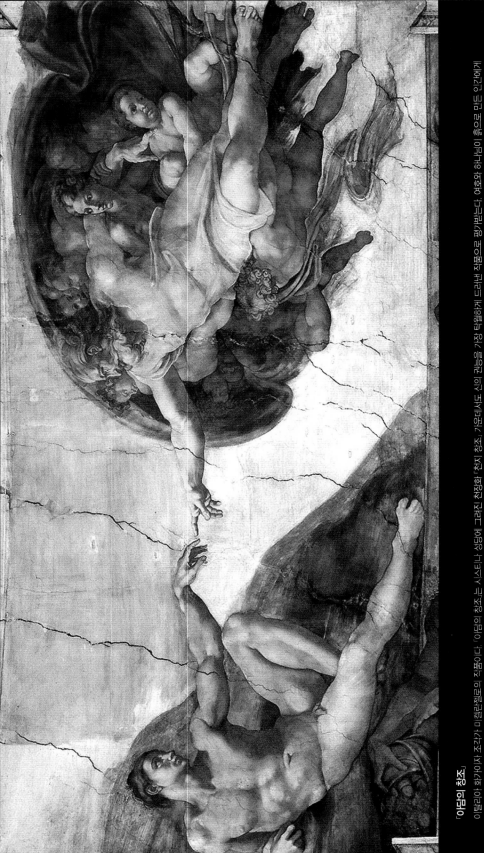

「아담의 창조」

이탈리아 화가이자 조각가 미켈란젤로의 작품이다. 「아담의 창조」는 시스티나 성당에 그려진 천장화 「천지 창조」 가운데서도 신의 권능을 가장 탁월하게 드러낸 작품으로 평가받는다. 여호와 하나님은 흙으로 만든 인간에게

숨을 불어넣는 것은 신의 본성을 부여한다는 의미다. 애굽에는 신의 영감을 부어가는 흙으로 만들기 위해 흙에 눈물을 섞었다고 전한다. 바빌론 신화 '아트라하시스 서사시'에서 신들이 살과 피와 흙을 섞어 인류를 창조한다.

시스티나 성당 소장

갈비뼈로 만든 인류의 어머니

여호와(Jehovah)
이스라엘 민족에게 계시된 하나님의 이름이다. 신학자들은 여호와의 의미가 '존재하는 모든 것을 존재하게 하는 자'라고 믿는다.

여호와 하나님이 하늘과 땅을 만들었을 때 나무나 식물은 자라지 않았어요. 아직 비를 내리지 않았기 때문이지요. 땅을 경작할 사람도 없었답니다. 하지만 이내 안개가 땅에서 올라와 온 땅을 적셨지요.

여호와 하나님은 땅의 흙으로 인간을 만들고 생명의 숨을 불어넣었어요. 그러자 인간은 생명체가 되었지요. 하나님은 동쪽 땅 에덴(Eden)에 동산 하나를 만들었습니다. 동산에는 열매 맺는 온갖 나무들이 자라게 했어요. 열매는 보기도 좋고 먹기도 좋았답니다. 또한 생명나무와 선과 악을 알게 하는 나무도 자라게 했지요.

여호와 하나님은 인간을 에덴동산에 두고, 동산을 돌보고 지키게 했습니다. 하나님은 인간에게 명령했어요.

"동산에 있는 나무 열매를 먹고 싶은 대로 모두 먹어라. 단, 선과 악을 알게 하는 나무의 열매는 먹지 마라. 먹으면 반드시 죽게 되리라."

여호와 하나님은 흙으로 모든 들짐승과 새를 빚었습니다. 하나님이 남자에게 동물들을 데려다주자 남자는 동물들에게 이름을 지어 주었어요. 남자가 동물을 부르는 대로 동물의 이름이 되었지요. 하지만 남자는 정작 자신에게 어울리는 짝은 찾을 수 없었답니다.

여호와 하나님이 말했어요.

"남자가 혼자 있는 것은 좋지 않다. 그러니 짝을 만들어 주겠다."

여호와 하나님은 남자를 깊이 잠들게 한 다음, 남자의 갈비뼈 하나를 꺼내고 그 자리를 살로 메웠어요. 여호와 하나님은 갈비뼈로 여자를 만들어 남자에게 데려왔지요. 여자를 본 남자가 말했어요.

"내 몸으로 만들었기 때문에 '여자(woman)'라고 부를 것이다."

「에덴동산과 인간의 타락」
플랑드르 화가 페테르 루벤스와 얀 브뤼헐의 공동 작품이다. 에덴동산은 하나님이
태초에 인류의 시조 아담과 하와를 살게 한 동산이다. 생명나무와 선악을 알게 하는
나무를 중심으로 각종 나무가 울창했다고 전한다. 대부분의 학자들은 에덴동산의 위
치를 페르시아 만 안쪽이나 북쪽 가장자리로 추측한다.
마우리트하위스 왕립 미술관 소장

뱀의 간사한 꾀로 낙원을 잃다

여호와 하나님이 만든 동물들 가운데 뱀이 가장 간사하고 교활했습니다. 뱀이 여자에게 물었어요.

"하나님께서 정말로 '동산의 어떤 열매도 먹으면 안 된다.' 하셨니?"

"동산 안에 있는 열매는 모두 먹어도 돼. 동산 중앙에 있는 나무의 열매만 먹지 말라고 하셨어. 하나님께서 '그 열매는 먹어서도 만져서도 안 된다. 너희가 먹으면 죽기 때문이다.'라고 하셨단다."

그러자 뱀이 여자에게 말했어요.

"너희는 절대 죽지 않아. 너희가 열매를 먹고 눈이 밝아져서 선하고 악한 것이 무엇인지 알게 될까 봐 하나님께서 그렇게 말씀하신 거야."

여자는 그 나무를 향해 천천히 다가갔습니다. 열매는 먹음직스럽고 아름답게 보였어요. 더구나 먹은 사람을 지혜롭게 해 줄 것처럼 보였지요. 결국 여자는 열매를 따서 먹어 버렸고, 남편에게도 열매를 가져다주었답니다.

남자와 여자 모두 열매를 먹자 눈이 밝아졌고, 자신들이 발가벗고 있다는 사실을 알았어요. 그들은 얼른 무화과나무 잎으로 옷을 만들어 입었지요. 하루 중 서늘한 시간이 찾아왔습니다. 동산을 거니는 하나님의 발걸음 소리가 들리자, 남자와 여자는 나무 사이로 숨었어요.

여호와 하나님은 "어디에 있느냐?"라고 남자를 불렀습니다. 남자가 대답했어요.

"동산에서 당신의 발걸음 소리를 들었습니다. 발가벗고 있는 것이 두려워 숨어 버렸습니다."

"누가 너에게 발가벗었다고 말했느냐? 내가 먹지 말라고 한 나무의

「아담과 하와」
독일 화가 알브레히트 뒤러의 작품이다. 뱀은 고대 근동의 초창기 미술과 문학에서 중요한 존재로 등장한다. 뱀은 지혜와 죽음을 상징했다. 하와는 뱀의 꼬드김으로 지혜를 얻는 대신 죽을 운명을 받는다. 고대 바빌론 신화의 영웅 길가메시도 뱀에게 속아 영원한 젊음을 빼앗긴다.
프라도 미술관 소장

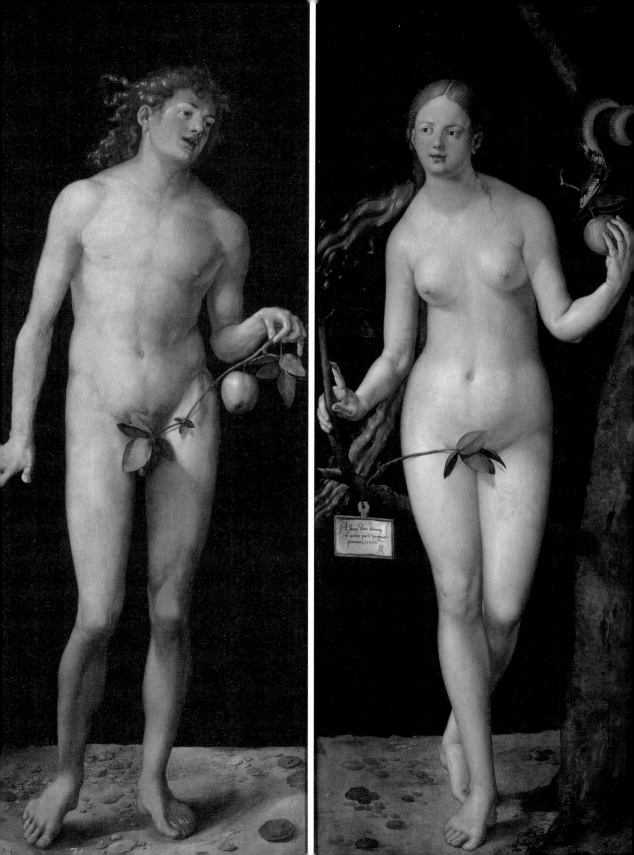

열매를 먹었느냐?”

“당신이 보내 준 저 여자가 열매를 주었습니다. 그래서 먹었습니다.”

하나님은 여자에게 물었어요.

“도대체 네가 무슨 짓을 저질렀는지 아느냐?”

“뱀이 저를 속였어요. 그래서 열매를 먹었습니다.”

이 대답을 들은 하나님은 뱀에게 말했어요.

「낙원 추방」
아담과 하와가 몸을 가리는 데 사용한 무화과나무 잎은 다산을 상징한다. 에덴에서 쫓겨난 이 남녀가 앞으로 부모와 농부 역할을 하게 될 것이라는 암시다.
브란카치 예배당 소장

“이 사건의 원흉인 뱀아. 너는 다른 짐승보다 더한 저주를 받을 것이다. 평생토록 배로 기고 흙먼지를 먹어야 할 것이다. 또한 인간과 뱀은 언제나 원수일 것이니, 인간이 너의 머리를 부수고, 너는 인간의 발꿈치를 물 것이다.”

이번에 하나님은 여자에게 말했습니다.

“이제 너의 고통을 더하리라. 너는 남편에게 순종하고, 남편은 너를 다스릴 것이다.”

하나님은 남자에게도 말했어요.

“너는 아내 말을 듣고 내가 먹지 말라고 한 나무의 열매를 먹었다. 그러니 살아가는 동안 힘들게 일해야 생계를 유지할 수 있을 것이다. 힘들게 일해야만 식량을 얻을 수 있을 것이다. 네가 죽으면 네 몸은 다시 흙으로 돌아가리라. 너는 흙으로 만들어졌으니 흙으로 되돌아갈 것이다.”

여호와 하나님은 짐승 가죽으로 옷을 지어 남자와 그의 아내에게 입혔어요. 그러고는 에덴동산 밖으로 내쫓아 땅을 열심히 갈게 했답니다.

고대 히브리인은 달에 옥토끼가 살지 않는다는 사실을 이미 알고 있었다고요?

1969년 7월 20일 닐 암스트롱이 우주선 아폴로 11호를 타고 처음 달에 착륙했습니다. 달의 비밀이 세상에 알려지는 순간이었지요. 이전까지 사람들은 달에 대한 온갖 전설을 믿었어요. 우리나라에도 달에 '방아 찧는 옥토끼'가 산다는 전설이 있지요. 고대 근동 지역의 나라들 역시 자연에 신비한 영혼이 깃들어 있다고 생각해 자연물을 신으로 섬겼어요. 애굽 사람들은 태양을 신으로 섬겼고 수메르 사람들은 하늘을 숭배했지요. 하지만 구약 성경 책인 「창세기」를 믿었던 히브리 민족은 자연에 인격을 부여하거나 자연을 신앙의 대상으로 생각해 섬기는 일을 거부했어요. 구약 성경에 담긴 창조 이야기에 따르면, 하나님은 하늘과 땅과 바다, 해와 달과 별, 동물 등 온 우주를 창조했습니다. 인간에게 이 자연물들을 주어 하나님 나라를 일구는 데 필요한 터전과 도구로 삼게 하기 위해서였지요. 따라서 구약 성경을 믿는 히브리인들은 자연을 피조물 이상으로 받아들이지 않았습니다. 수메르 사람들이 섬겼던 하늘도 히브리 사람들에게는 하나님이 사는 장소일 뿐이었어요. 구약 성경이 기원전 15세기에 쓰였으므로, 히브리 사람들은 우주선이 달에 착륙하기 몇 천 년 전부터 달에 대한 미신을 믿지 않았던 셈이지요.

애굽 태양신 아문라

2 척박한 잿빛 땅만 남다 |
노아 홍수와 바벨탑 사건

지금 이 시각에도 열심히 외국어 공부를 하는 학생이 있을 거예요. 가끔 우리말도 아닌 남의 나라말을 왜 이렇게 열심히 공부해야 하나 의문이 들지 않나요? 그 이유는 지금부터 나올 이야기를 보면 알게 될 거예요. 최초의 인간인 아담과 하와가 죄를 지은 후 하나님을 향한 인간의 눈과 귀는 점점 어두워졌습니다. 하나님이 창조한 아름다운 세상도 송두리째 변했어요. 에덴동산은 온데간데없고 척박한 잿빛 땅만 덩그러니 남았지요. 이때 하나님의 사람이자 우리의 희망인 노아가 등장합니다. 하나님은 홍수를 통해 세상을 깨끗하게 씻어 내려 했지만, 한 번 비틀어진 세상은 쉽게 회복되지 않았어요.

- 네가 무엇을 했느냐. 네 아우의 피맺힌 소리가 땅에서부터 내게 호소하느니라. (『창세기』 4:10)
- 내가 40일 주야로 땅에 비를 내려 내가 지은 모든 생물을 지면에서 쓸어버리리라. (『창세기』 7:4)
- 내가 내 무지개를 구름 속에 두었나니 이것이 나와 세상 사이의 언약의 증거니라. (『창세기』 9:13)
- 그들의 언어를 혼잡하게 해 그들이 서로 알아듣지 못하게 하자. (『창세기』 11:7)

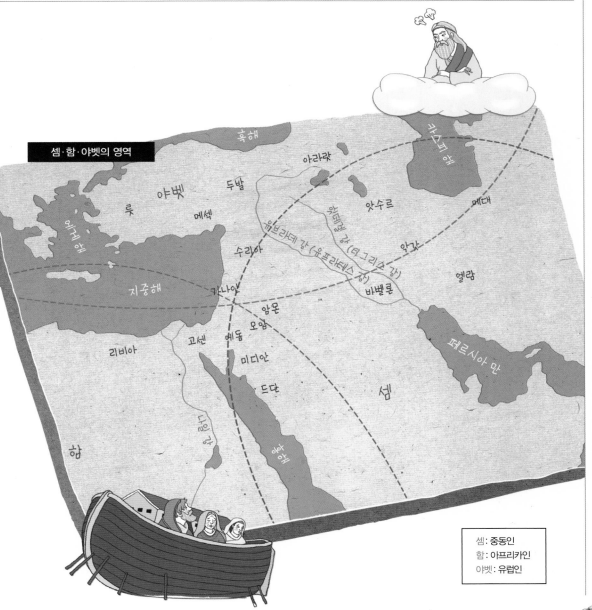

셈 · 함 · 야벳의 영역

흑해
아라랏
카스피 해
야벳
두발
룩
메섹
앗수르
메대
유브라데 강
유프라테스 강
에게 해
수리아
악갓
엘람
지중해
가나안
바벨론
암몬
리비아
고센
에돔
오압
페르시아 만
미디안
드단
셈
나일 강
함
홍해

셈: 중동인
함: 아프리카인
야벳: 유럽인

가인, 인류 최초의 살인자

에덴동산에서 쫓겨난 아담(Adam)은 자신의 아내에게 하와(Eve)라는 이름을 지어 주었습니다. 하와는 '모든 생명체의 어머니'라는 뜻이에요. 하와는 가인(Cain)과 **아벨**(Abel)이라는 두 아들을 낳았습니다. 가인은 커서 농부가 되었고, 아벨은 양치기가 되었지요.

어느 날, 가인은 여호와 하나님에게 바치려고 자신이 재배한 열매와 곡식을 가지고 왔습니다. 아벨 역시 자신이 키우는 가축들 가운데 가장 빼어난 가축을 끌고 와 그 가축의 기름을 하나님에게 바쳤어요. 하나님은 아벨과 아벨의 제물을 보고 기뻐했지만, 가인과 가인이 바친 제물에는 기뻐하지 않았지요.

가인은 매우 화가 났고, 이내 얼굴빛이 흐려졌습니다. 여호와 하나님이 가인에게 물었어요.

「가인과 아벨의 제물」
고대 유목민들과 농부들은 땅을 사용하려고 경쟁하는 과정에서 자주 충돌했다. 이 갈등이 가인과 아벨 이야기의 배경이라고 하기에는 무리가 있다. 하지만 당시 생활상을 그려 보는 데는 도움이 될 것이다.
월터스 미술관 소장

　"왜 화를 내느냐? 왜 성난 눈빛으로 노려보느냐? 네가 옳고 선한 일을 한다면 네 제물은 받아들여질 것이다. 하지만 보아라. 네가 악한 일을 저지르면 죄가 문 앞에 들짐승처럼 도사리고 있다가 너를 덮쳐, 죄를 짓고 싶은 욕망이 너를 꼼짝 못 하게 할 것이다. 너는 죄를 잘 다스려야 한다."

　가인은 동생 아벨에게 "같이 들로 나가자."라고 말했습니다. 들에서 가인은 아벨을 돌로 쳐서 죽였어요.

「아벨을 살해하다」
이탈리아 화가 틴토레토의 작품이다. 중앙 정부가 없던 고대에는 가문들 사이에 잔인한 복수전이 자주 치뤄졌다. 피해자 가문은 살인자를 직접 죽이든지, 살인자 가문에게 그들 가운데 한 사람을 죽여 줄 것을 요구했다. 아벨의 가족은 가인에게 복수하려 했을 것이다.
아카데미아 미술관 소장

여호와 하나님이 혼자 있는 가인에게 물었습니다.

"네 동생 아벨은 어디에 있느냐?"

"저는 모릅니다. 제가 동생을 지키는 사람입니까?"

하나님은 가인을 똑바로 바라보며 말했어요.

"대체 무슨 짓을 저질렀느냐? 잘 들어라! 땅에서 네 아우의 울부짖는 소리가 들린다. 이제 너는 그 땅의 저주를 받을 것이다. 네가 죽인 아우의 피로 젖은 땅이 이제 너를 저주할 것이다. 땅을 갈아도 땅은 절대 너에게 열매를 주지 않을 것이다. 너는 이 땅 위에서 부랑자가 될 것이다."

그러자 가인이 여호와 하나님에게 간청했습니다.

"이 형벌은 제가 감당하기에 너무 무겁습니다. 보소서, 저를 이 땅에서 내쫓으시면 저는 다시는 당신을 예배할 수 없습니다. 또한 저는 이 땅을 떠돌 것이고, 만나는 자마다 그런 저를 죽이려 들 것입니다."

여호와 하나님은 가인에게 표시해 누구도 가인을 죽이지 못하게 했어요.

"누구든 너를 죽이는 자는 일곱 배의 형벌을 받게 될 것이다."

하나님 앞에서 물러난 가인은 에덴을 떠나 부랑자로 살았답니다.

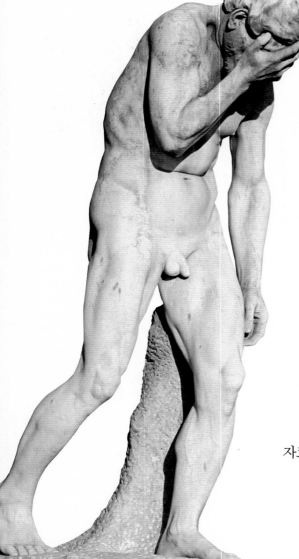

절망에 빠진 가인

하나님은 가인을 동쪽에 있는 놋 땅으로 추방했다. 가인 이야기는 낙원 추방에 이은 인간 타락에 대한 이야기다. 가인이라는 캐릭터는 '쫓겨난 자의 회한', '신의 저주'라는 변형된 주제 아래 문학, 미술 등에서 자주 활용되어 왔다.

튈르리 정원 소장

대홍수가 세상을 집어삼키다

여호와 하나님은 세상 사람들이 점점 타락하는 모습을 지켜보았습니다. 그들이 항상 품고 있는 악한 생각도 들여다보았어요. 하나님은 마음 아파하며 인간을 만든 것을 몹시 후회했지요.

"인간을 만든 것이 후회스럽도다. 세상 위에 살아 있는 것들을 모두 완전히 없애겠다."

하지만 **노아**(Noah)만은 여호와 하나님의 마음에 들었어요. 노아는 셋(Seth)의 아들입니다. 셋은 아담과 하와의 아들이자 가인과 아벨의 형제고요. 하나님은 노아에게 말했습니다.

"세상이 악행으로 가득하니 살아 있는 것은 모두 쓸어버려 세상에서 없앨 것이다. 노아야, 너는 잣나무로 **방주** 한 척을 만들어라. 방주 안에 방을 여러 칸 만들고 역청(瀝青, 석유를 정제할 때 나오는 검은 잔류물. 방수 재료로 쓰임)으로 안팎을 칠해라. 이제 방주를 만드는 법을 알려 주겠다. 길이는 152m, 너비는 24m, 높이는 15m로 만들어라. 지붕을 만들고 배 옆에는 출입문을 두어라. 방주를 1층, 2층, 3층으로 나누어라. 이 땅에 홍수를 일으켜 살아 숨 쉬는 생물을 모두 없애겠다. 땅 위에 살아 있는 것들은 모두 죽을 것이다.

노아야, 지금 살아 있는 인간들 가운데 너만 홀로 의롭구나. 너는 식구들을 데리고 방주로 들어가거라. 짐승들 가운데 식량과 희생 제물로 쓸 것을 수컷과 암컷으로 일곱 쌍을 골라 데려가거라. 식량과 희생

노아의 방주 건설
노아의 방주는 항해를 위해 만든 배가 아니었다. 배에는 키도 돛도 없었다. 배의 재료인 잣나무는 고대 근동에서 배를 만들 때 일반적으로 사용했던 재료다.
영국 도서관 소장

그림 하단 캡션: Comme ne seq commenda a noel faur vne arche et y mettre vne pair de tout restes pour le delinge.

「대홍수」

이탈리아 화가이자 조각가 미켈란젤로의 작품이다. 화면 왼쪽 먼 곳에 떠 있는 폐쇄적인 건물이 노아의 방주다. 사람들이 방주에 들어가려고 애를 쓰고 있다. 현재까지 「창세기」에 등장하는 대홍수를 입증할 만한 설득력 있는 고고학적 증거는 나오지 않았다. 고대 메소포타미아 지역인 우르, 키시, 라가시 등에서 홍수의 흔적을 발견했지만 홍수 발생 추정 시기는 모두 제각각이다.

시스티나 성당 소장

「아라랏 산에 착륙한 노아의 방주」
이탈리아 화가 틴토레토의 작품이
다. 노아의 방주는 물이 빠질 무렵
아라랏 산에 잠시 머물렀다고 한
다. 아라랏 산은 현재 터키 동부의
반 호수 지방에 위치한다.

제물로 쓸 수 없는 것은 두 쌍씩 태워라. 새들 가운데 식량과 희생 제
물로 쓸 것을 일곱 쌍씩 데려가서 종류별로 온 땅 위에 살게 해라. 7일
후 이 땅에 40일간 밤낮으로 비를 내릴 것이다. 내가 만든 살아 있는
것들을 모두 없앨 것이다."

　노아는 하나님의 명령대로 움직였습니다. 땅 위에 홍수가 났을 때
노아와 노아의 아들들, 아내, 며느리들은 방주로 들어갔어요. 노아와
식구들은 식량과 희생 제물로 쓸 짐승들, 쓰지 않을 짐승들을 방주에
태웠습니다. 새들과 땅 위를 기는 동물들도 태웠지요.

　여호와 하나님은 방주 문을 닫았습니다. 물은 점점 불어났어요. 방
주는 땅을 박차더니 이내 물을 타고 높이 떠올랐지요. 비는 40일 밤낮
으로 쏟아졌습니다. 땅 위에 살아 있던 생물들은 모두 죽고 방주에 탄
노아와 그의 식구들, 짐승들만이 살아남았어요.

하나님은 방주 안에 있는 노아와 짐승들을 기억했습니다. 하나님이 땅 위로 바람을 실어 보내자 홍수의 기세가 수그러졌어요. 하늘에서는 비가 그쳤고, 땅에서도 물이 점점 빠져나갔답니다.

40일째가 되자 노아는 방주의 창문을 열어 까마귀 한 마리를 내보냈습니다. 까마귀는 물이 마를 때까지 계속 날아다녔지요. 노아는 물이 빠졌는지 알아보려고 비둘기 한 마리도 내보냈어요. 하지만 아직 물에 온 땅이 덮여 있었답니다. **비둘기**는 발붙이고 쉴 곳을 찾지 못해 다시 돌아왔어요. 노아는 손을 뻗어 비둘기를 방주 안으로 들였지요.

7일을 더 기다린 후, 노아는 똑같은 비둘기를 방주 밖으로 날려 보냈습니다. 황혼 녘에 되돌아온 비둘기는 금방 딴 올리브 잎을 부리에 물고 있었어요. 노아는 그 모습을 보고 물이 땅에서 빠져나갔다는 사실을 알게 되었지요. 7일을 더 기다려 비둘기를 다시 날려 보내자, 이번에는 비둘기가 영영 돌아오지 않았어요.

노아는 방주 뚜껑을 열고 밖을 내다보았어요. 땅이 바싹 말라 있었지요. 노아는 아들들, 아내, 며느리들과 함께 방주 밖으로 나왔어요.

노아는 여호와 하나님 앞에 제단을 쌓고 짐승과 새 가운데 희생 제물로 적합한 것을 각각 하나씩 골라 제단 위에 바쳤습니다. 그러자 여호와 하나님이 말했어요.

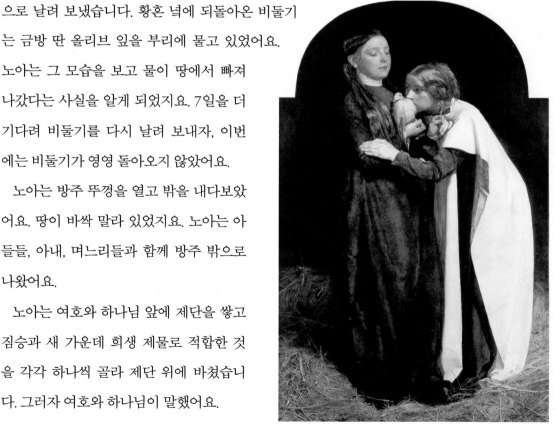

「방주로 돌아온 비둘기」
영국 화가 존 밀레이의 작품이다. 올리브 나무는 베어도 잘 죽지 않는다. 비둘기가 노아의 방주에 물고 온 올리브 잎은 홍수가 끝나고 나타날 새로운 생명을 상징한다.
애슈몰린 박물관 소장

「노아의 방주에서 내려
제사를 드리다」
이탈리아 화가 도메니코 모렐리의
작품이다. 고대 문헌에서 발견되는
언약의 증거는 무지개 말고도 있
다. 구약 성경에서 '할례'는 하나님
과 아브라함 사이에 맺은 언약의
증거다. 『길가메시 서사시』에서 이
슈타르 여신은 목걸이의 청금석에
걸고 홍수의 날을 잊지 않겠다고
맹세한다.

"인간이 악하다 해서 다시는 땅을 저주하거나 살아 있는 것들을 모
두 죽이지 않으리라. 땅이 있는 한, 뿌리는 때와 거두는 때, 추위와 더
위, 여름과 겨울, 낮과 밤이 그치지 않고 오리라."

여호와 하나님은 사람들에게 말했어요.

"구름 사이에 무지개를 두노라. 무지개는 나와 너, 그리고 나와 모든
살아 있는 것들 사이에 맺는 엄숙한 언약의 표시다. 이 땅에서 살아가
는 인간들과 내가 맺는 언약의 표시다. 내가 땅 위에 구름을 일으켜 구
름 사이로 무지개가 보일 때마다 나와 너 그리고 모든 살아 있는 것들
사이에 맺은 언약을 기억해라. 다시는 물이 홍수가 되어 모든 것을 파
괴하게 두지 않으리라."

「바벨탑」

네덜란드 화가 피터르 브뤼헐(父)의 작품이다. 바벨탑 이야기의 배경은 기원전 4000년으로 추정한다. 기원전 4000년 말경에 힛데겔 강과 유브라데
가 유역에서 물이 빠져 사람들이 남부 메스포타미아 지역에 정착하기 시작했다. 도시화가 진행된 것도 이즈음이다. 남부 메스포타미아 사람들은 대

'혼란'이라는 탑을 쌓아 올리다

세상 사람들은 모두 한 가지 언어를 사용했습니다. 사람들은 동쪽에서 이동하다가 시날(Shinar, 수메르 지역을 이르는 성경 지명) 땅에 이르러 넓은 계곡을 발견하고 그곳에 자리를 잡았어요.

"자, 벽돌을 만들어 단단하게 굽자." 사람들은 돌 대신 벽돌을 쓰고 흙 대신 역청을 썼지요.

"이제 도시를 세우고 꼭대기가 하늘까지 닿도록 탑을 쌓자. 탑을 우리의 심장으로 삼고 다시는 사방으로 흩어지지 말자."

여호와 하나님은 사람들이 지은 도시와 탑을 보려고 내려왔습니다.

"보아라. 한 백성이 한 가지 언어를 쓰는 탓에 이런 일이 벌어졌구나. 이는 시작일 뿐이니 앞으로 그들이 계획한 일을 막을 수 없을 것이다. 자, 그렇다면 내려가 언어를 뒤섞자. 서로의 말을 이해하지 못하게 하리라."

여호와 하나님이 사람들을 사방으로 흩어서 도시 건설이 중단되었어요. 하나님이 모든 언어를 뒤섞고 사방으로 사람들을 흩었다고 해서, 이 도시는 혼란이라는 뜻의 '바벨(Babel)'로 불렸답니다.

우르의 지구라트
이라크 남부의 나시리야 근교 우르 평원 위에 서 있는 신전 유적이다. 고대 남부 메소포타미아 사람들은 신이 지구라트의 계단을 따라 내려와 도시 사람들에게 복을 준다고 생각했다.

노아의 방주의 비밀은 무엇일까요?

2014년 4월 16일에 있었던 '세월호 침몰 사고' 이후에 '복원력'이라는 단어가 사람들에게 알려졌습니다. 복원력이란 '비행기나 배가 바람이나 파도와 같은 외부의 힘에 의해 한쪽으로 기울어졌을 때 다시 원래의 상태로 돌아가 평형을 유지하려는 힘'을 말해요. 배가 복원력을 잃어버리면 침몰해 커다란 인명 피해가 납니다. 따라서 복원력은 배의 안전을 보장하는 가장 중요한 조건이에요. 노아의 방주는 밤낮으로 내린 비와 150일 넘게 이어진 큰 홍수를 무려 40일 동안 견뎌 냈습니다. 도대체 방주는 얼마나 큰 복원력을 가지고 있었던 걸까요? 구약 성경 「창세기」의 기록에 따르면 노아의 방주의 크기는 대략 길이가 300규빗, 너비가 50규빗, 높이가 30규빗 정도라고 합니다. 길이는 축구장보다 더 길고, 면적은 농구장 20개보다 더 넓지요. 오랜 연구 끝에, 현대의 선박 공학자들은 배의 복원력과 안정성을 유지하기 위한 최적의 비율을 찾아냈습니다. 배의 길이와 너비의 비율이 6:1이 되어야 한다는 것이었어요. 과학이나 선박 공학 기술이 없었던 노아 시대에 만들어진 방주의 비율도 300:50, 정확하게 6:1입니다. 놀랍지 않나요? 현대에 노아의 방주와 같은 비율로 만들어진 배가 있습니다. 미국 해군의 'U.S.S. 오레건호'라는 배예요. 지금까지 건조된 군함 가운데 가장 안전한 것으로 평가받고 있답니다.

U.S.S. 오레건호

2 족장 시대

함께 알아볼까요

　　'믿음의 조상'이라 불린 아브라함부터 그의 자손인 이삭, 야곱, 요셉이 차례로 등장했던 시대를 '족장 시대'라고 합니다. 족장이란 가문의 대표이자 종교 행위를 관장하는 제사장을 뜻하지요. 족장은 자손들에게 축복과 저주를 선언할 권한도 가지고 있었답니다.

　　하나님은 아브라함에게 아브라함의 후손이 하나님의 특별한 백성이 되고, 전 세계의 축복이 될 것이라 약속합니다. 아브라함은 고향인 갈대아 우르에서 하나님의 말씀을 듣고 낯선 땅인 가나안, 즉 성경의 주 무대가 되는 팔레스타인으로 옮겨 가지요. 아브라함의 고향인 갈대아 우르는 세계 4대 문명 가운데 가장 먼저 등장한 메소포타미아 문명이 찬란하게 꽃핀 지역이기도 해요.

　　야곱의 아들인 요셉은 형들의 시기와 질투로 애굽에 노예로 팔려 갑니다. 요셉은 보디발이라는 부유한 애굽 사람의 집에서 일하다가 훗날 애굽 왕실의 총리가 되는 영예를 차지하지요. 당시 애굽에서는 파라오가 외국 출신 인재를 발탁해 국가 운영과 관리를 맡기기도 했어요. 요셉이 애굽의 총리였을 때 온 땅에 기근이 들었습니다. 요셉의 도움으로 야곱의 식구는 기근을 피해 애굽으로 들어가 정착하지요. 요셉과 형제들의 자손은 애굽에서 400년간 살면서 번성했답니다.

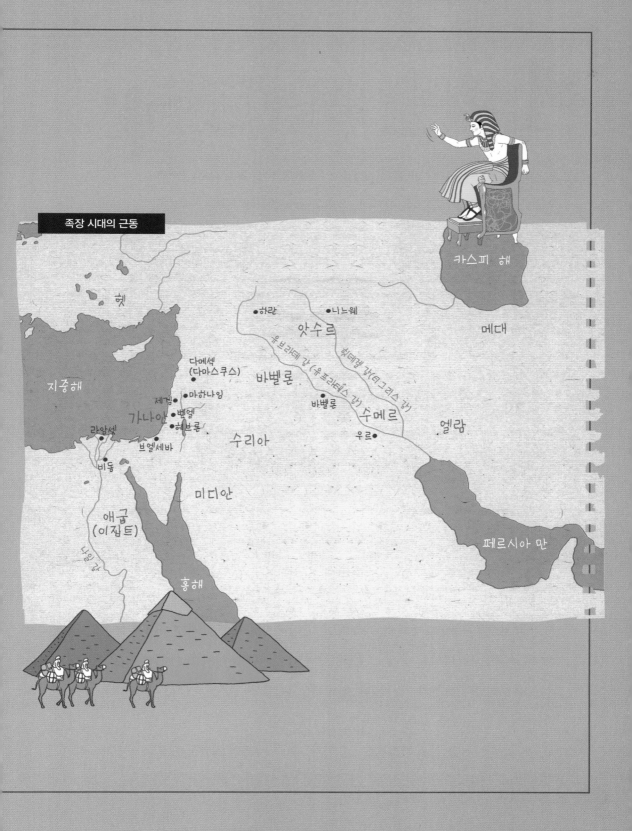

족장 시대의 근동

카스피 해

헷

하란
니느웨

앗수르

유브라데 강 (유프라테스 강)

힛데겔 강 (티그리스 강)

다메섹
(다마스쿠스)

바벨론

지중해

제겜
마하나임

가나안
벧엘
헤브론

라암셋
브엘세바

수리아

바벨론

수메르

우르

엘람

비돔

미디안

애굽
(이집트)

나일 강

홍해

메대

페르시아 만

1 '믿음의 조상'이 되다 | 아브라함과 이삭

우 리나라에서 단군왕검을 한민족의 시조로 보듯 이스라엘에서는 아브라함을 민족
의 시조, 즉 '믿음의 조상'으로 여깁니다. 「마태복음」 첫 장을 보면 아브라함이 믿
음의 족보 첫머리에 등장해요. 그렇다면 왜 아브라함이 믿음의 조상이 되었을까요? 물
론 하나님이 아브라함을 믿음의 조상으로 선택했기 때문이지요. 그러나 더욱 중요한 이
유는 아브라함이 자기가 가진 것을 모두 뒤로 한 채 하나님을 순순히 따랐기 때문이랍니
다. 자기가 가진 것을 모두 포기하는 건 절대 쉬운 일이 아니에요. 아브라함은 어려움을
극복하고 하나님을 믿고 따랐지요. 그 대가로 아브라함의 자손들은 복을 누렸습니다.

- 내가 너로 큰 민족을 이루고, 네게 복을 주어 네 이름을 창대하게 하리니 너는 복이 될지라. (『창세기』 12:2)
- 거기서 열 명을 찾으시면 어찌하려 하시나이까. 이르시되, 내가 열 명으로 말미암아 멸하지 아니하리라. (『창세기』 18:32)
- 네가 네 아들, 네 독자까지도 내게 아끼지 아니했으니 내가 이제야 네가 하나님을 경외하는 줄을 아노라. (『창세기』 22:12)
- 우리 누이여 너는 천만인의 어머니가 될지어다. 네 씨로 그 원수의 성문을 얻게 할지어다. (『창세기』 24:60)

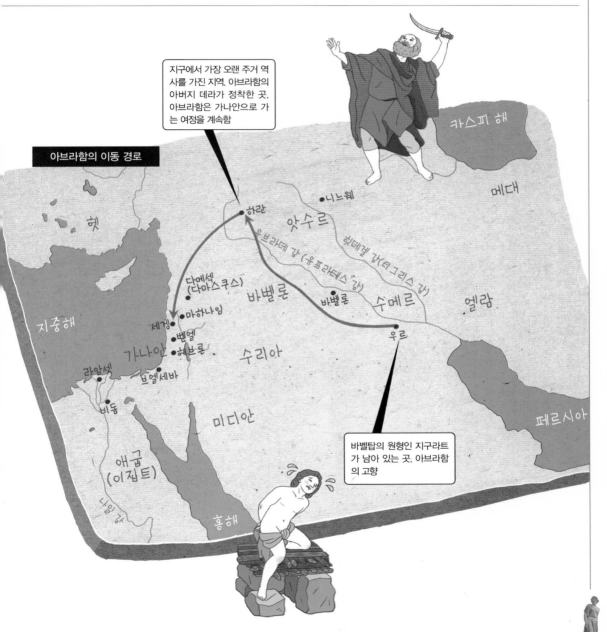

지구에서 가장 오랜 주거 역사를 가진 지역. 아브라함의 아버지 데라가 정착한 곳. 아브라함은 가나안으로 가는 여정을 계속함

아브라함의 이동 경로

카스피 해

메대

헷

니느웨

하란

앗수르

힛데겔 강(티그리스 강)

유브라데 강 (유프라테스 강)

다메섹 (다마스쿠스)

바벨론

바벨론

수메르

엘람

지중해

세겜

마하나임

벧엘

헤브론

가나안

수리아

우르

라암셋

브엘세바

비돔

미디안

페르시아

애굽 (이집트)

나일 강

홍해

바벨탑의 원형인 지구라트가 남아 있는 곳. 아브라함의 고향

45

아브라함이 하나님과 불멸의 계약을 맺다

방주에서 나온 노아에게는 아들이 셋 있었습니다. 셈(Shem)과 함(Ham)과 야벳(Japheth)이었지요. 셈의 후손인 데라(Terah)는 아브라함(Abraham)과 나홀(Nahor)과 하란(Haran)의 아버지였어요. 하란은 롯(Lot)의 아버지랍니다.

여호와 하나님은 아브라함에게 말했어요.

"네 나라와 네 친척과 네 아버지의 집을 떠나 지금 내가 보여 줄 땅으로 가거라. 너를 큰 나라로 만들어 주리라. 반드시 너를 축복하고 네 이름을 높일 것이다. 그리하여 너는 다른 사람들이 받는 복의 근원이 될 것이다. 땅 위의 모든 민족이 너처럼 복 받길 바랄 것이다."

아브라함은 여호와 하나님이 명령한 대로 길을 떠났습니다. 조카인 롯도 아브라함을 따랐어요. 하란(Haran)을 떠날 때 아브라함의 나이는 75세였답니다. 아브라함은 롯과 아내인 사라(Sarah)와 함께 가나안(Canaan) 땅으로 출발했어요.

아브라함은 가나안에 이르러 세겜(Shechem) 땅에 도착했습니다.

모레(Moreh) 지방의 상수리나무가 있는 곳으로 가자 여호와 하나님이 아브라함 앞에 나타나서 말했어요.

"네 자손에게 이 땅을 주겠다."

아브라함은 하나님을 예배하기 위해 제단을 쌓았어요. 그러고는 근처 산으로 자리를 옮겨 장막을 세웠지요. 산의 한편에는 벧엘(Bethel)이 있고 다른 편에는 아이(Ai)가 있었

「가나안 땅에서 아브라함과
롯이 헤어지다」
이탈리아 화가 바르톨로 디 프레
디의 작품이다. 목축을 위해서는
샘과 초지가 필요하다. 유목민이었
던 아브라함과 롯은 목축을 위해
각자 많은 땅이 필요했을 것이다.

어요. 거기서도 아브라함은 여호와 하나님 앞에 제단을 쌓아 기도를
올렸지요.

아브라함은 가축과 금은이 많은 큰 부자였어요. 아브라함과 함께
온 롯 역시 양 떼와 소 떼, 장막을 많이 가지고 있었지요. 벧엘과 아이
사이의 땅은 둘이서 함께 살기에 비좁았어요. 롯의 목자들과 아브라
함의 목자들 사이에 싸움이 나자 아브라함이 롯에게 말했습니다.

"나와 너 사이에, 내 목자들과 네 목자들 간에 다툼이라니 이게 웬일
이냐? 부탁한다, 우리는 한 가족이 아니냐? 땅은 얼마든지 있다. 그러

니 우리 서로 떨어져 살자꾸나. 네가 왼쪽으로 가면 난 오른쪽으로 갈 것이고, 네가 오른쪽으로 가면 난 왼쪽으로 가겠다."

롯이 주위를 둘러보니 요단(Jordan)의 온 들판이 소알(Zoar)에 이르기까지 어디에나 물이 넉넉했습니다. 마치 여호와의 동산 같았지요. 그래서 롯은 요단의 골짜기를 모두 선택했어요. 평지의 여러 도시에서 살다가 소돔(Sodom)에까지 장막을 쳤지요. 소돔은 하나님이 죄지은 사람들을 벌하기 전이었기 때문에 다른 지역처럼 풍요로웠어요.

롯이 떠난 후 여호와 하나님이 아브라함에게 말했습니다.

"고개를 들어 북쪽과 남쪽, 동쪽과 서쪽을 보아라. 보이는 땅을 모두 너와 네 자손에게 영원히 주겠다. 네 자손이 땅의 먼지만큼 많아지게 하겠다. 땅의 먼지를 셀 수 없듯 네 자손도 셀 수 없으리라. 일어나라. 네게 이 땅을 줄 것이니 가로로도 걸어 보고 세로로도 걸어 보아라."

아브라함은 장막을 옮겨 헤브론(Hebron)에 있는 마므레(Mamre)의 상수리나무 숲에서 살았어요. 그곳에서도 여호와 하나님 앞에 제단을 쌓았답니다.

어느 날, 마므레의 상수리나무 곁에서 사건이 하나 일어났습니다. 아브라함은 한창 더운 대낮에 장막 입구에 앉아 있었어요. 고개를 드니 세 사람이 앞에 서 있었습니다. 여호와 하나님과 두 천사였지요. 아브라함은 벌떡 일어나 그들 앞으로 달려갔어요. 그러고는 땅에 엎드려 절했지요.

"손님들이여, 바라건대 제게 은혜를 내린다 생각하고 그냥 지나치지 마십시오. 종에게 오셨으니 물을 가져오라 하십시오. 물로 발을 씻고 나무 아래에서 쉬십시오. 제가 드실 것을 조금 가져오겠습니다. 드

아브라함이 하나님과 두 천사를 맞이하다
이탈리아 화가 티에폴로의 「하나님과 세 천사」다. 화가는 하나님 역시 날개 달린 천사의 모습으로 표현했다. 주인이 손님의 먼지 묻은 발을 씻어 주는 것은 건조한 고대 근동 지역의 관습이었다.
프라도 미술관 소장

시고 기운을 차리신 후 다시 길을 떠나십시오."

세 사람은 "당신이 말한 대로 하시오."라고 대답했습니다. 아브라함은 급히 사라가 있는 장막으로 뛰어들어 갔어요.

"빨리 좋은 밀가루를 가져와 반죽해 빵을 만들게."

아브라함은 가축 떼가 있는 곳으로 가서 살이 연하고 좋은 송아지 한 마리를 골라 종에게 주었습니다. 종은 재빨리 요리 준비를 했지요. 아브라함은 손님들에게 송아지 요리와 함께 버터와 우유도 대접했어요. 손님들이 식사하는 동안 아브라함은 나무 아래에서 기다렸지요.

"아내는 어디에 있소?" 손님들이 이렇게 묻자 아브라함이 대답했어요. "저기, 저 장막 안에 있습니다."

손님들 가운데 한 명이 말했습니다.

"내가 아홉 달 후에 반드시 다시 오겠소. 그때 아내에게 아들이 생길 것이오."

헤브론에 있는 막벨라 동굴
이스라엘 헤브론 지역에 있는 지하 동굴이다. 성경에 나오는 네 부부 즉, 아담과 하와, 아브라함과 사라, 이삭과 리브가, 야곱과 레아의 매장지라고 여겨진다. 유대교, 그리스도교, 이슬람교의 성지다.

유황불로 타오르는 악덕의 도시

아브라함은 손님들을 배웅하기 위해 함께 나갔어요. 여호와 하나님이 말했지요.

"사람들이 소돔과 고모라가 무겁고 추악한 죄를 저지른다고 소리 높여 고발하고 있다. 내려가서 정말 그런지 볼 것이다. 사실이 아니라면 내가 알 것이다."

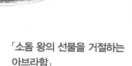

두 천사는 소돔 쪽으로 발걸음을 뗐습니다. 아브라함은 뒤에 남은 여호와 하나님 앞에 섰어요.

"주여, 주님께서는 악한 사람과 함께 선한 사람도 없앨 것입니까? 저 도시에 선한 자가 50명이 있다고 해 보십시오. 그래도 저곳을 쓸어버리실 것입니까? 선한 사람을 악한 사람과 함께 죽이는 것은 주님께서 하실 일이 아닙니다! 선한 사람을 악한 사람처럼 대하는 것도 주님의 일이 아닙니다! 온 세상을 심판하는 분이시여, 부디 공정하게 판단해 주십시오."

하나님이 말했어요.

"소돔에서 선한 사람 50명을 찾을 수 있다면 그들을 위해 도시 전체를 남겨 두리라."

"먼지나 재에 지나지 않는 제가 감히 여호와 하나님께 여쭙니다. 도시에 선한 자가 50명이 되지 않는다면 어떻습니까? 다섯 명이 모자라도 주님께서는 도시 전체를 쓸어버리십니까?"

여호와 하나님이 말했어요.

"선한 사람 45명을 찾을 수 있다면 도시를 없애지 않겠다."

「소돔 왕의 선물을 거절하는 아브라함」
소돔이 전쟁에서 패배한 일이 있었다. 소돔에 있던 롯은 포로로 잡혀 재산을 모두 빼앗긴다. 소문을 들은 아브라함이 휘하에 부하들을 이끌고 적을 대파한 후 롯을 구출한다. 소돔 왕이 사례하려 했으나 아브라함은 거절한다. 「창세기」 14장에 나오는 이야기다.

「소돔의 천사」
프랑스 화가 귀스타브 모로의 작품이다. 고대에는 성문 부근에서 장사나 재판이 벌어졌다. 롯 역시 성문에 앉아 장사를 하고 있었을 것이다.
귀스타브 모로 미술관 소장

"선한 사람 40명을 찾으실 수 있다면요?"

"40명을 보아서 남겨 둘 것이다."

그러자 아브라함이 말했습니다.

"여호와 하나님이시여, 노하지 마십시오. 제가 말씀드릴 수 있게 허락해 주십시오. 만약 선한 사람 30명을 찾으면 어떻게 하시겠습니까?"

"30명을 찾을 수 있다면 그곳을 없애지 않을 것이다."

"감히 여호와 하나님께 여쭙습니다. 만약 선한 사람 20명을 찾으면 어떻게 하시겠습니까?"

"선한 사람 20명을 보아서라도 멸망시키지 않겠다."

아브라함이 더욱 간절히 물었어요.

"오, 주님 노하지 마십시오. 한 번만 더 말씀드리게 허락해 주십시오. 선한 사람 열 명이 있다면요?"

"도시를 파괴하지 않고 열 명을 구할 것이다."

여호와 하나님은 떠났고, 아브라함은 그제야 집으로 돌아왔지요.

저녁에 인간의 모습을 한 두 천사가 소돔에 찾아왔습니다. 롯은 소돔 성문 근처에 앉아 있었어요. 천사들을 발견한 롯은 일어나 맞이하고 엎드려 말했지요.

"주인이시여, 제발 가시는 걸음을 멈추소서. 당신 종의 집에 오셔서 하룻밤 주무시고 발도 씻으소서. 그런 후에 내일 아침 일찍 길을 떠나셔도 될 것입니다."

"아닙니다. 우리는 그냥 길에서 하룻밤 잘 생각이오."

롯이 간곡하게 권하자 천사들은 롯의 집으로 들어갔어요. 롯이 누룩을 넣지 않은 빵을 구워 대접했고, 천사들은 롯이 차려 준 것을 먹었지요.

롯의 손님들이 잠자리에 들기 전이었어요. 남자들이 젊은이 늙은이 할 것 없이 소돔 전역에서 몰려와 롯의 집을 에워쌌습니다. 남자들이 크게 소리쳤어요.

"오늘 밤 네 집을 찾은 손님들은 어디에 있느냐? 당장 내놓아라. 원하는 대로 가지고 놀 것이다."

롯은 집 밖으로 나와 등 뒤로 문을 잠그고 애원했습니다.

"친구들이여, 간청합니다. 나쁜 짓 하지 마십시오. 이 사람들에게 그

「롯의 손님을 공격하는 소돔 사람들」
남색을 뜻하는 소도미(sodomy)라는 영어 단어는 고대 도시, 소돔에서 유래한다. 소돔은 성적 문란으로 악명이 높았다. 현재 소돔은 '죄악의 도시'를 뜻하는 비유의 말이다.

러면 안 됩니다. 내 집에 온 손님입니다."

"비켜라, 안 그러면 그들보다 더 나쁜 꼴을 당할 것이다."

남자들은 롯을 밀치고 문을 부수려 했어요. 그때 두 손님이 손을 뻗어 롯을 안으로 끌어당긴 후 문을 닫았습니다. 그러고서 문밖에 있는 남자들을 모조리 쳐 눈멀게 했지요. 남자들은 문을 찾을 수 없었어요.

두 손님이 롯에게 말했습니다.

"여기에 당신 가족이 더 있소? 사위, 아들딸 상관없이 가족을 다 데리고 이곳을 떠나시오. 우리가 이곳을 없앨 것이오. 소돔에 대한 우려가 하늘에 사무쳐 하나님께서 이곳을 없애기 위해 우리를 보내셨소."

롯은 밖으로 나가 사위들에게 말했어요.

"서두르게. 이곳을 떠나야 하네. 여호와 하나님께서 이 도시를 없앨

「롯과 롯의 가족이 천사들의 도움을 받아 재앙이 닥칠 도시에서 도망치다」
플랑드르 화가 페테르 루벤스의 작품이다. 손님에게 잠자리를 제공한 주인은 손님의 안전까지 책임져야 했다.

것이네."

사위들은 롯이 농담한다고 생각했답니다.

새벽이 올 무렵 두 천사는 롯을 재촉했어요.

"일어나시오. 아내와 두 딸을 데리고 떠나시오. 그래야만 당신 가족이 도시가 받을 형벌에서 벗어날 수 있소."

롯이 망설이자 두 천사는 롯과 그의 가족의 손을 잡고 도시 밖으로 이끌었습니다. 여호와 하나님이 롯에게 자비를 베푼 것이지요. 두 천사가 말했습니다.

"살고 싶으면 이곳을 피하시오. 돌아보지도 말고 들판에 머물지도 마시오. 산으로 가시오. 그러면 죽지 않을 것이오!"

롯이 놀라 말했어요.

"주인이시여, 그러지 마옵소서! 주인께서 큰 은혜를 베풀어 제 목숨을 구해 주셨습니다. 하지만 재앙이 닥쳐 저 산에 이르기 전에 죽을까 두렵습니다. 저기 도시가 보이십니까? 도망치기에 매우 가깝고 작은 도시입니다. 그러니 주인이시여, 저곳으로 피할 수 있게 해 주십시오. 그러면 제 목숨을 구할 것입니다."

여호와 하나님이 롯에게 말했어요.

"네 부탁을 들어주겠다. 네가 말한 도시는 멸망시키지 않으리라. 서둘러 그곳으로 도망쳐라. 네가 도착할 때까지 난 아무것도 하지 않겠다."

롯이 작은 도시 소알에 도착하자 해가 떠올랐습니다. 여호와 하나님은 유황과 불을 소돔과 고모라에 퍼부었어요. 소돔과 고모라의 온 들판과 사람들과 그 땅에서 자란 모든 것을 없앴지요. **롯의 아내**는 이 모습을 보려고 뒤를 돌아보다가 그만 소금 기둥이 되고 말았어요.

다음 날 아침, 아브라함은 자리에서 일찍 일어났습니다. 여호와 앞에 섰던 곳으로 가서 소돔과 고모라의 들판 쪽을 바라보았어요. 그 땅에서는 아궁이에서 연기가 나듯 시커먼 연기가 치솟고 있었지요.

「롯의 아내」
영국 조각가 윌리엄 소니크로프트의 작품이다. 소금 기둥은 염해에서 나타나는 현상으로, 소금물이 물보라를 일으키며 분출해 굳은 것이다.
빅토리아 앨버트 미술관 소장

이탈리아 화가 바르톨로메오 기노노노의 '롯에게 술을 따르는 그의 딸들'이라는 작품이나. 소돔과 고모라가 멸망한 두 롯과 롯의 딸들은 산에 거주한다. 롯의 딸들은 롯의 가문이 끊길 것을 염려해 아버지 롯과 동침해 아이를 낳는다. 롯이 술에 취해 정신없는 사이에 일어난 일이다. 롯의 딸들의 자식은 각각 모압족과 암몬족의 기원이 된다. 「창세기」 13장 30~38절의 이야기다.
스트라다 누오바 박물관 소장

광야를 찢는 어머니의 울음소리

여호와 하나님은 사라가 아들을 낳게 하겠다는 약속을 지켜 주었습니다. 아이의 이름은 이삭(Isaac)이었어요. 이삭이 자라서 젖을 떼자 아브라함은 큰 잔치를 벌였습니다. 어느 날, 사라는 종이었던 애굽(Egypt, 이집트) 여인 하갈(Hagar)과 아브라함 사이에서 난 아들 이스마엘(Ishmael)이 이삭을 놀리고 있는 것을 보았어요. 사라는 아브라함에게 말했습니다.

"여종과 그 아들을 쫓아내십시오. 여종의 아들이 내 아들 이삭과 재산을 함께 물려받을 수는 없습니다."

아브라함은 사라의 요청으로 매우 괴로웠어요. 하갈의 아들 역시 자기 아들이었기 때문이지요. 여호와 하나님은 아브라함에게 말했습니다.

"여종과 그 아들 때문에 염려하지 마라. 사라의 말을 모두 들어주어라. 오직 이삭과 그의 자손만이 너의 대를 이을 것이다. 하지만 여종의 아들도 네 아들이니, 내가 그를 통해 큰 나라를 이룰 것이다."

이튿날 아침, 아브라함은 일찍 일어나 빵과 물이 든 가죽 부대 하나를 준비했어요. 하갈의 손에는 빵을 쥐어 주고 어깨에는 가죽 부대를 메 주고는 그녀를 떠나보냈지요. 하갈은 길을 나선 후 브엘세바(Beersheba) 광야를 돌아다녔습니다. 어느새 가죽 부대에 담겨 있던 물이 떨어졌어요. 하갈은 어느 키 작은 나무 아래 아이를 눕혀 놓고 조금 떨어진 곳으로 가서 주

「하갈을 지명한 사라」
하갈은 사라의 종이었다. 당시 아이를 낳지 못하는 여주인은 여종에게 남편의 아이를 낳도록 할 수도 있었다. 「창세기」 16장 2절을 보면, 하갈도 사라의 주선으로 지참금 없이 아브라함의 첩이 되었다.

저앉았습니다. 그러고는 아이 쪽을 바라보며 눈물을 흘렸지요.

"내 아들이 죽는 것을 지켜봐야 합니까?"

아이도 울기 시작했습니다. 여호와 하나님이 울음소리를 들었어요.

"하갈아, 왜 우느냐? 두려워하지 마라. 내가 아이의 울음소리를 들었다. 일어나서 아이를 안아 일으키고 손으로 단단히 붙잡아라. 내가 그 아이를 통해 큰 나라를 이루리라."

여호와 하나님이 하갈의 눈을 열어 우물을 보게 했습니다. 하갈은 서둘러 우물로 가서 가죽 부대에 물을 채운 후 아이에게 먹였지요.

여호와 하나님은 하갈의 아이를 보살폈습니다. 아이는 자라 바란 (Paran) 광야에서 살았고 활잡이가 되었어요. 하갈은 애굽에서 여자를 데려다 아들의 아내로 삼았답니다.

「하갈과 이스마엘」
프랑스 화가 장 프랑수아 밀레의 작품이다. 이스마엘은 이슬람교 경전인 『코란』에서 '이스마일'이다. 아랍인들은 이스마엘이 자신의 조상이라 믿는다. 이삭이 유대인의 직계 조상이라면 이스마엘은 북부 아랍인의 직계 조상이다.

브란트의 작품이다. 고대 근동에는 다산(多産)을 주관하는 신에게 짐승, 곡식, 어린아이를 제물로 바치는 관행이 있었다. 구약 성경의 저자는
는 관행을 금한다. 이 이야기에서도 인간 제물을 짐승 제물로 대체하고 있다.

제물로 바친 소중한 아들

여호와 하나님은 아브라함을 시험하기로 했습니다.

"아브라함아!"

"네, 여기 있습니다."

"네가 사랑하는 외아들 **이삭**을 데리고 **모리아**(Moriah) 땅으로 가거라. 내가 말해 주는 산에서 아이를 불태워 제물로 바쳐라."

아브라함은 이튿날 아침 일찍 일어나 나귀 등에 안장을 얹었어요. 종 두 명과 아들 이삭에게도 떠날 준비를 하라 일렀지요. 아브라함은 번제에 쓸 장작을 준비한 후 하나님이 알려 준 곳으로 길을 떠났습니다. 3일째 되던 날, 아브라함이 고개를 들자 저 멀리 하나님이 일러 준 장소가 보였어요. 아브라함은 종들에게 말했습니다.

"내가 아이와 함께 저기 가 있는 동안 너희는 여기서 나귀를 지키고 있어라. 예배를 드리고 다시 돌아오겠다."

아브라함은 번제에 쓸 장작을 아들에게 주고 불과 칼을 챙겨 아들과 함께 걸었습니다. 이삭이 아브라함을 "아버지!" 하고 불렀어요.

"그래, 내 아들아."

"불과 장작은 여기 있는데 번제에 쓸 어린 양은 어디 있나요?"

"아들아, 하나님께서 번제에 쓸 양을 손수 마련해 주실 것이다."

하나님이 말했던 곳에 도착하자 아브라함은 제단을 쌓고 그 위에 장작을 벌여 놓았습니다. 그리고 아들 이삭을 묶어 장작 위에 눕혔어요. 아브라함은 칼을 쥔 손을 높이 들어 아들을 죽이려고 했지요.

"아브라함아, 아브라함아!"

하늘에서 하나님의 천사가 아브라함을 불렀어요. 아브라함은 얼른

번제(燔祭)
구약 시대에 짐승을 통째로 태워 하나님에게 바치던 제사. 주로 소, 양, 염소 등을 바쳤는데 반드시 흠이 없는 수컷이어야 했다.

대답했지요.

"네, 여기 있습니다."

"아이에게 손대지 마라. 아이에게 아무것도 하지 마라. 이제 네가 하나님을 사랑한다는 것을 알았다. 네 외아들을 바치는 것도 마다치 않는구나."

아브라함은 숫양 한 마리가 수풀에 뿔이 걸려 움직이지 못하는 것을 보았어요. 그는 숫양을 잡아 아들 대신 하나님에게 바쳤지요. 여호

성전산 혹은 모리아 산
예루살렘에 있는 성전산은 아브라함이 이삭을 희생 제물로 바치려 했던 산으로 알려져 있다. 이슬람 교도들은 아브라함이 이삭이 아니라 이스마엘을 바치려 했다고 믿는다. 현재 유대교, 그리스도교, 이슬람교의 성지다.

와 하나님의 천사가 아브라함에게 말했어요.

"여호와 하나님께서 말씀하셨다. '네가 내 말에 따라 외아들마저 아끼지 않았으니 내 반드시 복을 주리라. 네 자손이 하늘의 별만큼 바닷가의 모래알만큼 많아지게 할 것이다. 네 자손은 적을 정복하고, 땅 위 모든 나라 사람들은 네 자손이 받은 복을 자신들도 받길 바랄 것이다. 네가 내 명령에 순종했기 때문에 이 복을 받는 것이다.'"

아브라함은 이 장소를 '여호와 이래(Jehovah-jireh)'라 불렀어요. 이 말은 '여호와 하나님이 마련해 줄 것이다.'라는 뜻이랍니다.

아름다운 리브가, 아브라함 가문의 여주인이 되다

여호와 하나님은 아브라함이 하는 모든 일에 복을 주었습니다. 시간이 흘러 아브라함은 나이가 들었어요. 어느 날, 노인 아브라함은 자신의 재산을 맡아 보는 늙은 종에게 맹세의 의미로 손을 자기 엉덩이 아래에 넣으라고 했습니다.

"하늘과 땅의 하나님이신 여호와의 이름으로 맹세해라. 내 아들 이삭을 지금 내가 사는 가나안 땅의 여자와는 결혼시키지 마라. 친척이 사는 내 고향에 가서 이삭에게 어울리는 아내를 찾아라."

종이 아브라함에게 물었어요.

"여자가 저를 따라오지 않으면 어떻게 합니까? 제가 아드님을 모시고 주인님의 고향으로 가야 하나요?"

"그건 절대 안 된다. 여호와 하나님께서 내게 아버지 집과 고향을 떠나라고 하면서 이렇게 약속하셨기 때문이다. '너의 자손에게 가나안 땅을 줄 것이다.' 하나님께서 천사를 보내면 너는 내 아들의 아내를 찾을 수 있을 것이다. 그 여자가 너를 따르지 않으면 너는 지금 하고 있는 이 맹세에서 벗어날 수 있을 것이다. 다시 한 번 명심해라. 내 아들을 절대 고향에 데려가면 안 된다."

종은 손을 아브라함의 엉덩이 아래에 넣고 그러겠노라 맹세했어요.

종은 주인이 준 값비싼 선물들을 낙타 열 마리에 싣고 나홀의 성으로 갔습니다. 저녁이 되어 성 밖 우물 옆에서 낙타를 쉬게 했지요. 그때 여자들이 물을 길러 나왔어요. 이 모습을 본 종은 기도하기 시작했습니다.

"오, 아브라함의 하나님이여, 아브라함에게 은혜를 베풀어 제가 오

「우물가의 리브가」

이탈리아 화가 파올로 베로네세의 작품이다. 우물은 보통 성 밖에 있었다. 여자들은 안전을 위해 모여서 우물에 가곤 했다. 보통 움직이기 좋은 아침과 저녁에 길을 나섰다. 낯선 사람이 우물을 이용하려면 먼저 마을 사람들에게 허락을 구해야 했을 것이다.

「하란을 떠나는 아브라함」
아브라함이 말하는 자신의 고향은
'하란'이다. 아브라함은 갈대아 우
르를 떠나 하란에 머무른 적이 있
다. 하란은 남부 우르에서 북서쪽
으로 880km 떨어진 곳에 있던 도
시였다. 현재 시리아와 터키의 경
계선에서 약 16km 떨어진 곳이다.
암스테르담 국립 미술관 소장

늘 성공할 수 있게 해 주십시오. 성의 여인들이 물을 길러 우물가로 나오고 있습니다. 제가 여인 한 명에게 '물동이를 내려 물을 좀 달라.'라고 부탁하겠습니다. 그때 '드세요. 당신의 낙타에게도 마실 물을 주겠습니다.'라고 대답하는 여인을 이삭을 위해 선택한 사람으로 알겠습니다. 그러면 하나님께서 아브라함에게 은혜를 베푸신 것으로 알겠습니다."

종이 기도를 마치기 전에 아브라함의 형제인 나홀의 손녀 리브가(Rebekah)가 어깨에 물동이를 메고 성 밖으로 나왔습니다. 리브가는 아직 결혼하지 않은 매우 아름다운 소녀였어요. 우물로 내려온 리브가는 물동이를 채워 돌아가려고 했지요. 그때 종이 달려가 말했습니다.

"물동이에 있는 물을 마시게 해 주시오."

"네, 드세요."

리브가는 어깨에서 물동이를 재빨리 내려 손으로 받친 채 물을 주었어요. 종이 물을 다 마시자 리브가가 말했습니다.

"제가 물을 길어 낙타들도 배불리 마시게 하겠습니다."

리브가는 물동이에 남은 물을 여물통에 붓고, 다시 물을 길러 우물로 갔어요. 그러고는 우물에서 낙타들에게 먹일 물을 길어 올렸지요. 종은 여호와 하나님이 일을 잘되게 할지 보려고 소녀를 조용히 지켜보았습니다.

낙타들이 물을 다 마시자, 종은 6g의 코걸이를 소녀의 코에, 124g의 금팔찌 한 쌍을 소녀의 팔에 끼워 주었어요.

"아가씨는 어떤 분의 따님이십니까? 부탁합니다. 말해 주시오. 아버지 댁에 우리가 하룻밤 묵을 방이 있소?"

"저는 밀가(Milcah)와 나홀의 손녀입니다. 우리 집에 손님께서 하룻밤 묵으실 곳이 있어요. 낙타가 먹을 지푸라기도 넉넉하지요."

종은 머리를 숙여 여호와 하나님을 경배했습니다.

"아브라함의 하나님, 여호와를 찬양합니다. 하나님께서는 아브라함에게 당신의 자비와 성실을 계속 보여 주시며 저를 아브라함의 친척 집으로 인도하셨습니다."

리브가는 종의 말을 듣고 어머니 집으로 달려가 이 일을 전했어요. 리브가의 오빠인 라반(Laban)이 누이의 팔에 걸린 팔찌와 코에 걸린 코걸이를 보고 우물가에 있는 종에게 뛰어갔습니다. 리브가가 "이분이 내가 말한 분이에요."라고 소개하자 라반이 종에게 말했어요.

"들어오세요. 당신은 여호와 하나님의 복을 받은 분입니다! 왜 밖에서 계십니까? 집을 깨끗이 청소해 놓았고 낙타를 둘 곳도 있습니다."

종을 집으로 데려온 라반은 낙타가 진 짐을 풀고 낙타에게 먹이를 주었습니다. 종과 종의 일행에게는 발 씻을 물을 주었지요. 음식상이 차려지자 종이 말했습니다.

하란의 고대 유적지
하란은 고도의 문명을 자랑했던 유서 깊은 고대 도시다. 기원전 2000년 이전부터 사람이 살았다고 전한다. 기원전 1100년경에는 앗수르가 하란을 점령했고, 이후에는 로마가 식민지로 삼았다.

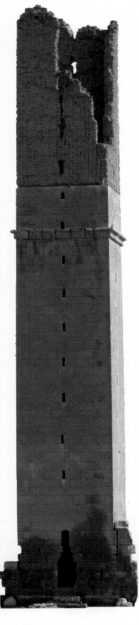

하란의 탑

1259년 몽골이 침입했을 때 하란에 있는 거의 모든 유적이 파괴되었다. 하란의 대표적인 유적으로는 고대 성벽, 고대 돌무덤, 8세기경에 지어진 모스크 등이 있다.

"전할 말이 있습니다. 그 전에는 밥을 먹지 않겠습니다."

"말씀해 보세요."

종이 이야기를 꺼냈어요.

"저는 아브라함의 종입니다. 여호와 하나님께서 제 주인에게 복을 많이 내려 그분은 큰 부자가 되었지요. 하나님께서는 아브라함에게 양 떼와 소 떼, 금은, 종들, 낙타와 나귀를 주셨습니다. 아내 사라는 나이가 들어 아들을 가졌고 아브라함은 재산을 전부 아들에게 물려주었습니다. 그리고 제게 당부했지요. '내 아들을 지금 내가 사는 가나안 땅의 여자와 결혼시키지 마라. 친척이 있는 내 고향에 가서 이삭을 위한 아내를 찾아라.'

제가 주인에게 '그 여자가 저를 따라오지 않으면 어떻게 합니까?'라고 되묻자, 주인은 다음과 같은 말로 저를 안심시켰습니다. '내가 사랑하고 섬기는 여호와 하나님께서 천사를 보내 네가 바라는 대로 이룰 것이다. 너는 내 친척과 내 아버지 집 식구들 가운데 이삭의 아내 될 사람을 찾게 되리라. 그러면 너는 내게 한 맹세로부터 벗어날 수 있다. 하지만 내 친척들이 그 여자를 내주지 않더라도 너는 맹세로부터 벗어날 수 있을 것이다.'

이것이 제가 오늘 우물가로 온 이유입니다. 저는 우물가에서 이렇게 기도했습니다. '오, 아브라함의 하나님 여호와여, 보십시오. 제가 우물가에 서 있습니다. 만약 당신이 일을 잘되게 하시려거든 물을 길러 온 소녀가 물을 청하는 제게 "드세요." 하게 하고 "물을 길어 낙타에게도 먹이겠습니다." 하게 하십시오. 그러면 저는 그 여인을 여호와 하나님께서 이삭을 위해 선택하신 여인인 줄 알겠습니다.'

낙타 모는 유대인
낙타는 사막 지역에서 무거운 짐을 나르는 귀중한 동물이었다. 물을 오랫동안 먹지 않은 낙타는 한 번에 100ℓ나 되는 물을 마실 수 있다. 리브가의 물통의 용량은 이보다 훨씬 적었을 것이다.

제 기도가 끝나기도 전에 리브가가 어깨에 물동이를 지고 우물가로 내려와 물을 길었습니다. 제가 리브가에게 물을 청하자 그녀는 재빨리 어깨에서 물동이를 내려놓고 대답하더군요. '드세요, 낙타에게도 물을 주겠습니다.' 제가 물을 먹는 동안 리브가는 낙타에게 물을 먹였습니다. 저는 리브가의 코에 코걸이를 걸어 주고, 팔에 팔찌를 걸어 주었습니다. 제가 리브가에게 어떤 분의 따님이냐고 묻자 그녀는 밀가와 나홀의 손녀라고 대답했습니다. 이삭의 아내로 아브라함 형제의 딸을 찾은 것이지요! 저는 바른길로 저를 인도해 주신 하나님을 경배하고 찬양했습니다. 이제 여러분이 말씀해 주실 차례입니다. 저와 제 주인을 친절하고 진실하게 대해 주실 수 있습니까? 부디 제가 앞으로 해야 할 일을 알려 주십시오!"

라반과 라반의 식구들이 대답했습니다.

"이 문제는 여호와 하나님의 손에 달려 있습니다. 우리는 '네', '아니오'라고 말할 수 없네요. 보세요, 리브가가 당신 앞에 있습니다. 여호와 하나님이 말씀하신 대로 리브가를 데려가 주인 아드님의 아내로 삼아 주세요."

아브라함의 종이 땅에 엎드려 여호와 하나님에게 경배했어요. 그러고 나서 금과 은으로 된 장신구와 옷을 꺼내 와 리브가에게 주었답니다. 리브가의 오빠와 어머니도 값비싼 선물을 받았지요. 그날 밤, 종과 일행은 리브가의 식구들과 함께 먹고 마셨습니다.

다음 날 아침, 종이 일어나 말했어요.

"이제 주인에게 돌아가게 해 주십시오."

"저 어린아이와 한 달, 아니 10일 만이라도 함께 있게 해 주세요. 그 후에 보내도록 하겠습니다."

리브가의 오빠와 어머니가 간청하자 종이 타일렀습니다.

"여호와 하나님께서 일이 잘되게 하셨으니 저를 붙잡아 두지 마세요. 주인에게 보내 주십시오."

"그럼 아이를 불러 물어보겠습니다."

그들은 리브가에게 물었습니다.

아브라함과 엘리에셀
'아브라함의 늙은 종'은 「창세기」 15장 2~3절에 등장하는 엘리에셀이라 여겨진다. 아브라함은 자식이 없었을 때 자기 종 엘리에셀을 상속자로 삼겠다고 했다. 하지만 이후 사라가 이삭을 낳았고, 이삭이 아브라함의 상속자가 되었다.

"이 사람과 같이 가겠느냐?"

리브가가 대답했어요.

"같이 가겠어요."

리브가의 식구들은 종을 붙잡지 않았습니다. 식구들은 리브가와 유모를 보내기로 하고, 이별의 시간이 오자 리브가를 축복했답니다.

"누이야! 네 자손의 자손들이 수백만에 이를 것이다!"

리브가는 여종들과 함께 낙타에 올라 아브라함의 종을 따랐습니다.

어느 날 저녁, 이삭이 산책하러 들에 나갔다가 낙타 떼가 오는 것을 보았어요. 리브가 역시 이삭을 보자 재빨리 낙타에서 내려 종에게 물었지요.

「이삭과 만난 리브가」
이탈리아 화가 카스틸리오네의 작품이다. 당시에 결혼이 이루어지려면 신랑 가족이 신부 가족에게 신부값을 지불해야 했다.
에르미타슈 미술관 소장

「이삭과 리브가가 결혼하는 풍경」

프랑스 화가 클로드 로랭의 작품이다. 리브가의 가족은 리브가에게 결혼 의사를 물었다. 고대 사회에서 중요한 결정에 여자가 참여하는 일은 거의 없었다. 이 경우에 리브가가 먼 곳으로 시집을 가 가족의 보호를 받을 수 없게 되었기 때문에, 이례적으로 리브가의 가족이 리브가와 상의한 것으로 보인다. 리브가는 사라를 이어 아브라함 가문의 여주인이 된다.

내셔널 갤러리 소장

"우리 쪽으로 걸어오는 저 남자는 누구지요?"

"저분이 주인님이십니다."

종의 대답을 들은 리브가는 베일로 황급히 얼굴을 가렸어요. 종은
그간 있었던 일을 이삭에게 모두 말했습니다. 이삭은 어머니 사라의
장막으로 리브가를 데려가 아내로 맞았어요. 이삭은 리브가를 사랑했
지요.

한편, 이삭에게 재산을 모두 물려준 아브라함은 남은 생애를 행복
하게 살다가 많은 나이에 숨을 거두었습니다.

아브라함은 왜 며느릿감을 먼 곳에서 구했을까요?

성경에서 하나님은 남자와 여자를 창조해 서로를 짝으로 맺어 준 후, '생육하고 번성해 땅에 충만하라.'라고 명령했습니다. 따라서 결혼은 고대 히브리 사람들의 삶에서 필수적인 관습이 되었어요. 아브라함은 아들 이삭이 40세가 다 되도록 결혼을 하지 못해 걱정이 이만저만이 아니었습니다. 아브라함은 종에게 지금 살고 있는 가나안 땅에서가 아니라 800km나 떨어진 하란 지역에서 신붓감을 찾아오라고 부탁했지요. 당시 결혼 풍습대로라면, 신랑의 부모가 신부를 선택하면 신랑 측의 중매인이 여자 집으로 가서 의사를 전해야 했어요. 그러면 신부 측에서도 중매인을 보내 지참금이나 그 밖의 결혼 조건을 협상했지요. 하지만 아브라함은 가까운 곳에서 며느리를 택하는 풍습에 따르지 않고 굳이 먼 곳에서 며느리가 될 사람을 찾아오게 했습니다. 아브라함의 행동에는 가문의 혈통과 신앙의 순수성을 지키겠다는 의지가 담겨 있어요. 하란에서 살았던 아브라함은 하나님의 명령으로 먼 가나안 땅으로 왔습니다. 아브라함은 풍습과 신앙이 다른 가나안 땅 며느리가 가풍을 흐릴까 봐 걱정한 것이지요. 특히 자신의 가문이 여호와 하나님을 믿는 유대 신앙에서 멀어질까 봐 두려워했을 거예요. 구약 시대에 히브리 사람들은 이처럼 가족 구성원을 선택하는 데 신중을 기했답니다.

낙타를 타고 이삭에게 가는
리브가

2 천사와 씨름한 사나이 | 야곱

믿음의 족보는 아브라함의 아들 이삭, 이삭의 아들 야곱, 야곱의 아들 요셉으로 대를 이어 내려갑니다. 야곱에게는 쌍둥이 형 에서가 있었어요. 에서와 야곱은 이란성 쌍둥이였을 거예요. 둘은 달라도 너무 달랐기 때문이지요. 형 에서는 생김새가 남자답고 성격도 호탕해 들에서 사냥하는 것을 즐겼습니다. 반면, 동생 야곱은 성격이 온순하고 차분해 주로 집에서 일을 거들었지요. 아버지 이삭은 에서를 끔찍이 사랑했어요. 어느 날, 팥죽 한 그릇 때문에 에서가 야곱에게 맏아들의 권리, 즉 장자권을 넘기는 일이 벌어졌습니다. 이로 말미암아 맏아들 에서가 받을 복이 야곱에게 다 돌아가고 말지요. 도대체 무슨 일이 일어났던 것일까요?

- 내 아버지여, 내게 축복하소서. 내게도 그리하소서. (『창세기』 27:34)
- 내가 너와 함께 있어 네가 어디로 가든지 너를 지키며 이끌어 이 땅으로 돌아오게 할지라. (『창세기』 28:15)
- 내가 외삼촌의 작은딸 라헬을 위해 외삼촌을 7년간 섬기리다. (『창세기』 29:18)
- 네 이름을 야곱이 아니라 이스라엘이라 부를 것이니, 이는 네가 하나님 및 사람들과 겨루어 이겼음이니라. (『창세기』 32:28)

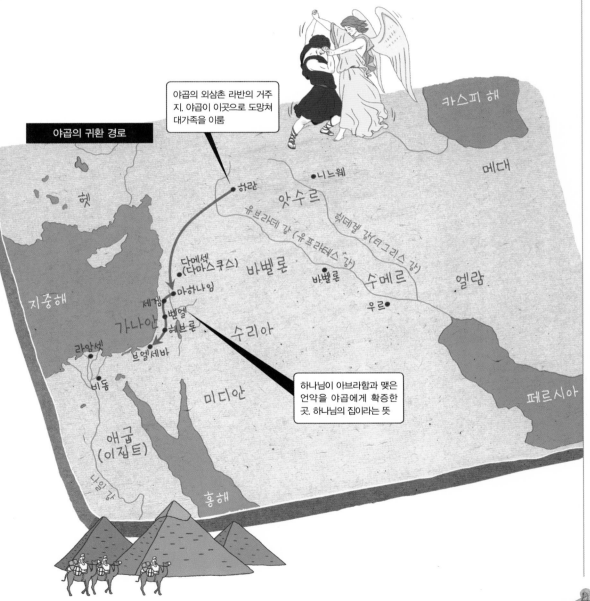

야곱의 귀환 경로

야곱의 외삼촌 라반의 거주지. 야곱이 이곳으로 도망쳐 대가족을 이룸

하나님이 아브라함과 맺은 언약을 야곱에게 확증한 곳. 하나님의 집이라는 뜻

카스피 해

메대

헷

니느웨

하란

앗수르

유브라테 강 (유프라테스 강)

힛데겔 강(티그리스 강)

다메섹 (다마쿠스)

바벨론

바벨론

수메르

엘람

지중해

세겜

마하나임

벧엘

가나안

헤브론

수리아

우르

라암셋

브엘세바

비돔

미디안

페르시아

애굽 (이집트)

나일 강

홍해

허기를 못 참고 맏아들의 영광을 팔다

리브가에게는 아이가 생기지 않았습니다. 이삭은 아내를 위해 여호와 하나님에게 기도했어요. 여호와 하나님은 이삭의 기도를 들었고, 리브가는 곧 쌍둥이 형제의 어머니가 되었지요. 형은 에서(Esau), 동생은 야곱(Jacob)이었습니다.

두 아이는 무럭무럭 자라났어요. 에서는 능숙한 사냥꾼이 되어 들에서 살았고, 조용한 야곱은 장막에 머물렀습니다. 이삭은 사냥해 온 고기를 좋아했기 때문에 에서를 더 사랑했어요. 리브가는 야곱을 더 사랑했고요.

어느 날, 야곱이 팥죽을 준비하고 있을 때 에서가 들에서 돌아왔습니다. 에서는 배가 너무 고파 야곱에게 말했어요.

"팥죽을 먹게 해 줘. 배가 너무 고파."

"그럼 형이 가진 맏아들의 권리를 내게 파세요."

에서가 퉁명스럽게 대답했어요.

"뭐라고? 지금 배고파 죽겠는데 맏아들의 권리가 무슨 소용이냐?"

야곱이 포기하지 않고 말했어요.

"그 권리를 주겠다고 맹세하세요."

에서는 야곱에게 맹세하고 맏아들의 권리를 팔았습니다. 그렇게 장자권이 헐값에 넘어갔지요. 야곱은 그제야 에서에게 빵과 팥죽을 주었어요.

이삭은 나이가 들어 눈이 어두워졌습니다. 아무것도 보이지 않던 어느 날, 이삭은 맏아들 에서를 불렀어요.

"내 아들아."

천국의 문 가운데 「에서와 야곱 이야기」

천국의 문은 이탈리아 피렌체에 있는 산 조반니 세례당 동쪽에 설치된 청동 문이다. 르네상스 조각가 로렌초 기베르티가 이 청동 문에 구약 성경에 소개된 10가지 이야기를 부조로 새겼다. 에서와 야곱 이야기는 왼쪽 위에서 세 번째 칸에 새겨져 있다. 에서와 야곱의 경쟁은 구약 성경에서 시작되어 신약 성경에서도 계속된다. 에서의 후손인 에돔인과 야곱의 후손인 이스라엘인은 서로 적대 관계였다.

「야곱에게 장자권을 파는 에서」
장자권은 부모로부터 받는 물질적 유산과 밀접한 관련이 있다. 장자 는 유산을 한 몫 더 받았다. 야곱 은 장자 에서에게 이 추가 몫을 산 것이다.

"네, 여기 있습니다."

"얘야, 내가 늙어서 언제 죽을지 모르겠구나. 그러니 화살통과 활을 가지고 들에 나가거라. 사냥해 내가 좋아할 만한 맛있는 음식을 준비해라. 네가 가져온 음식을 먹고 죽기 전에 너를 축복하겠노라."

리브가는 이 말을 엿들었어요. 에서가 사냥하러 들로 나가자 리브가는 야곱에게 말했습니다.

"방금 아버지가 에서에게 한 말을 들었다. 사냥해 맛있는 음식을 준비하라고 하셨단다. 죽기 전에 에서를 축복할 것이라고도 하셨지. 아들아, 내가 말한 대로 해라. 염소 떼가 있는 곳으로 가서 어리고 좋은 염소 두 마리를 골라 가져오너라. 내가 아버지가 좋아할 만한 맛있는 음식을 만들어 주겠다. 너는 그 음식을 가지고 아버지에게 가거라. 아버지는 음식을 먹고 죽기 전에 너를 축복해 줄 것이다."

야곱이 말했어요.

"어머니도 아시다시피 형은 털이 많고 저는 피부가 매끈합니다. 아버지께서 만져 보시면 저인 줄 알 거예요. 그렇다면 저를 사기꾼으로 보실 텐데 축복은커녕 저주를 받지 않을까요?"

리브가는 야곱을 안심시켰습니다.

"아들아, 저주는 내가 받을 테니 시키는 대로 해라. 가서 새끼 염소를 끌고 오너라."

야곱이 새끼 염소를 끌고 오자, 리브가는 그것으로 남편이 좋아할 만한 맛있는 음식을 만들었답니다.

리브가는 장막에 간직한 에서의 옷 가운데 좋은 것을 골라 야곱에게 입혔어요. 야곱의 손과 목의 매끄러운 부분에는 새끼 염소 가죽을 둘러 주었지요. 준비를 다 마친 리브가는 맛있는 염소 요리와 빵을 야곱에게 건넸어요. 야곱은 조심스럽게 음식을 든 채 이삭에게 갔습니다.

"아버지."

"그래. 넌 누구냐? 내 아들이냐?"

"아버지의 맏아들 에서입니다. 아버지께서 말씀하신 대로 했습니다. 일어나 앉아 보세요. 제가 사냥해 온 고기를 잡수시고, 제게 복을 빌어 주세요."

사냥하는 에서
목동들은 물과 목초지를 찾아 돌아다니며 장막 생활을 했다. 사냥꾼이었던 에서는 돌아다니다가 목동들의 주인인 야곱의 장막으로 들어갔을 것이다. 이곳에서 장자권을 팔았을 것이다.

「야곱을 축복하는 이삭」

네덜란드 화가 호버르트 플링크의 작품이다. 가문의 족장이 내리는 축복이나 저주는 언제나 중요했다. 가장 중요한 말은 족장이 임종 시 하는 말이었다. 족장은 주로 가문이 땅에 풍년이 들길 기원하고, 상대방에게 가문의 지배권을 약속하며, 자신에게 내린 저주의 축복을 돌려다. 이 내용은 책 나님과 이스라엘 사이에 맺는 언

"정말 빨리 사냥감을 찾았구나."

"네, 아버지의 하나님께서 저를 도와주셨습니다."

이삭이 야곱에게 말했어요.

"아들아, 이리 오너라. 정말 내 아들 에서인지 만져 봐야겠다."

야곱은 이삭에게 다가갔고, 이삭은 야곱을 만져 보고 말했습니다.

"목소리는 야곱의 목소리인데 손은 에서의 손이구나. 네가 정말 내 아들 에서가 맞느냐?"

"네, 그렇습니다."

이삭은 야곱의 손에 에서와 같은 털이 나 있어 야곱이라고 생각하지 못했어요. 이삭은 야곱을 축복했습니다.

"음식을 가져오너라. 음식을 먹고 너를 축복하마."

이삭은 야곱이 가져온 음식을 먹었습니다. 야곱이 포도주를 가져왔고 이삭은 이 포도주도 마셨지요.

음식을 다 먹은 이삭이 야곱에게 말했어요.

"내 아들아, 가까이 와 내게 입 맞춰라."

야곱이 입을 맞추자, 이삭은 옷 냄새를 맡고 야곱을 축복했습니다.

야곱이 아버지의 장막을 떠나려고 할 때 에서가 들어왔어요. 에서도 아버지 이삭에게 줄 맛있는 음식을 들고 있었지요. 에서가 이삭에게 말했습니다.

"아버지, 일어나셔서 당신의 아들이 잡아 온 고기를 드셔 보십시오. 그리고 축복해 주십시오."

"넌 누구냐?"

"아버지의 맏아들 에서입니다."

이삭은 놀라 부들부들 떨었어요.

"그러면 아까 사냥을 해서 음식을 가져온 자는 누구냐? 나는 이미 배불리 먹었고, 음식을 준 자를 축복했다. 그자가 복을 받을 것이다!"

에서는 이삭의 말을 듣고 울부짖었습니다.

"오, 아버지! 나를 축복해 주십시오. 내게도 똑같이 복을 빌어 주십시오!"

이삭은 고개를 가로저었어요.

"네 동생이 날 속이고 네가 받을 복을 가로챘구나."

"그자의 이름이 야곱인 이유가 있습니다. 야곱은 '속이는 자'라는 뜻

이 아닙니까? 야곱은 저를 두 번이나 속였어요. 맏아들의 권리를 가져
가더니 이제는 제가 받을 복까지 앗아 가는군요!" 에서가 계속 말했습
니다. "저를 위해 남겨 둔 복은 없습니까?"

"내가 야곱을 네 주인이 되게 했고, 그에게 모든 친척을 종으로, 곡
식과 포도주를 식량으로 주었다. 그러니 아들아, 내가 네게 무엇을 해
줄 수 있겠느냐?"

에서는 큰 소리로 울며 말했어요.

"아버지, 아버지가 빌어 주실 수 있는 복이 그것뿐입니까?"

이삭은 에서에게 다음과 같이 대답했습니다.

네가 살 곳은 기름진 땅과 거리가 멀고

그곳에는 하늘의 이슬도 내리지 않으리라.

너는 네 칼에 의지해 살 것이고

네 아우를 섬길 것이다.

「야곱의 꿈」

네덜란드 화가 아르트 데 헬더르의 작품이다. 신성한 기둥이나 돌은 고대 근동에서 기원전 4000년부터 종교적인 목적으로 널리 사용되었다. 가나안
의 제단이나 이스라엘 성전에서도 볼 수 있다. 기둥에 기름을 붓는 행위는 그 기둥을 신에게 바친다는 뜻이다.

사다리를 타고 내려온 하나님의 천사

이삭이 야곱을 축복한 일 때문에 에서는 야곱을 증오했습니다. 그래서 아버지 이삭이 죽으면 그때 야곱을 죽여야겠다고 다짐했어요.

리브가가 에서의 말을 듣고 사람을 보내 야곱을 불렀어요.

"에서가 널 죽이려 한다. 하루 사이에 너희 둘을 모두 잃고 싶진 않구나! 그러니 아들아, 내 말을 잘 들어라. 하란에 사는 내 오라버니 라반에게 가거라. 에서가 화를 풀고 네가 한 일을 잊어버릴 때까지 오라버니와 함께 지내라. 내가 사람을 보내 너를 다시 데려오겠다."

야곱은 브엘세바를 떠났습니다. 하란으로 가는 길에 날이 저물었어요. 야곱은 돌을 하나 주워 머리에 베고 잠을 청했습니다. 잠이 든 야곱은 꿈을 꾸었지요. 땅에 세워진 사다리 하나가 보였어요. 사다리 꼭대기는 하늘까지 닿아 있었지요. 하나님의 천사들이 사다리를 오르락내리락하고 있었답니다.

여호와 하나님이 야곱 옆에 서서 말했어요.

"나는 아브라함의 하나님, 이삭의 하나님 여호와다. 네가 지금 누워 있는 땅을 너와 네 자손에게 주겠다. 보아라. 나는 너와 함께할 것이다. 네가 어디로 가든 너를 지키고 이끌어 이 땅으로 다시 오게 하리라. 너와의 약속을 다 지킬 때까지 너를 떠나지 않을 것이다."

야곱이 잠에서 깨어났습니다.

"여호와 하나님께서 분명 여기 계셨는데도 모르고 있었구나." 야곱은 두려워하며 말했어요.

"이곳은 하나님의 집이요, 하늘의 문이다."

야곱은 아침 일찍 일어나 머리에 베고 잤던 돌을 기둥 삼아 세웠어

십일조
소득의 10분의 1을 신에게 바치는 십일조는 야곱의 맹세에서 비롯한다. 재물은 실제로 신에게 가는 것이 아니라 빈민을 돕거나 신의 일을 대신하는 성직자에게 간다. 예수는 십일조를 지키는 사람이 반드시 선하거나 도덕적인 사람은 아니라고 말했다.

요. 그러고서 돌 위에 기름을 부었지요. 야곱은 그 장소를 '하나님의 집'이라는 뜻의 '벧엘'이라 불렀어요. 야곱은 맹세했습니다.

"하나님께서 저와 함께하셔서 저를 지키고 제게 먹을 빵과 입을 옷을 주신다면, 제가 아버지 집으로 무사히 돌아가게 된다면, 여호와 하나님은 저의 하나님이 되실 것이요, 기둥처럼 세운 이 돌은 하나님의 집이 될 것입니다. 하나님께서 제게 주신 모든 것의 10분의 1을 반드시 바치겠습니다."

야곱, 사랑을 위해 14년을 바치다

여행을 계속하던 야곱은 동쪽 사람들의 땅에 이르렀습니다. 들에는 커다란 돌로 덮인 우물이 하나 있고, 우물가에는 양 떼 세 무리가 누워 있었지요. 목자들이 양 떼에 물을 먹이고 있었어요. 목자들은 양 떼가 다 모였을 때 돌을 굴려 우물을 열고 양에게 물을 먹였습니다. 다 먹인 후에는 다시 우물을 돌로 덮었지요.

야곱이 목자들에게 물었습니다.

"형제들이여, 어디서 오는 길입니까?"

"하란에서 왔소."

"나홀의 아들 라반을 아십니까?"

"네, 압니다."

"라반께서는 잘 지내시나요?"

"잘 지내십니다. 저기 라반의 딸 라헬(Rachel)이 양을 몰고 옵니다."

"보세요, 해가 아직 높이 떠 있으니 양 떼가 모일 시간이 아닙니다. 양 떼가 물을 먹고 풀을 뜯게 해 주십시오."

「야곱과 라헬」

영국 화가 윌리엄 다이스의 작품이다. 고대 근동에서 친구나 친척은 인사할 때 서로 다정하게 껴안고 서로의 뺨에 입을 맞추었다. 한편, 고대에 여자가 양을 치는 일은 거의 없었다. 여자가 양을 치러 멀리 나가는 것은 위험했기 때문이다. 집안에 아들이 없을 때만 여자가 양을 쳤을 것이다. 현재 아랍계 유목민 사회에서는 여자와 어린아이도 흔히 양을 친다.

프라도 미술관 소장

"양 떼가 다 모일 때까지 그럴 수 없소. 목자들은 양 떼가 다 모인 후에야 우물을 덮고 있는 돌을 굴려 물을 먹인다오."

그때 라헬이 아버지의 양 떼를 이끌고 다가왔어요. 라헬은 양 떼를 돌보는 일을 했답니다. 야곱은 외사촌 라헬과 양 떼를 보고, 우물로 올라가 돌을 굴린 다음 라반의 양에게 물을 먹였습니다. 그러고는 라헬에게 입 맞추고 크게 울었지요. 야곱은 라헬에게 자신은 **라반**의 친척이고, 리브가의 아들이라고 말했어요. 라헬은 아버지에게 뛰어가 이 사실을 전했지요.

「야곱과 라반과 라반의 딸들이 함께 있는 풍경」
프랑스 화가 클로드 로랭의 작품이다. 물이 귀한 지역에서는 우물이나 샘물을 사용하는 시간 등에 대해 목동들끼리 협정을 맺었다. 우물에 돌을 덮은 것은 권한 이상으로 물을 사용하는 것을 막기 위해서다.
덜위치 박물관 소장

라반은 달려 나와 야곱을 껴안고 여러 번 입을 맞춘 후 집으로 데려왔습니다. 야곱이 그동안의 일을 모두 이야기하자 라반이 야곱에게 말했어요.

"너는 정말 나의 뼈요, 나의 살이다."

야곱은 한 달 동안 라반과 지냈습니다.

어느 날, 라반이 야곱에게 물었어요.

"네가 내 친척이라고 아무 대가 없이 일해서야 되겠느냐? 품삯으로 무엇을 원하는지 말해 보아라."

「레아와 라헬」
맏딸이 먼저 결혼하는 것은 고대부터 지금까지 근동에 전하는 풍습이다. 이 풍습은 결혼을 못한 딸 때문에, 가족이 재정적 어려움을 겪는 것을 막기 위해 생겼다.
테이트 브리튼 갤러리 소장

라반에게는 딸이 둘 있었습니다. 큰딸의 이름은 레아(Leah)고 작은딸은 라헬이었지요.

레아의 눈매는 부드러웠고, 라헬은 아름다웠어요. 라헬을 사랑했던 야곱은 라반에게 대답했습니다.

"외삼촌의 둘째 딸 라헬을 위해 7년간 일하겠습니다."

"그래, 내 딸을 다른 남자에게 주느니 네게 주는 것이 좋겠구나."

야곱은 라헬을 얻기 위해 7년 동안 일했어요. 라헬을 얼마나 사랑했는지 야곱에게는 7년이 며칠처럼 느껴졌답니다.

7년이 지난 후 야곱은 라반에게 말했어요.

"이제 라헬을 제 아내로 삼게 해 주십시오."

라반은 사람들을 모아 잔치를 벌였습니다. 그날 저녁, 라반은 라헬이 아닌 레아를 야곱에게 데려다주었어요. 야곱은 영문도 모르고 레아를 아내로 맞았지요.

「라반에게 따지는 야곱」
네덜란드 화가 헨드릭 테르브뤼헌
의 작품이다. 고대 근동에서 신부
는 결혼식이 끝날 때까지 얼굴을
가린다. 이 때문에 야곱은 신부의
정체를 눈치채지 못했을 것이다.
내셔널 갤러리 소장

이튿날 아침, 야곱은 함께 밤을 지낸 사람이 레아라는 사실을 알게
되었습니다. 야곱이 라반에게 따졌어요.

"대체 무슨 일을 벌이신 겁니까? 저는 라헬을 얻기 위해 일했는데
저를 속이시다니요!"

라반이 대답했어요.

"첫째 딸이 결혼하기 전에 둘째 딸을 시집보내는 것은 우리 풍습이
아니네. 레아와 일주일을 더 지내게. 그러면 둘째 딸도 주겠네. 대신
나를 위해 또 7년을 일해 주게."

야곱은 라반이 말한 대로 레아와 결혼 주간을 보냈습니다. 라반은
약속대로 야곱에게 라헬을 아내로 주었지요. 야곱은 레아보다 라헬을
더 사랑했기 때문에 라반을 위해 7년 더 일했답니다.

해묵은 형제의 원한이 화해의 눈물로 씻기다

머지않아 야곱은 많은 양과 나귀와 종을 거느리는 큰 부자가 되었습니다. 어느 날, 야곱은 라반의 아들들이 하는 이야기를 들었어요.

"야곱이 아버지 재산을 모두 빼앗아 갔어. 아버지 재산으로 저렇게 부자가 된 거야."

야곱은 자신을 대하는 라반의 행동도 전과 같지 않다고 느꼈습니다. 그래서 라반 모르게 길을 떠나기로 했어요. 야곱은 아들들과 부인들을 낙타에 태우고 가축 떼를 몰아 길을 나섰습니다. 유브라데 (Euphrates, 유프라테스) 강을 건너 길르앗(Gilead) 산으로 향했지요.

야곱은 에서에게 보낼 사람들에게 명령했습니다.

"내 주인 에서에게 다음과 같이 전해라. '당신의 종인 야곱이 말합니다. 저는 지금까지 라반과 함께 살고 있었습니다. 제게는 소와 나귀, 양 떼와 종이 있습니다. 제 주인이신 형님께 이렇게 사람을 보내 은혜를 구하고자 합니다.'"

에서를 만난 사람들이 야곱에게 돌아와 보고했어요.

"에서가 400명을 거느리고 주인님을 만나러 오고 있습니다."

매우 놀란 야곱은 사람, 양 떼, 소 떼, 낙타를 두 무리로 나누었어요.

"에서가 한 무리를 공격해 없애도 다른 무리는 빠져나갈 수 있다."

야곱은 기도했습니다.

「야곱과 라반의 화해」
이탈리아 화가 치로 페리의 작품이다. 라반은 도망간 야곱을 쫓는다. 하지만 결국 두 사람은 화해하고 기둥을 세워 서로의 영토를 침범하지 않겠다는 조약을 맺는다. 「창세기」 31장 17~34절의 이야기다.

"나의 할아버지 아브라함과 나의 아버지 이삭의 하나님, 당신께 기도합니다. 에서의 손에서 저를 구해 주십시오. 에서가 저를 공격해 아이들과 아내들을 죽일까 두렵습니다."

야곱은 형 에서에게 줄 선물을 준비했어요. 암염소 200마리와 숫염소 20마리, 암양 200마리와 숫양 20마리, 젖이 나오는 암낙타 30마리와 그 새끼들, 암소 40마리와 황소 열 마리, 암나귀 20마리와 새끼 나귀 열 마리였습니다. 야곱은 직접 이 가축들을 몇 무리로 나누고 종들에게 맡겼지요. "나보다 앞서 가거라. 가축 떼와 가축 떼 사이를 멀리 떼어 놓아라."

야곱은 사람들에게 명령했어요.

"에서가 '너는 누구의 종이고 어디로 가고 있느냐? 이 짐승들은 누구의 것이냐?'라고 물으면, '당신의 종 야곱의 것입니다. 야곱이 주인 에서에게 바치는 선물이지요. 야곱은 저희 뒤에 있습니다.'라고 대답해라."

야곱은 두 번째 종과 세 번째 종과 가축 떼를 따라가는 모든 종에게도 똑같은 명령을 내렸습니다. "내가 너희 뒤에 있다고 해라." 야곱은 에서가 앞서 가는 선물을 보고 기쁜 마음에 자신을 반길 것으로 생각했어요. 선물을 보낸 야곱은 두 아내, 두 여종, 열한 명의 아들도 얍복(Jabbok) 강으로 보내고 홀로 장막에 묵었습니다.

야곱은 어떤 사람과 새벽까지 맞붙어 몸싸움했어요. 그 사람은 이길 수 없다는 것을 깨닫고 야곱의 엉덩이뼈를 쳤지요. 이로 말미암아 야곱의 엉덩이뼈가 어긋나고 말았어요. 새벽이 밝아 오자 그 사람이 야곱에게 말했습니다.

「와 싸우는 야곱」

!드 화가 렘브란트의 작품이다. 이름이 이스라엘로 바뀐 것은, 야곱이 버림받은 사기꾼에서 하나님의 백성을 이끄는 지도자로 변화했다는 사실을

기, 32장 마지막 절을 보면, 이 사건 이후로 이스라엘 사람들은 고기의 넓적 부분이 힘줄을 먹지 않는다. 야곱이 넓적이를 다치면서까지 맸은 언

얍복 강
'흐르다'라는 뜻을 가진 얍복 강은 암몬의 수도 랍바에서 발원한 강이다. 북쪽으로 4~5km 흐르다가 서쪽으로 방향을 바꿔 요단 강으로 흘러들어 간다. 협곡을 이루고 있으며 굴곡이 심해 물살도 세다.

"이제 나를 보내다오."

"나를 축복해 주십시오. 그 전에는 못 보내 드립니다."

"네 이름이 무엇이냐?"

"야곱입니다."

그러자 그 사람이 말했어요.

"네가 하나님과 겨루고 사람과 겨뤄 이겼으니, 네 이름은 이제부터 야곱이 아니라 하나님과 겨룬 자라는 뜻인 '이스라엘(Israel)'이다."

그 사람은 야곱을 축복했습니다. "나는 하나님과 서로 얼굴을 맞대고도 목숨을 구했구나!" 야곱은 탄성을 지르고 그 장소를 하나님의 얼굴이라는 뜻인 '브니엘(Peniel)'이라고 불렀답니다.

에서가 400명을 거느리고 오는 것이 보였습니다. 야곱은 여종들과 여종들의 아이들을 가장 앞에, 레아와 레아의 아이들을 그다음에, 그리고 라헬과 라헬의 아들 요셉(Joseph)을 맨 뒤에 두었어요. 가장 앞에 선 야곱은 에서가 다가오자 땅에 엎드려 일곱 번 절했습니다. 에서는 달려와 야곱의 목을 끌어안고 입을 맞추었어요. 두 사람은 소리 내어 울었지요.

에서는 고개를 들고 여자들과 아이들을 보았어요.

"너와 함께 있는 이 사람들은 누구냐?"

야곱이 대답했지요.

"하나님께서 은혜로 주신 아이들입니다."

여종들과 여종들의 아이들이 다가와 땅에 엎드려 에서에게 절했어요. 레아와 레아의 아이들도 와서 절했고, 마지막으로 라헬과 요셉이 다가와 절했답니다.

에서가 물었습니다.

"이 가축 떼들은 무엇이냐?"

"주인이신 형님의 은혜를 얻기 위한 것이지요."

"아우야, 난 충분하다. 네 것은 네가 가져라."

"아닙니다. 형님의 은혜를 받았으니 이 선물을 받으시고 제 형제라는 사실을 보여 주십시오. 부탁드립니다. 저는 하나님께서 아낌없이 주셔서 넉넉하게 가지고 있습니다."

야곱은 에서가 선물을 받을 때까지 끈질기게 권했어요.

「에서와 야곱의 해후」
땅에 엎드려 절하는 것은 고대 사회에서 윗사람에게 존경을 표하는 법 가운데 하나였다. 야곱이 에서에게 일곱 번이나 절한 것은 자신의 겸손함을 증명하기 위해서였다.
카피톨리니 박물관 소장

마지못해 선물을 받은 에서는 야곱에게 같이 떠나자고 했습니다. 야곱 일행은 가축 떼와 어린아이들이 많아 빨리 이동할 수가 없었어요.

"형님께서 먼저 떠나십시오. 저는 이 어린것들을 앞세우고 천천히 따라가겠습니다."

에서가 아쉬워하며 말했지요.

"그렇다면 나와 함께 온 사람들을 몇 명 남겨 두겠다."

"그러실 필요 없습니다. 형님의 은혜로 충분합니다."

에서는 세일(Seir)로 다시 발길을 돌렸습니다.

라헬의 죽음
라헬은 아이를 낳다 죽어 갈 때 그 아이의 이름을 '슬픔의 아이'라는 뜻의 '베노니'라고 지었다. 탄생 환경에 맞는 이름을 아이에게 주는 것이 당시의 관습이었다.
카피톨리니 박물관 소장

야곱은 왜 아버지를 속이면서까지 장자권을 차지하려고 했을까요?

'장자'는 '가장 먼저 낳은 아들'을 의미해요. 성경에서는 '초태생'이라고도 하지요. 고대에 장자에게는 특별한 권리와 의무가 주어졌습니다. 장자는 아버지가 사망했을 때 두 몫의 재산을 가질 수 있었어요. 또한 아버지의 뒤를 이어 가정의 가장이 되었고, 경우에 따라 부족의 족장 자리에 오를 수 있었습니다. 한편, 장자는 어머니가 죽을 때까지 어머니를 모셔야 했고, 누이들이 결혼할 때까지 누이들을 보살펴야 했어요. 이 '장자권'은 꼭 '장자'가 가지는 것은 아니었습니다. 장자가 큰 잘못을 했을 경우에는 장자권이 박탈될 수도 있었어요. 또한 장자 스스로 다른 형제에게 이 권리를 팔 수도 있었지요. 이처럼 장자가 자신의 뜻대로 판 장자권을 아버지가 되돌릴 수는 없었습니다. 율법에 명시되어 있기 때문이지요. 야곱은 이 사실을 알고 형이 가장 배고팠을 때를 노려 장자권을 샀습니다. 경솔한 에서는 하나님이 내리는 영적 축복 가운데 하나인 장자권을 허기를 못 이겨 팥죽 한 그릇에 팔고 만 것이지요. 야곱은 사기를 친 대가로 오랫동안 쫓겨 다니는 신세가 되었습니다. 에서와 야곱 이야기는 하나님이 형제에게 시련과 역경을 주어 야곱의 이기심과 에서의 경솔함을 바로잡는 이야기예요.

∞
헨드릭 테르브뤼헌이 그린
「장자권을 파는 에서」

3 "꿈꾸는 자가 온다!" | 요셉

야곱에게는 아들이 열두 명 있었습니다. 야곱의 열두 아들은 훗날 이스라엘 12지 파의 선조가 되지요. 야곱은 그 가운데 요셉을 편애해 요셉에게만 좋은 옷을 입혀 주고 맛있는 음식을 먹였어요. 게다가 요셉은 형들에게 자기가 왕이 되고 형들이 자신을 섬기는 내용의 꿈 이야기를 합니다. 요셉이 미워진 형들은 결국 요셉을 애굽에 노예로 팔고 말지요. 하지만 요셉은 하나님이 선택한 사람이었어요. 기억나지요? 믿음의 조상! 믿음의 족보! 하나님은 요셉을 애굽에서 성공한 사람으로 만들어 줍니다. 또한 요셉을 통해 이스라엘 민족을 위한 거대한 프로젝트를 하나하나 준비하지요.

- 우리가 우리 동생을 죽이고 그의 피를 덮어 둔들 무엇이 유익할까. (「창세기」 37:26)
- 너는 내 집을 다스려라. 내 백성이 다 네 명령에 복종하리니, 내가 너보다 높은 것은 내 왕좌뿐이니라. (「창세기」 41:40)
- 하나님이 생명을 구원하시려고 나를 당신들보다 먼저 보내셨나이다. (「창세기」 45:5)
- 애굽으로 내려가기를 두려워하지 마라. 내가 거기서 너로 큰 민족을 이루게 하리라. (「창세기」 46:3)

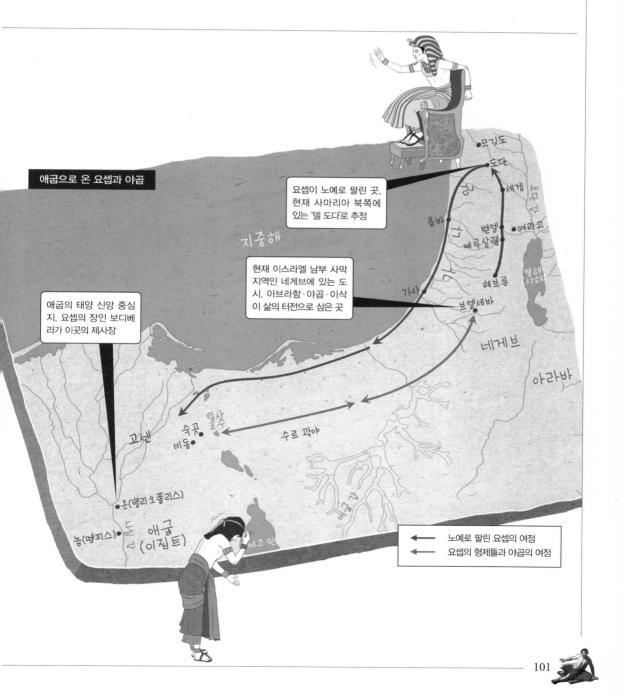

애굽으로 온 요셉과 야곱

요셉이 노예로 팔린 곳. 현재 사마리아 북쪽에 있는 '델 도다'로 추정

현재 이스라엘 남부 사막 지역인 네게브에 있는 도시. 아브라함·야곱·이삭이 삶의 터전으로 삼은 곳

애굽의 태양 신앙 중심지. 요셉의 장인 보디베라가 이곳의 제사장

지중해

무깃도
도단
세겜
욥바
벧엘
여리고
예루살렘
헤브론
가사
브엘세바

염해(사해)

네게브

아라바

고센
숙곳
딤수
비돔
수르 광야

온(헬리오폴리스)

놉(멤피스)
애굽(이집트)

홍해
에즈 만

← 노예로 팔린 요셉의 여정
← 요셉의 형제들과 야곱의 여정

꿈꾸는 소년의 고난

요셉이 17세가 되었을 때 요셉과 형들은 양 떼를 쳤습니다. 요셉은 아버지에게 형들의 잘못을 곧잘 고자질했기 때문에 형들을 화나게 했어요. 게다가 야곱은 늘그막에 낳은 요셉을 아주 예뻐해 소매가 있는 긴옷을 만들어 주기도 했답니다. 형들은 아버지가 요셉을 더 사랑하는 것을 보고 미워서 요셉에게 다정히 구는 법이 없었지요.

하루는 요셉이 형들에게 자신이 꾼 꿈에 대해 들려주었습니다.

"우리가 들에서 **곡식 단**을 묶고 있는데 내 곡식 단이 일어났습니다. 그때 형들의 곡식 단이 주위로 오더니 내 곡식 단에 절하는 겁니다."

한 형이 요셉에게 말했어요.

"정말 우리의 왕이라도 될 생각이냐? 우리를 다스리기라도 할 모양이구나."

형들은 요셉의 꿈 이야기를 듣고 요셉을 더욱 미워했답니다.

며칠 뒤 요셉은 다른 꿈 이야기도 했습니다.

"또 꿈을 꾸었어요. 해와 **달과 별 열한 개**가 내게 절했어요."

야곱은 요셉의 형들과 이 이야기를 듣고 나서 요셉을 꾸짖었어요.

"도대체 네 꿈은 무슨 의미냐? 나와 네 어미와 형들이 정말 네 앞에서 절한다는 뜻이냐?"

형들은 요셉을 질투했지만 야곱은 그 꿈을 기억했어요.

형들이 야곱의 양 떼를 치러 세겜에 갔을 때 야곱이 요셉에게 말했습니다.

"가서 형들과 양 떼들이 모두 잘 있는지 보고 돌아오너라. 돌아와서 나에게 말해다오."

「요셉의 곡식 단 꿈」
영국 건축가이자 디자이너 오웬
존스의 작품이다. 아버지가 아들에
게 특별한 옷을 주는 행위에는 권
위와 은총을 내리는 뜻이 담겨 있
다. 주로 옷의 길이, 천의 종류, 직
조법 등으로 다른 옷과 구분했다.

「요셉의 해 · 달 · 별 꿈」
고대 사람들은 꿈이 신의 뜻을 보
여 준다고 생각했다. 선지자나 왕
이 꾼 꿈은 더 중요하게 여겼다.
요셉이 꾼 꿈은 권력자가 되는 꿈
으로, 꿈의 뜻은 당시 근동 사람들
에게 널리 알려져 있었다.

「유다와 다말」
「창세기」38장에는 유다와 관련된 흥미로운 일화가 있다. 유다는 죽은 아들의 아내인 다말과 의도치 않게 동침한다. 여기서 난 아들 베레스가 예수의 계보에 오른다.
레지덴츠 궁전 소장

길을 나선 요셉이 들에서 헤매고 있었어요. 그때 어떤 사람이 요셉에게 다가왔지요.

"무엇을 찾고 있습니까?"

"제 형들을 찾고 있습니다. 형들이 어디서 양 떼를 치고 있는지 아십니까?"

"그들은 이미 떠났습니다. '도단(Dothan)으로 가자.'라고 한 것을 들었거든요."

요셉은 형들을 뒤쫓아 도단으로 갔어요.

형들은 요셉을 죽이기로 계획하고, 요셉이 오는 모습을 멀리서 지켜보고 있었습니다.

"보아라. 꿈꾸는 놈이 온다! 저놈을 죽여서 구덩이에 던져 넣자. 사나운 짐승이 잡아먹었다고 하자. 그러면 저놈의 꿈이 어떻게 될지 궁금하구나!"

이때 유다(Judah)는 "목숨을 빼앗지는 말자."라고 말했어요. 르우벤(Reuben) 역시 형제들에게 말했지요.

"우리 피 흘리지 말자. 요셉을 해치지 말고 황무지에 있는 구덩이에 던져 넣자."

르우벤은 요셉을 다른 형제들의 손에서 구해 내 아버지 야곱에게 되돌려 보낼 생각이었어요. 형들은 요셉이 오자 소매가 있는 긴 옷을 벗기고 구덩이에 던졌습니다. 빈 구덩이에는 물도 없었지요.

형들은 자리에 앉아 음식을 먹었어요. 그때 이스마엘 사람들 한 무리가 길르앗에서 오는 것이 보였습니다. 그들은 낙타에 향신료, 유약, 몰약을 싣고 애굽으로 가는 중이었지요. 유다가 형제들에게 말했어요.

"형제를 죽이고 그 피를 숨겨 좋을 것이 무엇인가? 차라리 요셉을 이스마엘 사람들에게 팔도록 하자. 그래도 저 아이는 우리 형제요, 피붙이가 아닌가?"

형제들은 유다의 의견을 받아들여 요셉을 구덩이에서 꺼냈어요. 이스마엘 사람들이 오자 요셉을 은 20개에 팔아넘겼지요. 이스마엘 사람들은 요셉을 애굽으로 데려갔답니다.

형들은 숫염소 한 마리를 죽여 그 피에 요셉의 옷을 담갔어요. 그러고는 피 묻은 옷을 야곱에게 가져갔지요.

「요셉을 파는 형제들」
독일 화가 요한 오버베크의 작품이다. 고대 근동에서는 노예 매매가 아주 이른 시기부터 이루어졌다. 은 20개는 『함무라비 법전』 등에서 볼 수 있듯, 이 시기에 통상적인 노예값이었다.
베를린 구국립 미술관 소장

"저희가 이 옷을 발견했습니다. 이것이 요셉의 옷입니까?"

야곱은 요셉의 옷을 알아보고 울부짖었습니다.

"내 아들의 옷이다! 사나운 짐승이 아이를 잡아먹었구나! 내 아들이 고통스럽게 죽었구나!"

야곱은 자기 옷을 찢고 거친 베로 허리를 묶은 채 몇 날 며칠을 가슴을 치며 슬퍼했습니다. 자식들이 모두 야곱을 위로하려 했지만 그는 거부했어요.

"내 아들을 위해 울다가 죽어 무덤으로 갈 것이다."

야곱은 죽은 아들을 위해 슬피 울었답니다.

「야곱과 요셉의 옷」
영국 화가 포드 브라운의 작품이다. 겉옷 찢기, 울기, 머리에 재와 먼지를 뒤집어쓰기, 베옷 입기는 당시 애도 관습이었다.

감옥에서 파라오의 신하들을 만나다

요셉은 애굽으로 끌려갔습니다. **파라오**(Pharaoh, 고대 애굽 왕을 이르던 말)의 신하이자 왕궁 호위대 대장인 보디발(Potiphar)이 이스마엘 사람들에게서 요셉을 샀어요.

요셉은 주인인 보디발의 집에서 살았습니다. 여호와 하나님이 요셉과 함께하며 요셉을 성공으로 이끌었지요. 보디발은 하나님이 요셉을 보살핀다는 사실을 알게 되었어요. 그는 요셉을 신뢰해 심복으로 삼았습니다. 또한 요셉에게 집안일을 맡기고 전 재산을 관리하게 했어요. 그때부터 하나님은 요셉을 위해 보디발의 집에 복을 내려 주었습니다. 보디발의 집 안팎에 있는 모든 것에 하나님의 축복이 내렸지요. 보디발은 요셉에게 자신이 가진 것을 모두 맡겼습니다. 요셉이 하는 일에는 자기가 먹는 음식을 제외하고 일절 간섭하지 않았지요. 게다가 요셉은 잘생기고 매력적이었어요.

요셉이 이 영예를 얻은 지 얼마 되지 않아 보디발의 아내가 요셉을 유혹했습니다. 그녀는 요셉이 보디발의 신뢰를 저버리길 바랐지요. 하지만 요셉은 거절했어요.

"제 주인께서는 제가 집 안에서 무얼 하든 간섭하지 않으십니다. 또한 가진 것을 모두 제게 맡기셨지요. 제가 감히 어떻게 하나님을 거슬러 큰 잘못과 죄를 저지를 수 있겠습니까?"

보디발의 아내는 매일같이 요셉을 유혹했지만 요셉은 꿈적도 하지 않았습니다. 어느 날, 요셉이 자기 일을 하러 집 안으로 들어갔는데 아무도 보이지 않았어요. 이때 갑자기 나타난 보디발의 아내가 요셉의

파라오
애굽 제18 왕조의 왕 투탕카멘의 무덤에서 나온 황금 마스크다. 파라오는 고대 애굽의 최고 통치자로 정치적·종교적 지도자 역할을 했다. 파라오 왕조는 기원전 30년까지 약 3,500년에 걸쳐 이어졌다.

옷을 잡고 다시 유혹했지요. 요셉은 옷을 벗어 버리고 집 밖으로 뛰쳐 나왔어요.

보디발의 아내는 요셉의 옷을 숨겨 두었다가 보디발이 돌아오자 거짓으로 고했습니다.

"당신이 사 왔던 히브리인 노예가 내게 달려들어 모욕하려 했어요. 제가 큰 소리로 우니까 옷을 벗어 버리고 도망갔지 뭐예요?"

매우 화가 난 보디발은 요셉을 잡아다 왕에게 반역한 죄수를 가두는 감옥에 넣었어요. 여호와 하나님은 감옥에서도 요셉과 함께했습니다. 은혜를 베풀어 요셉이 감옥의 간수와 친해지도록 도와주었지요. 간수는 요셉에게 죄수를 모두 맡기고 감옥에서 일어나는 모든 일의 책임을 지게 했답니다.

요셉이 감옥에 있을 때 일어난 일이었습니다. 파라오에게 술을 따르는 신하와 빵을 올리는 신하가 파라오의 기분을 상하게 했어요. 화가 난 파라오는 두 신하를 요셉이 있는 감옥으로 보냈지요. 호위대장은 요셉에게 두 사람을 시중들라고 지시했어요. 두 신하는 얼마간 감옥에서 지냈습니다.

파라오에게 술을 따르는 신하와 빵을 올리는 신하가 같은 날 밤 각각 다른 꿈을 꾸었어요.

아침에 요셉이 왔을 때 두 신하는 슬픔에 잠겨 있었습니다. 요셉은 이유를 물었지요.

"오늘은 왜 그렇게 슬퍼 보이십니까?"

"우리가 꿈을 꾸었는데 해몽할 수 있는 사람이 없네."

"하나님께서 해몽해 주실 겁니다. 제게 말씀해 보세요."

「요셉과 보디발의 아내」

이탈리아 화가 카를로 프란체스코 누볼로네의 작품이다. 보디발의 아내 역시 요셉의 형들처럼 옷을 취해 옷 주인의 정체를 알리는 용도로
사용한다. 당시에 옷은 지위나 계층, 지위를 나타내는 수단이었기 때문에 신원을 확인하는 데 유용했다.

「감옥에서 꿈풀이 하는 요셉」
러시아 화가 알렉산드르 이바노프
의 작품이다. 당시에는 강간죄를
범하면 처형을 당했다. 하지만 요
셉은 정치범을 수용하는 왕의 감
옥에 갇혔다.

먼저 술을 따르는 신하가 자기가 꾼 꿈을 요셉에게 말했어요.

"꿈에서 내 앞에 포도나무 한 그루가 있었네. 가지가 셋 있는 나무였어. 새싹에서 꽃이 피고 꽃송이에서는 포도가 열렸네. 내 손에는 파라오의 잔이 있었지. 나는 포도를 따 즙을 짠 후 포도즙을 잔에 담아 그 잔을 파라오께 바쳤다네."

요셉은 꿈의 의미를 풀어 주었습니다.

"그 꿈은 이런 뜻입니다. 가지 셋은 3일을 의미합니다. 파라오가 3일 안에 당신을 감옥에서 풀어 주고 복직시켜 줄 것입니다. 당신은 술을 따르던 신하였을 때처럼 파라오의 잔을 바치게 될 것입니다. 일이 모두 잘되거든 저를 기억하셔서 은혜를 베풀어 주십시오. 파라오께 저에 대해 말씀해 주시고 제가 감옥에서 나갈 수 있게 해 주십시오. 저는 히브리 땅에서 부당하게 팔려 왔습니다. 팔려 온 이 땅에서도 지하 감옥에 갇힐 만한 나쁜 짓은 절대 한 적이 없습니다."

빵을 올리는 신하는 꿈풀이가 좋은 것을 보고 기대에 부풀어 요셉에게 물었어요.

"나도 꿈에서 무엇인가를 보았네. 하얀 빵이 담긴 바구니 세 개가 머리 위에 있었네. 가장 위에 있던 바구니에 파라오께 바치는 온갖 종류의 빵들이 담겨 있었지. 그런데 어찌 된 일인지 새들이 바구니 속 빵들을 쪼아 먹었다네."

"그 꿈은 이런 뜻입니다. 바구니 세 개는 3일을 뜻합니다. 3일 안에 파라오는 당신의 머리를 베어 나무에 매달 것이고, 새들이 와서 당신의 시체를 쪼아 먹을 것입니다."

그로부터 3일 후 파라오의 생일이 되었습니다. 파라오는 모든 신하에게 잔치를 베풀었어요. 술을 따르는 신하와 빵을 올리는 신하도 불러들였지요. 파라오는 술을 따르는 신하에게 다시 잔을 바칠 수 있게 해 주었어요. 하지만 빵을 올리는 신하는 요셉의 말대로 죽어 장대에 매달리게 되었지요.

한편, 술을 따르는 신하는 감옥에서 나가게 해 달라는 요셉의 부탁을 잊어버리고 말았답니다.

신하들이 꾼 꿈 내용
이탈리아 화가 베르나르도 스트로치의 작품이다. 술을 따르고 빵을 올리는 사람은 고위 궁정 관리였다. 이들의 기본 임무는 왕이 독살당하지 않도록 음식을 먼저 맛보는 것이다.

요셉의 높은 권세가 애굽 땅을 비추다

2년 후 파라오는 꿈을 꾸었습니다. 꿈에서 파라오는 나일(Nile) 강 가에 서 있었어요. 그때 잘 먹어 살진 암소 일곱 마리가 물속에서 나와 강가의 풀을 뜯어 먹었지요. 잘 먹지 못해 야윈 암소 일곱 마리도 물 밖으로 올라와 강둑에 먼저 온 소들 근처에 섰어요. 야윈 암소들이 살진 암소 일곱 마리를 잡아먹었습니다. 파라오는 잠에서 깨어났어요.

파라오는 다시 잠이 들어 두 번째 꿈을 꾸었습니다. 꿈에서 파라오는 토실토실하고 잘 여문 이삭 일곱 개를 보았어요. 모두 한 줄기에서 자라난 것이었지요. 그 후 동풍을 맞아 마르고 시든 이삭 일곱 개가 자라났습니다. 마른 이삭이 토실토실하고 잘 자란 이삭을 삼켰어요. 파라오는 잠에서 깼고 꿈이었다는 것을 알았지요.

그날 아침, 근심에 잠긴 파라오는 사람을 보내 애굽에 있는 마술사들과 현자들을 모두 불렀어요. 파라오가 꿈에 대해 말했지만 그 의미를 아는 사람은 아무도 없었지요.

그때 술을 따르는 신하가 파라오에게 말했어요.

"이제야 제 죄가 기억납니다. 파라오께서 화가 나셔서 저와 빵을 올리는 신하를 호위대장 집 감옥에 가두셨습니다. 우리 두 사람은 같은 날 밤 각각 다른 내용의 꿈을 꾸었습니다. 우리는 호위대장의 하인인 젊은 히브리 사람에게 꿈 이야기를 했지요. 그 젊은이가 해몽해 준 내용이 그대로 현실이 되었습니다. 저는 다시 일하게 되었고 빵을 관리하던 신하는 장대에 매달리게 되었지요."

나일 강
적도 근처에서 생겨나 지중해로 흘러드는 강이다. 고대부터 북부 아프리카와 적도 남쪽의 아프리카를 잇는 유일한 교통로였다. 정기적인 범람으로 강 주변 땅이 매우 비옥하다.

파라오는 사람을 보내 요셉을 불러오게
했습니다. 사람들은 서둘러 지하 감옥에서
요셉을 데리고 왔어요. 요셉은 수염을 깎고
옷을 갈아입은 다음 파라오에게 나아갔지
요. 파라오가 요셉에게 말했습니다.

"내가 꿈을 꾸었다. 그런데 그 의미를 아는
사람이 아무도 없구나. 그대가 해몽을 잘한
다고 들었다."

요셉이 파라오에게 대답했지요.

"제가 아닙니다. 하나님만이 파라오에게
진실한 답을 주실 수 있습니다."

파라오는 꿈 이야기를 시작했어요.

"꿈에서 나는 나일 강 가에 서 있었다. 잘 먹어서 살진 암소 일곱 마
리가 강가에서 풀을 뜯어 먹고 있었지. 조금 있으니 암소 일곱 마리가
더 나왔는데 잘 먹지 못하고 야위어서 애굽의 어떤 소들보다 흉측하
기 짝이 없더구나. 그 마른 암소들이 먼저 올라온 암소 일곱 마리를 잡
아먹었다. 그런데도 여전히 야위어 도무지 살진 암소를 잡아먹었다고
말하기 어려웠다. 여기까지 꿈꾸고 잠에서 깨어났다.

다시 꿈을 꾸었는데, 이번에는 토실토실하고 잘 자란 이삭들이 한
줄기에서 자라나는 것을 보았다. 그 후 동풍을 맞아 마르고 시든 이삭
일곱 개가 나왔지. 이번에도 마른 이삭이 잘 자란 이삭 일곱 개를 삼켰
다. 이 꿈을 마술사들에게 말해 주었으나 해몽할 수 있는 사람이 아무
도 없었다."

애굽 아마르나 시대의 회화
요셉 이야기에 나오는 파라오는
애굽의 힉소스 시대나 아마르나
시대 사람이라고 추정한다. 하지
만 특정한 왕을 지목하는 것은 불
가능하다. 구체적인 역사적 사건이
성경에 기록되어 있지 않기 때문
이다.

이야기를 다 들은 요셉이 파라오에게 말했습니다.

"파라오께서 꾼 두 꿈은 같은 뜻을 담고 있습니다. 하나님께서 파라오가 장차 해야 할 일을 알려 주신 것이지요. 살진 암소 일곱 마리는 7년을 의미하고, 잘 익은 이삭도 7년을 뜻합니다. 야위고 잘 먹지 못한 암소 일곱 마리와 동풍을 맞아 시든 쓸모없는 이삭은 장차 7년 동안 흉년이 들 것을 뜻합니다. 이것이 제가 파라오께 '하나님께서 파라오가 장차 할 일이 무엇인지 보여 주는 것'이라고 말한 이유입니다. 모든 애굽 땅에 7년간 대풍년이 들 것입니다. 그 후 7년간 애굽 땅은 흉년을 겪어 풍요로움을 모두 잃게 됩니다. 흉년은 너무 심해서 땅에서 솟은 것을 모두 다 없애 버릴 것입니다. 백성은 혹독한 기근 때문에 이 땅에 풍년이 들었다는 사실조차 기억하지 못할 것입니다.

파라오께서 꿈을 두 번씩이나 꾸셨다는 것은 반드시 흉년이 온다는 뜻입니다. 하나님께서는 꿈대로 곧 이루실 것입니다. 그러니 파라오께서는 분별력 있고 지혜로운 사람을 뽑아 애굽 땅을 관리하도록 하십시오. 또한 전국에 관리를 두어 풍년이 들 7년간 애굽 땅에서 자란 것의 5분의 1을 모아 두십시오. 관리들에게 다가올 풍년에 식량을 모으게 하고, 파라오의 권한 아래 곡식을 저장해 성읍마다 지키게 하십시오. 흉년이 닥칠 7년 동안 저장해 둔 식량을 나누어 준다면 애굽 백성이 기근으로 죽는 일은 없을 것입니다."

파라오와 신하들은 요셉의 제안이 마음에 들었어요. 파라오가 신하들에게 말했습니다.

"우리가 이와 같은 자를 또 찾을 수 있겠는가? 하나님의 영이 참으로 이자와 함께하고 있구나."

파라오는 요셉에게 말했어요.

「파라오에게 꿈풀이 하는 요셉」
애굽은 고대 근동의 곡창 지대였다. 정기적으로 범람하는 나일 강을 관리하는 데 익숙했다.
루앙 미술관 소장

「파라오의 반지를 받는 요셉」
이탈리아 화가 티에폴로의 작품이다. 뒷장에서 파라오는 요셉에게 자신의 도장이 새겨진 반지를 준다. 왕과 왕궁 관리들은 공식 문서를 인증하기 위해 이와 같은 반지를 사용했다. 애굽 반지에는 왕의 이름이 새겨져 있고 그 주위를 장식 테두리가 감쌌다.
덜위치 박물관 소장

"하나님께서 이 모든 것을 그대에게 보여 주셨다. 그대만큼 분별력 있고 지혜로운 자는 없으리라. 그대가 내 나라의 높은 자리에 서라. 모든 백성이 그대가 내린 명령에 따를 것이다. 오직 왕좌에 있는 나만이 그대 위에 있을 것이다. 자, 모든 애굽 땅을 그대에게 맡기노라."

파라오는 손가락에서 왕의 도장이 새겨진 반지를 빼 요셉의 손가락에 끼워 주었어요. 요셉의 몸에는 세마포(細麻布, 삼 껍질에서 뽑아낸 가는 실로 곱게 짠 베)로 지은 옷을 입혀 주고, 목에는 금 목걸이를 걸어 주었지요. 파라오는 자기가 가진 두 번째로 좋은 마차에 요셉을 태웠습니다. 요셉이 탄 마차 앞에서 사람들이 '물러나라!'라고 외쳤지요. 파라오는 요셉에게 애굽 땅 전부를 다스릴 권세를 주었어요.

"나는 파라오다. 애굽 땅에서 그대 허락 없이는 누구도 손 하나 발 하나 놀리지 못하리라."

파라오는 요셉에게 보디베라(Potiphera)의 딸 아스낫(Asenath)을 아내로 주었어요. 요셉은 30세 때 애굽의 통치자가 되었지요.

「파라오의 곡물 창고 감독관이 된 요셉」
네덜란드 화가 앨머 태디마의 작품이다. 요셉이 맡게 된 업무와 임명식의 절차로 볼 때 요셉은 '수상'이나 '궁내 대신'이 되었을 것이다. 모두 애굽 문서에 등장하는 칭호다.

애굽 땅에는 7년간 풍년이 이어졌습니다. 요셉은 수확한 식량을 모두 모아서 각 성읍에 저장했어요. 곡식을 바닷가의 모래알만큼 많이 저장해, 이후 거두는 곡식은 장부에 기록하는 것이 불가능했지요.

요셉이 말했던 대로 7년간의 풍년이 끝나고 7년간의 흉년이 찾아왔어요. 온 세상에 기근이 들었지만 애굽에만 줄곧 식량이 남아 있었지요. 굶주린 애굽 백성이 파라오에게 빵을 달라고 외치자 파라오는 말했어요.

"요셉에게 가서 요셉이 말한 대로 해라."

요셉은 애굽 전역에 기근이 들자 창고를 모두 열어 애굽 백성에게 식량을 팔았어요. 애굽 땅과 온 세상에 심한 기근이 계속되었습니다. 여러 나라 사람들이 곡식을 사려고 애굽에 있는 요셉을 찾았지요.

「요셉이 애굽을 구하다」
프랑스 화가 아벨 드 푸졸의 작품이다. 「창세기」 41장 45절은 요셉의 장인 보디베라을 온 지역의 제사장으로 소개한다. 태양신을 섬겼던 온 제사장은 애굽에서 커다란 권력을 가지고 있었다.
루브르 박물관 소장

형들과 운명적으로 해후하다

가나안 땅에도 기근이 찾아왔습니다. 야곱은 애굽에서 곡식을 팔고 있다는 소식을 듣고 아들들에게 말했어요.

"왜 서서 서로 얼굴만 쳐다보고 있느냐? 듣자 하니 애굽에서 곡식을 판다더구나. 너희가 가족을 위해 곡식 좀 사오너라. 굶어 죽을 수는 없지 않겠느냐?"

요셉의 형 열 명이 곡식을 사러 다른 사람들과 함께 애굽으로 향했습니다. 야곱은 요셉의 아우 베냐민(Benjamin)은 형들과 함께 보내지 않았어요. 해를 입을까 두려웠기 때문이지요.

애굽의 총리였던 요셉이 다른 나라 사람들에게 곡식을 팔고 있었습니다. 요셉의 형들은 요셉 앞에 와서 얼굴을 땅에 대고 절했어요. 요셉은 그들이 자기 형들인 것을 알아차렸지만 처음 본 사람처럼 대하며 엄히 물었습니다.

"너희는 어디에서 왔느냐?"

형들이 대답했어요.

"가나안 땅에서 먹을 것을 사러 왔습니다."

형들은 요셉을 알아보지 못했지요.

애굽으로 이주하는 아시아인
아시아 유목민인 베두인족이 파라오 시대에 애굽으로 이주했다는 내용의 문헌이 존재한다. 문헌에 따르면 베두인족은 가축에게 줄 물을 구하기 위해 애굽으로 이주했다. 아래는 세누스레트 2세 시대 애굽 귀족의 묘에서 발견된 그림이다.

요셉은 형들이 자기에게 절하는 꿈을 꾼 것이 기억났어요. 요셉이 말했지요.

"너희는 첩자다. 이 나라의 방어 상태를 알아보려고 온 것이다."

"아닙니다, 총리 각하. 저희는 먹을 것을 구하러 왔습니다. 저희는 모두 한 아버지에게서 난 형제입니다. 저희는 정직한 사람입니다. 절대 첩자가 아닙니다."

"아니다. 너희는 이 나라의 방어 상태가 어떤지 보려고 왔다."

"저희는 가나안 땅에 사는 한 아버지의 아들들입니다. 본래 열두 형제였으나 막내는 지금 아버지와 있고 한 명은 예전에 죽었습니다."

요셉이 말했어요.

"내 말이 틀림없다. 너희는 첩자다. 하지만 너희를 시험해 보겠다. 너희 가운데 한 명이 아우를 데려오너라. 그동안 너희는 감옥에서 지내야 한다. 살아 계신 파라오를 두고 맹세하건대 막내를 데려오지 못하면 너희는 이곳에서 돌아가지 못한다. 너희가 한 말이 진실인지 아닌지 곧 밝혀지리라. 너희 말이 거짓이면 너희는 진짜 첩자다."

요셉은 형들을 3일간 감옥에 가두었습니다.

3일째 되던 날 요셉은 형들에게 말했어요.

「시므온과 레위가 하몰과 세겜을 학살하다」
요셉의 형 가운데 시므온과 레위는 여동생의 복수를 위해 세겜 일족을 몰살하고 노략한 적이 있다. 이 잔인한 일의 대가로 시므온과 레위는 야곱의 축복에게서 제외된다. 「창세기」 34장의 이야기다.

"나는 하나님이 두렵다. 그러니 살 기회를 주겠다. 너희가 정직하다면 한 사람만 감옥에 남고 나머지 사람은 필요한 곡식을 집에 가져가거라. 그런 다음 막냇동생을 내게 데려와 너희가 진실하다는 것을 증명해라. 그렇게 되면 너희는 죽지 않을 것이다."

형들은 요셉의 말에 따르기로 하고 서로에게 말했습니다.

"우리가 요셉에게 한 짓 때문에 정말 벌을 받나 보다. 곤경에 빠진 요셉이 살려 달라고 애원할 때 우리는 모른 척했지. 그래서 지금 우리가 이런 곤경에 빠진 거야."

르우벤이 덧붙여 말했어요.

"내가 요셉에게 죄를 짓지 말자고 했잖아. 너희가 내 말을 듣지 않아서 이렇게 된 거야."

형들은 요셉이 통역관을 통해 말했기 때문에 자신들의 말을 알아듣는지 몰랐습니다. 형들의 대화를 들은 요셉은 자리에서 잠시 물러나 눈물을 흘렸지요.

다시 자리로 돌아온 요셉은 형들과 말을 주고받은 후 형들 가운데 시므온(Simeon)을 끌어내 꽁꽁 묶었습니다. 요셉은 사람을 시켜 형들이 가져온 통에 곡식을 가득 채우고 각자의 돈도 다시 자루에 넣어 주었으며 집으로 가는 길에 필요한 음식도 주었어요. 형들은 곡식을 나귀에 싣고 길을 떠났답니다.

요셉의 형들은 가나안 땅으로 돌아와서 그간 있었던 일을 야곱에게 모두 이야기했어요.

"애굽 땅의 주인이 저희를 첩자로 여겨 엄하게 꾸짖고 감옥에 가뒀습니다. 저희는 그분에게 이렇게 말했습니다. '저희는 정직한 사람들입니다. 첩자가 아닙니다. 저희는 한 아버지의 아들들이고 본래 열두 형제입니다. 한 명은 죽고 막내는 가나안 땅에 있는 아버지와 함께 있습니다.'

그런데 그분은 다음과 같이 말했습니다. '너희가 정직한 사람인지 시험하겠다. 형제 가운데 한 명을 여기 남겨 두고 집에 필요한 곡식을 가져가거라. 그리고 막냇동생을 데려와라. 그러면 너희가 첩자가 아니고 정직한 사람이라는 사실이 밝혀질 것이다. 그때 형제를 되돌려 줄 것이고 이 땅에서도 자유롭게 활동할 수 있게 해 주겠다.'"

요셉의 형들은 자루를 비우다가 돈이 들어 있는 지갑을 발견했습니다. 곡식을 사기 위해 가져간 돈이 그대로 있는 것을 보고 형들과 야곱은 두려워 떨며 서로를 쳐다보았어요.

"하나님께서 우리를 어떻게 하려고 이러시는가?"

야곱이 말했습니다.

"너희가 내 자식을 다 빼앗아 가는구나. 요셉은 죽었고 시므온도 여기 없다. 이제 베냐민마저 빼앗아 갈 작정이냐! 괴로움이 끝나지 않는구나!"

그때 르우벤이 아버지에게 말했어요.

사람을 시켜 형들의 통에 곡식을 가득 채우는 요셉
15세기에 만들어진 성경에 들어간 삽화다. 이 시대에는 주조된 화폐가 없어서 물건을 교환해 값을 치렀다. 은은 고대 전역에서 일반적으로 사용하던 교환품이었다.

「베냐민을 귀여워하는 야곱」

네덜란드 화가 렘브란트의 작품이다. 라헬이 자신의 막내아들의 이름을 '베노니'라 지었지만, 아버지 야곱이 다시 '베냐민'으로 바꿔 지었다.
히브리어인 베냐민은 '오른손의 아들'이라는 뜻이다. 오른손은 성경에서 권위와 힘을 상징한다. 베냐민에서 비롯된 베냐민 지파에서 사울,
요나단, 에스더, 모르드개, 바울 등이 나왔다.
필립스 컬렉션 소장

"제가 베냐민을 데려오지 못하면 제 두 아들을 죽이셔도 좋습니다. 그러니 베냐민을 제게 맡겨 주십시오. 제가 베냐민을 꼭 데려오겠습니다."

야곱이 말했어요.

"너희에게 내 아들을 맡길 수 없다. 요셉도 죽고 이제 베냐민만 남았다. 그 아이가 가서 해를 입는다면! 너희는 슬픔으로 백발이 된 늙은 아버지를 무덤으로 내려보내야 할 것이다."

가나안 땅은 여전히 기근이 심했습니다. 요셉의 형제들은 애굽에서 가져온 곡식을 다 먹었어요. 아버지가 형제들에게 말했지요.

"다시 가서 양식 좀 사 오너라."

유다가 말했어요.

"애굽 땅의 주인이 베냐민을 데려오지 않으면 자신을 다시 보지 못할 것이라 분명하게 말했습니다. 베냐민을 보내 주세요. 그러면 음식을 사 오겠습니다. 하지만 아이를 보내시지 않으면 저희도 못 갑니다. 그분이 베냐민 없이는 저희를 보지 않겠다고 했어요."

야곱이 말했습니다.

"도대체 왜 베냐민이 있다고 말해서 나를 괴롭게 하느냐?"

형들이 대답했지요.

"그분이 가족에 대해 자세히 물어보았어요. 아버지는 여전히 살아 있느냐고 물었고 다른 형제가 있느냐고도 물었습니다. 저희는 질문에 대답한 것뿐이에요. 어떻게 그분이 '동생을 데려와라.'라고 말할지 알았겠어요?"

유다가 나서서 아버지 야곱에게 말했습니다.

"베냐민을 보내 주시면 바로 떠나겠습니다. 저희와 아버지, 그 아이 모두 죽지 않을 것입니다. 제가 베냐민을 책임지겠어요. 제게 책임을 물으세요. 만약 아버지 앞에 베냐민을 데려오지 못하면 영원히 책임을 지겠습니다. 이렇게 오래 머뭇거리는 동안 애굽까지 두 번은 갔다 왔을 것입니다."

"정 그래야 한다면 이렇게 해라. 이 땅에서 나는 과일을 항아리에 담아 그분께 선물로 드려라. 향유와 꿀도 좀 가져가고 향료, 몰약, 유향 나무 열매도 가져가거라. 이번에는 돈도 두 배로 챙기고 저번에 자루에 넣어 왔던 돈도 돌려 드려라. 돈을 다시 가져온 것은 실수였을 것이다. 동생도 데리고 가거라. 전능하신 하나님께서 도와 그분이 너희에게 자비를 베풀 것이다. 그분이 베냐민과 시므온을 풀어 준다면 얼마나 좋겠느냐? 이래도 내가 아들들을 빼앗긴다면 그때는 정말 그 애들과 이별이다!"

요셉의 형들은 선물과 돈을 챙긴 후 베냐민을 데리고 애굽으로 내려갔어요.

요셉이 형들과 함께 온 베냐민을 보고 자기 집 관리인에게 말했습니다.

"이 사람들을 집으로 데려가거라. 짐승을 잡아 음식을 준비해라. 이들은 나와 함께 점심을 먹을 것이다."

관리인은 요셉이 시킨 대로 음식을 준비하고 형제들을 요셉의 집으로 데려왔어요. 형제들은 두려움에 사로잡혔지요.

"지난번에 방문했을 때 곡식 자루에 돈을 넣어 가져갔다고 생각해 끌고 가는 거야. 분명히 우릴 잡아 노예로 삼고 나귀도 모조리 가져가겠지."

집 앞에 다다르자 형제들은 관리인에게 말했어요.

"오 주인님, 저희는 지난번에 식량을 사러 내려왔을 뿐입니다. 집으

로 돌아가 자루를 열어 보니 돈이 그대로 있는 게 아니겠어요? 그 돈을 돌려 드리려고 가져왔습니다. 음식 살 돈도 더 가지고 왔어요. 부디 믿어 주십시오. 저희는 정말 자루 속에 돈이 있는지 몰랐습니다."

관리인이 대답했어요.

"괜찮습니다. 두려워할 필요 없어요. 하나님께서 자루에 보물을 주신 것입니다. 전 당신들의 돈을 받았습니다."

관리인은 형제들 앞으로 시므온을 데리고 나왔습니다. 그러고는 집 안으로 들어가 형제들에게 발 씻을 물을 주고 나귀들에게는 먹이를 주었지요. 형제들은 정오에 식사할 것이라는 말을 듣고 요셉에게 줄 선물을 준비했어요.

요셉이 집에 오자 형제들은 선물을 바치고 엎드려 절했습니다. 요셉은 안부를 물었어요.

"너희 아버지는 어떠신가? 아직 살아 계신가?"

"저희 아버지는 잘 계십니다. 아직 살아 계십니다."

형제들은 대답한 후 요셉에게 머리를 숙여 절하고 무릎을 꿇었지요.

요셉은 동생 베냐민을 보고 물었어요.

"이자가 너희가 말했던 막냇동생인가?"

요셉은 베냐민에게도 말했지요.

"하나님께서 네게 은혜를 베푸시길 바란다."

요셉은 그동안 베냐민을 아주 그리워했던 나머지 방으로 들어가 슬피 울었답니다.

얼굴을 씻고 나온 요셉은 "음식을 내오너라."라고 명령했습니다. 요셉의 상과 형제들의 상이 따로 차려졌어요. 요셉과 함께 있던 애굽 사람들의 상도 따로 차려졌지요. 애굽 사람들은 히브리 사람들을 싫어해서 같이 밥을 먹는 법이 없었어요. 형제들은 요셉 앞에 앉았습니다. 형제들은 맏형부터 막내까지 나이 순서대로 자리가 정해져 있는 것을 보고 놀라서 서로를 쳐다보았지요. 요셉은 자기 앞에 놓인 음식을 형

「애굽에서 형제들을 대접하는 요셉」
애굽 사람들은 다른 나라 사람들을 야만인으로 생각했다. 그래서 요셉의 형제들과 한 식탁에서 어울리려 하지 않는다.

들에게 나누어 주게 했습니다. 베냐민에게는 다른 형들보다 다섯 배나 많은 음식을 주었지요. 요셉과 형제들은 술을 마시며 즐거운 시간을 보냈어요.

식사가 끝난 후 요셉은 관리인에게 명령했어요.

"저들의 자루에 곡식을 가득 채워 주어라. 막내의 자루 입구에는 내 은잔을 걸쳐 놓고 자루 안에는 곡식값으로 가져온 돈을 넣어라."

관리인은 요셉이 명령한 대로 했습니다.

이튿날 해가 뜰 무렵, 요셉의 형제들은 나귀를 끌고 길을 떠났어요. 형제들이 성을 나온 지 얼마 되지 않았을 때 요셉이 관리인을 불렀습니다.

"그 사람들을 쫓아가라. 그들을 따라잡으면 이렇게 말해라."

요셉은 관리인이 할 말을 일러 주었지요.

트리알레티 은잔
조지아 공화국 트빌리시에 있는 고총에서 발견된 은잔이다. 기원전 2000년경에 만들어진 것으로 추정한다. 고대 사람들은 잔 속의 액체를 이용해 점을 쳤다. 요셉의 은잔도 점치는 잔이다.

관리인은 형제들을 따라잡아 요셉의 명령대로 호통쳤습니다.

"은혜를 원수로 갚은 사람들이여, 왜 주인님께서 쓰시는 은잔을 훔쳤소? 그런 악행을 저지르다니!"

형제들은 놀라서 까무러칠 뻔했어요.

"도대체 무슨 말씀이십니까? 저희는 그런 생각조차 못 했습니다! 제발 기억해 주십시오. 저희는 자루에서 나온 돈을 돌려 드리려고 가나안 땅에서 다시 왔습니다. 그런 저희가 주인님 댁에서 은잔을 훔치다니요? 짐에서 은잔이 나오는 사람

이 있으면 죽여도 좋습니다. 은잔을 훔친 사실이 밝혀지면 저희가 당신의 노예가 되겠어요."

관리인이 말했습니다.

"당신들 말대로 하겠소. 짐에서 은잔이 발견된 사람은 내 노예가 될 것이오. 나머지는 죄가 없소."

형제들은 각자 서둘러 자루를 내려놓고 풀었어요. 관리인은 맏형의 자루부터 막내의 자루까지 살펴보았지요. 은잔은 베냐민의 자루에서 나왔습니다. 형제들은 슬퍼서 자기 옷을 찢었어요. 그러고는 나귀에 짐을 실은 후 터덜터덜 성으로 되돌아갔지요.

「베냐민의 자루에서 은잔을 찾아낸 요셉의 종」
네덜란드 화가 클라에스 코르넬리스 무이아르트의 작품이다. 요셉 시대에 있었던 점으로 '레카노 점'이 유명하다. 물에 기름을 부어 모양을 보는 방식이다.
부다페스트 미술관 소장

"아버지의 목숨이 이 아이에게 달려 있습니다."

유다와 형제들은 요셉의 집으로 돌아왔습니다. 요셉은 아직 집에 있었어요. 형제들이 요셉 앞에 엎드려 절하자 요셉이 꾸짖었지요.

"어찌해 이런 짓을 저질렀느냐? 정녕 내가 물건을 찾아낼 줄 몰랐단 말이냐?"

유다가 대답했습니다.

"저희가 당신께 무슨 할 말이 있겠습니까? 무슨 변명을 할 수 있겠습니까? 어찌 결백을 밝힐 수 있겠습니까? 하나님께서 저희 죄를 드러내셨습니다. 그러니 저희와 잔을 갖고 있던 아이 모두 당신의 종이

「잔을 든 요셉과 유다」
네덜란드 화가 아르트 데 헬더르의 작품이다. 본문에서 유다가 요셉에게 하는 탄원은 히브리 문학 가운데서도 아름다운 산문으로 손꼽힌다.

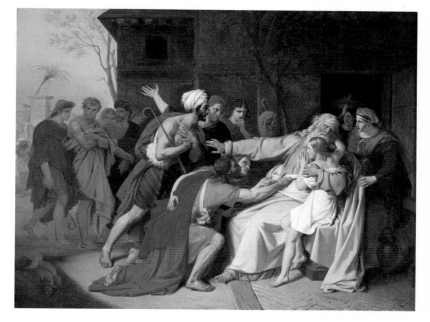

「베냐민을 보내길 거부하는
야곱」
프랑스 화가 테오필 오귀스트 보
슈레의 작품이다. 유다는 셋째 아
들이지만 실제로는 집안의 장남
노릇을 한다.
에콜 데 보자르 소장

되겠습니다."

"그렇게까지 할 생각은 없다! 은잔을 가지고 있던 사람만 내 종이
되리라. 나머지는 아버지에게 평안히 돌아가거라."

그러자 유다가 요셉에게 가까이 다가와 말했어요.

"오, 총리 각하. 제가 한 말씀 올릴 수 있도록 허락해 주시고, 너무 노
여워하지 마시길 바랍니다. 당신은 파라오만큼 높으신 분입니다. 당
신께서 저희에게 '아버지나 다른 형제가 있느냐.'라고 물으셨지요. 그
래서 당신께 이렇게 대답했습니다. '늙으신 아버지가 계시고 아버지
가 노년에 낳은 아이가 하나 있습니다. 그 아이의 형이 죽으면서 베냐
민은 자기 어머니 배에서 난 유일한 아들이 되었습니다. 아버지는 그
아이를 사랑하십니다.' 그 말을 듣고 총리께서는 '그 아이를 데려오너
라. 내가 만나 보겠다.' 하셨지요. 하지만 저희는 총리께 이렇게 말씀

드렸습니다. '그 아이는 아버지에게서 떠날 수 없습니다. 만약 떠난다면 아버지는 돌아가실 것입니다.' 그러자 총리께서 말씀하셨어요. '막냇동생을 데려오지 않으면 다시는 나를 못 볼 줄 알아라.'

저희는 아버지에게 돌아가서 당신이 하신 말씀을 그대로 전해 드렸습니다. 얼마 후에 아버지가 가족을 위해 먹을 것을 다시 사 오라고 하셨을 때 저희는 말했지요. '내려갈 수 없습니다. 하지만 막내와 함께라면 갈 것입니다. 막내 없이는 그분을 뵐 수 없습니다.' 아버지는 말씀하셨습니다. '알다시피 내 아내에게는 아들이 둘 있었다. 그런데 아들 하나가 나를 떠났다. 분명 들짐승에게 찢겨 죽었을 것이다. 이후에 그 아이를 보지 못했구나. 남은 이 아이마저 변을 당한다면 너희는 슬픔으로 백발이 된 늙은 아비를 땅에 묻게 될 것이다.'

지금 저희가 막내 베냐민 없이 아버지에게 가면 아버지는 곧 돌아가실 것입니다. 저희 형제들은 슬픔에 잠겨 돌아가신 백발의 아버지를 장사 지내야겠지요. 제가 아버지에게 아이를 책임지겠다고 약속했습니다. 베냐민을 데려오지 못하면 영원토록 비난을 받겠다고 했지요. 그러니 총리 각하, 그 아이 대신 저를 종으로 삼으시고, 아이는 제 형들과 함께 돌아가게 해 주십시오. 제가 어찌 베냐민을 두고 돌아가겠습니까? 제가 어찌 아버지에게 닥칠 슬픔을 볼 수 있겠습니까?"

요셉은 슬픔이 북받쳐 "모두 물러가거라."라고 소리쳤습니다. 애굽 사람들이 다 물러가자 요셉은 형제들에게 자기 정체를 밝혔어요. 요셉이 너무 크게 울었기 때문에 애굽 사람들과 파라오의 궁중에 있던 모든 사람이 요셉의 울음소리를 들었답니다.

"내가 요셉입니다. 아버지께서 아직 살아 계시다고요?"

「형제들에게 정체를 밝히는 요셉」
독일 화가 코르넬리우스의 작품이다. 요셉에 대한 이야기는 아브라함 등의 다른 족장 이야기와는 달리 일관된 줄거리를 가지고 있다. 요셉 이야기는 구약 성경 이야기 가운데서도 걸작으로 꼽힌다. 요셉은 처음부터 인내심이 강하고 애정이 많으며 충직한 인물로 그려진다. 이야기 진행에 따라 잘못을 점차 뉘우치는 야곱과 대조되는 모습이다.
베를린 구국립 미술관 소장

고센과 접한 비터 호
고센 지역은 현재 하애굽의 삼각
주 지역으로 추정된다. 즉 나일 강
동쪽 지류에서부터 비터 호에 이
르는 지역을 말한다.

형제들은 한 마디도 입 밖에 낼 수 없었어요. 부끄러운 나머지 요셉
의 얼굴을 쳐다보지도 못했지요. 요셉이 "부탁이니 이리 가까이 오세
요."라고 말하고 나서야 형제들은 요셉에게 다가갔습니다.

"내가 애굽에 팔려 간 형들의 아우 요셉입니다. 형들이 나를 이 나
라에 팔아넘겼다고 해서 염려하거나 자책하지 마세요. 하나님께서 형
들의 생명을 구하려고 저를 이 자리에 보내셨기 때문입니다. 이 땅에
흉년이 든 지 이미 2년이 지났고 앞으로도 5년간은 밭을 갈지도 곡식
을 거두지도 못할 것입니다. 하나님께서는 크나큰 구원을 통해 형들
의 목숨을 살리고 이 세상에 자손을 내리기 위해 저를 형들에게 보내
셨습니다. 그러니 이곳으로 저를 보낸 분은 형들이 아닌 바로 하나님
이십니다. 하나님께서 저를 파라오에게 아버지와 같은 존재가 되게
하고, 애굽 왕궁의 모든 일을 관리하게 하며, 애굽 땅 전부를 지배하게

하셨습니다.

빨리 아버지께 가서 아들 요셉이 이렇게 말했다고 전하세요. '하나님께서 나를 애굽 땅의 지배자가 되게 하셨습니다. 지금 바로 제게 오셔서 고센(Goshen) 땅에서 사십시오. 아버지께서는 제 곁으로 오셔서 자식들과 손주들과 함께 사시면 됩니다. 당신의 양 떼와 소 떼와 그 밖의 모든 재산도 가지고 오십시오. 제가 아버지와 아버지의 가족과 딸린 목숨들이 굶주리는 일이 없도록 하겠습니다. 앞으로도 흉년이 5년은 더 계속될 테니 제가 고센 땅에서 아버지를 부양하겠습니다.' 형들과 베냐민은 지금 말하고 있는 사람이 이 요셉이라는 것을 보았습니다. 아버지께 제가 애굽에서 누리는 영예와 형들이 본 바를 전해 주세요. 아버지를 빨리 이곳으로 모셔 와야 합니다."

말을 마친 요셉은 베냐민을 얼싸안고 울었어요. 베냐민도 요셉을 끌어안았지요. 요셉은 형들과도 입을 맞추고 끌어안았어요. 그런 후에야 형들과 요셉은 이야기를 나누었답니다.

아흐모세 1세의 자서전
제18 왕조를 연 파라오 아흐모세 1세는 힉소스족을 물리치고 애굽을 통일했다. 이후 제18 왕조의 아멘호테프 3세가 애굽 최대의 번영기인 아마르나 시대를 연다. 요셉 시대의 파라오는 힉소스나 아마르나 시대의 왕이라고 추정한다.

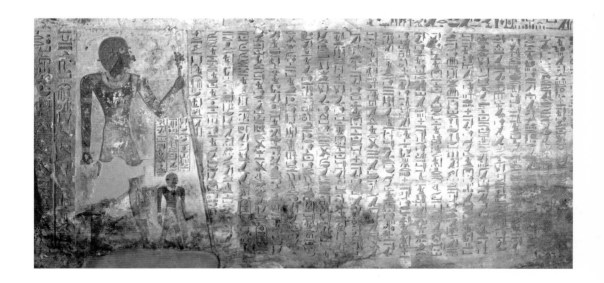

요셉 일가가 애굽에서 영화를 누리다

요셉의 형제들이 왔다는 소식은 파라오의 궁전에도 퍼졌어요. 파라오와 신하들은 매우 기뻐했지요. 파라오가 요셉에게 말했습니다.

"그대의 형제들이 짐승들 등에 짐을 싣고 가나안 땅으로 가서 아버지와 가족들을 데리고 내게 오게 해라. 내가 그들에게 애굽에서 가장 좋은 곳을 주고 애굽 땅에서 나는 가장 좋은 음식을 먹게 해 주겠다. 또한 형제들에게 **애굽 수레** 몇 대를 끌고 그들의 자녀들과 아내들을 데려오고 아버지를 모셔 오게 해라. 애굽에 있는 가장 좋은 것을 줄 테니 살림살이는 신경 쓰지 말라고 해라."

요셉은 파라오의 명령대로 형제들에게 수레 몇 대와 음식을 주었어요. 형들 각자에게 갈아입을 옷을 주었고, 베냐민에게는 특별히 은 300개와 갈아입을 옷 다섯 벌을 챙겨 주었지요. 아버지 야곱에게는 애굽에서 가장 좋은 물건을 나귀 열 마리에 실어 보냈고, 이곳으로 올 때 먹을 여러 음식도 나귀 열 마리에 실어 보냈습니다.

요셉은 형제들을 떠나보내면서 "다투지 마십시오!"라고 말했어요.

애굽 수레
애굽 신왕국 시기의 작품이다. 파라오 투탕카멘이 수레를 타고 적을 무찌르는 장면이다. 이 시기에 애굽 수레는 나무 뼈대와 가죽으로 만들어져 가벼웠다.
애굽 박물관 소장

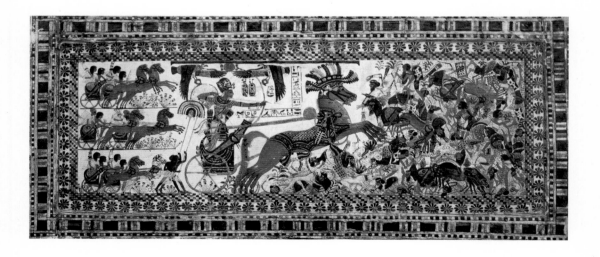

애굽을 떠난 형제들은 가나안 땅에 도착해 야곱을 만났습니다. 형제들이 야곱에게 말했어요.

"요셉이 아직 살아 있습니다. 애굽 땅 전부를 다스리는 총리가 되었어요!"

야곱의 심장은 고요했습니다. 방금 들은 말을 믿을 수 없었기 때문이지요. 하지만 요셉이 했던 말을 전해 듣고 요셉이 자신을 태우려고 보낸 수레를 보자 야곱의 영혼에는 다시 생기가 돌기 시작했어요.

"그걸로 충분하다. 내 아들 요셉이 아직 살아 있구나. 죽기 전에 요셉을 봐야겠다."

「애굽으로 가는 야곱」
프랑스 화가 귀스타브 도레의 작품이다. 야곱은 헤브론에서 출발해 브엘세바를 거쳐 애굽에 들어간다.

야곱은 가진 것을 모두 챙겨 떠날 준비를 했습니다. 야곱은 먼저 브엘세바로 가서 아버지 이삭의 하나님에게 제물을 바쳤어요. 밤에 하나님이 환상 가운데 나타나서 야곱을 불렀답니다.

"야곱아, 야곱아."

"네, 여기 있습니다."

"나는 하나님이다. 네 아버지의 하나님이다. 애굽으로 내려가는 것을 두려워하지 마라. 그곳에서 너를 큰 나라로 만들어 주겠다. 나는 너와 함께 애굽으로 갈 것이다. 그리고 반드시 너를 다시 데리고 나올 것이다. 네가 세상을 떠나는 날에는 요셉이 네 눈을 감겨 줄 것이다."

브엘세바를 떠날 때 야곱의 아들들은 야곱과 어린아이들과 아내들을 파라오가 보낸 수레에 태웠습니다. 야곱은 유다를 요셉에게 보내 야곱 일행이 고센으로 간다는 것을 알렸지요.

야곱 일행이 고센 땅에 들어서자 요셉은 자기 수레를 타고 아버지 야곱을 맞이하러 나갔습니다. 야곱과 요셉은 만나 서로의 목을 껴안고 오랫동안 울었어요.

야곱이 요셉에게 말했습니다.

"네 얼굴을 보고 네가 살아 있다는 것을 알았으니 이제 죽어도 여한이 없구나."

요셉이 형제들과 아버지의 가족들에게 말했어요.

"내가 올라가 파라오께 가나안 땅에 있던 형제들과 아버지의 가족들이 찾아왔다고 말씀드리겠습니다. 가축을 치는 사람들이라 가지고 있던 양 떼와 소 떼를 모두 이끌고 왔다고도 전하겠어요. 파라오께서

「애굽에서 아버지와 형제들을 맞이하는 요셉」
네덜란드 화가 살로몬 데 브라이의 작품이다. 고센 지역은 기원전 18세기부터 기원전 16세기까지 힉소스족의 중심지였다.

불러 '너희가 하는 일이 무엇이냐?'라고 물으면 여러분은 '저희는 어릴 때부터 가축 치는 일을 해 왔습니다.'라고 대답하세요. 이렇게 말하면 고센 땅에서 살게 될 것입니다. 애굽 사람들은 가축 치는 사람들을 얕보기 때문이지요."

요셉은 파라오에게 가서 말했습니다.

"아버지와 형제들이 양과 소와 전 재산을 가지고 가나안 땅에서 왔습니다. 지금은 고센 지역에 있습니다."

요셉은 자기 형제들 가운데 다섯 명을 파라오에게 데리고 가서 인사시켰어

요. 파라오가 형제들에게 물었지요.

"너희가 하는 일이 무엇이냐?"

"저희는 가축을 칩니다. 저희 조상들도 모두 그렇습니다." 형제들은 파라오에게 말했습니다. "저희는 파라오의 나라에서 살기 위해 왔습니다. 가나안 땅에는 기근이 들어 가축을 먹일 목초지가 없습니다. 그러니 바라건대 저희를 고센 땅에서 살게 해 주십시오."

파라오가 형제들의 이야기를 듣고 요셉에게 말했어요.

「요셉의 두 아들을 축복하는 야곱」
네덜란드 화가 렘브란트의 작품이다. 「창세기」 48장에서 야곱은 요셉의 두 아들 에브라임과 므낫세에게 축복을 내린다. 야곱은 두 손자를 입양해 우선적으로 상속받을 수 있는 권리를 준다.
빌헬름회혜 궁전 소장

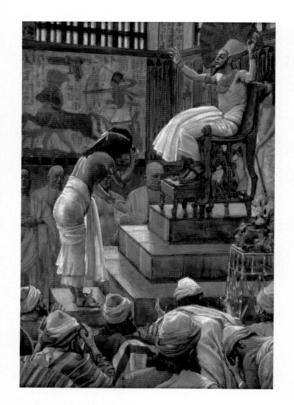

「파라오가 요셉과 요셉의 형제들을 환영하다」
야곱은 애굽에서 행복한 말년을 보낸 끝에 죽어 가나안 땅에 묻힌다. 「창세기」 50장 26절에 따르면 요셉은 야곱의 장례를 치른 후 110세에 죽는다.

"저들을 고센 땅에서 살게 해 주어라. 저들 가운데 뛰어난 목자가 있으면 내 가축을 치게 해라."

요셉은 아버지 야곱도 데려와 파라오에게 소개했습니다. 야곱은 파라오에게 복을 빌어 주었지요. 파라오는 야곱에게 물었어요.

"그대는 몇 년을 살았는가?"

"저는 130년을 살았습니다. 제 조상들만큼 오래 살지는 않았지요. 살아온 햇수는 얼마 되지 않지만 제 인생은 험난한 일뿐이었습니다."

야곱이 파라오에게 복을 빌어 주고 물러났습니다. 요셉은 파라오의 명령대로 아버지와 형제들에게 살아갈 땅과 집을 주었어요. 또한 요셉은 아버지와 형제들과 아버지의 가족 모두에게 음식을 제공했지요. 이스라엘 사람들은 애굽의 고센 땅에서 살게 되었고, 점점 부유해졌으며, 자식도 많이 낳았답니다.

고대 근동 사람들에게 꿈이란 무엇일까요?

고대 사람들은 꿈에는 두 가지 종류가 있다고 생각했습니다. 첫 번째는 일반적인 꿈으로, 이 꿈은 모든 사람이 경험하는 현상이기 때문에 특별한 의미를 담고 있지 않아요. 두 번째는 진실을 보여 주는 '계시의 꿈'으로, 사람에게나 공동체에 실제적인 영향을 끼치지요. 고대 사람들은 계시의 꿈을 두려워해 성실하게 탐구했습니다. 메소포타미아에 있던 나라들과 애굽 왕실에서는 꿈을 해석하는 박사 등의 전문가들을 두었지요. 그들은 다양한 꿈 내용과 꿈의 해석을 책에 쓰기도 했어요. 반면, 히브리 사람들은 꿈 해석은 오직 여호와 하나님만이 할 수 있다고 믿었습니다. 구약 성경에는 유명한 히브리인 꿈 해몽가가 두 사람 등장해요. 요셉과 다니엘이지요. 요셉은 자기 미래를 계시의 꿈으로 두 번 보았습니다. 애굽의 노예가 된 후에는 애굽 왕의 꿈을 해석해 애굽 총리가 되었지요. 요셉 못지않게 다니엘도 꿈 해석에 뛰어났어요. 다니엘은 꿈 해석 능력 덕분에 포로로 잡혀간 바벨론에서도 존경을 받았습니다. 이렇게 꿈의 계시적 성격 때문에, 고대 사람들은 신전이나 거룩한 장소에서 자주 밤을 보내면서 계시의 꿈을 꾸고자 했어요. 히브리 민족의 왕 사울, 솔로몬, 히스기야도 계시의 꿈을 꾸기 위한 노력을 게을리하지 않았습니다.

투트모세 4세가 꾼 꿈을 새긴 석비

3 출애굽과 사사 시대

야곱의 가족이 애굽으로 이주한 지 400년이 지났습니다. 요셉이 죽은 후 애굽에는 새로운 왕조가 들어섰어요. 파라오인 람세스 2세는 애굽을 세계 최강 제국으로 만들고자 대규모 건설 사업을 진행합니다. 야곱의 후손인 이스라엘 사람들도 노예로 끌려가 강제로 건설 현장에 투입되지요.

이때 모세가 등장합니다. 애굽 왕자였던 모세는 이스라엘 민족 출신이었어요. 모세는 고통받는 자기 민족을 이끌고 애굽에서 도망쳐 나오지요. 그 후 이스라엘 민족은 광야에서 40년간 방랑하다가 마침내 젖과 꿀이 흐르는 땅, 가나안에 정착합니다.

가나안에는 이미 원주민이 살고 있었어요. 요단 강을 건넌 이스라엘 사람들은 가나안에 있는 수많은 성을 하나하나 정복합니다. 이스라엘 지도자들은 가나안 땅을 어느 정도 차지하자 백성을 12지파로 나누고 지파별로 땅을 분배하지요.

이스라엘은 처음부터 왕이 다스리는 나라가 아니었어요. 하나님은 스스로 판단하고 알아서 잘하는 성숙한 시민이 주인이 되는 나라를 원했지요. 하나님이 보낸 '사사(士師)'라는 사람들은 이스라엘 사람들을 이끄는 지도자이자 백성을 하나로 뭉치게 하는 영웅이었답니다.

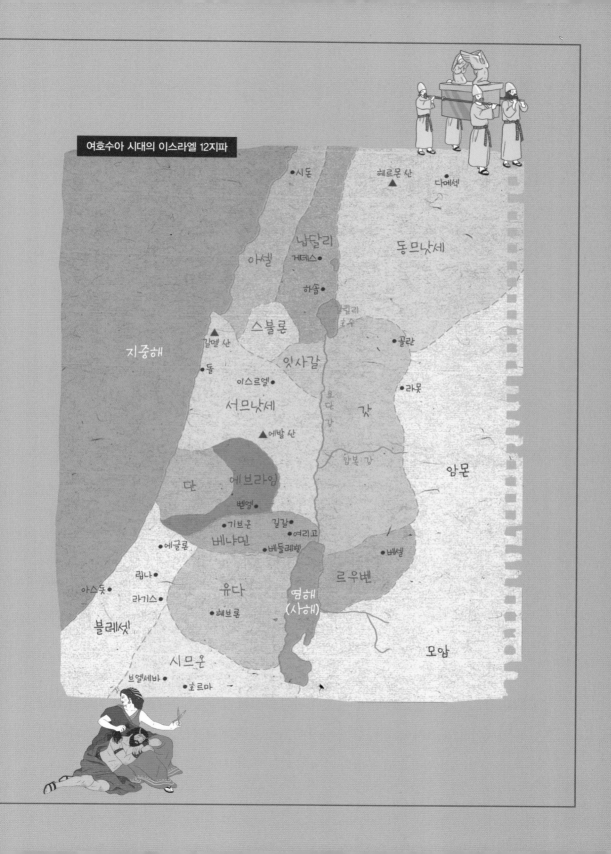

여호수아 시대의 이스라엘 12지파

1 이스라엘 지도자가 된 애굽 왕자 | 모세

이 세상에는 크게 두 종류의 지도자가 있습니다. 하나는 모세형 지도자이고, 다른 하나는 파라오형 지도자지요. 한때 혈기 왕성한 왕자였던 모세는 하나님 앞에서 겸손한 지도자로 변해 갑니다. 일을 처리할 때 독단적으로 결정하기보다 하나님의 명령에 순종하고 형인 아론과 상의했어요. 무엇보다 이스라엘 사람들에게 가장 필요한 것이 무엇인지 먼저 생각했지요. 반면, 애굽의 파라오는 독재자였어요. 파라오는 자신을 태양신의 아들이라 불렀지요. 하나님이 자기와 동급이라고 여겼던 것 같아요. 그렇다면 이두 지도자, 모세와 파라오의 운명이 어떻게 되는지 함께 살펴볼까요?

- 내가 너희를 애굽의 고난에서 구해 젖과 꿀이 흐르는 땅으로 올라가게 하리라. (『출애굽기』 3:17)
- 밤중에 여호와께서 애굽 땅에서 처음 난 것을 다 치시매 (『출애굽기』 12:29)
- 모세가 바다 위로 손을 내밀매 여호와께서 바닷물을 물러가게 하시니 물이 갈라져 바다가 마른땅이 된지라. (『출애굽기』 14:21)
- 여호와는 나의 힘이요 노래시며 나의 구원이시로다. (『출애굽기』 15:2)

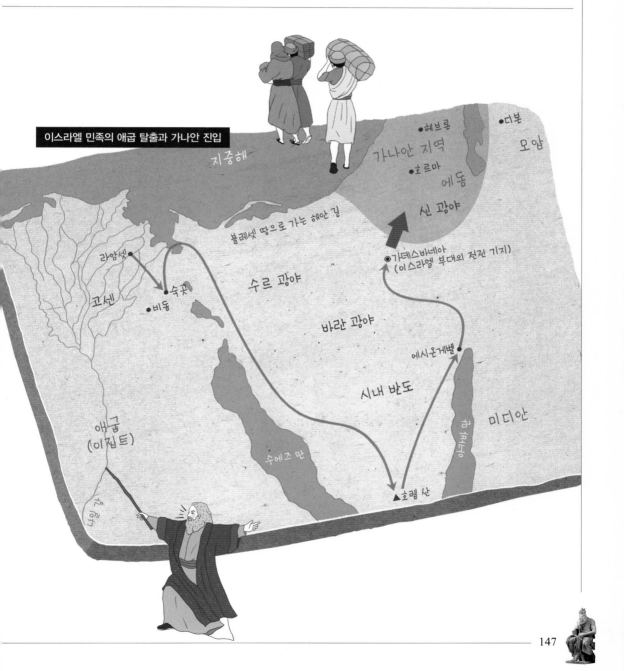

이스라엘 민족의 애굽 탈출과 가나안 진입

모세, 힘없는 민족의 슬픈 자화상

요셉과 형제들이 죽고 난 후 이스라엘 사람들의 수는 급격히 늘어났고 세력도 커져 애굽 땅을 가득 채웠습니다. 세월이 흘러 요셉을 모르는 새 파라오가 애굽을 다스렸어요. 파라오는 백성에게 말했습니다.

"보아라. 이스라엘 사람들이 너무 많고 그 세력도 날로 강해지고 있다. 현명하게 대처할 때가 왔다. 그들의 수가 불어나는 것이 두렵구나. 혹시 전쟁이라도 일어나면 이스라엘 사람들은 적과 한패가 되어 우리를 배신하고 이 땅을 떠날 것이다."

애굽 사람들은 공사 감독관을 두어 이스라엘 사람들에게 고된 일을 시켰습니다. 이스라엘 사람들은 파라오를 위해 곡식을 저장하는 성인 비돔(Pithom)과 라암셋(Rameses)을 지었어요. 애굽 사람들이 이스라엘 사람들을 괴롭힐수록 이스라엘 사람들은 더 늘어났고 더 퍼져 나갔지요. 애굽 사람들은 번성하는 이스라엘 사람들이 두려웠습니다. 잔인해진 애굽 사람들은 이스라엘 사람들을 노예로 삼았어요. 회반죽을 바르고 벽돌을 쌓는 일을 시키고 온갖 힘겨운 밭일을 하게 했지요. 이스라엘 사람들은 고달픈 나날을 보내야 했습니다.

어느 날, 파라오는 애굽 백성에게 다음과 같이 명령했어요.

"히브리 가정에서 태어난 딸은 살려 주고, 남자아이는 모두 강에 던져라."

아부심벨 신전
람세스 2세가 건설한 애굽의 암굴 신전이다. 누비아의 아부심벨에 있다. 파라오들은 거대한 건축물을 즐겨 지었다. 자국인이나 전쟁 포로만으로 짓기에는 건축물의 규모가 엄청났다. 따라서 자국 내 소수 민족을 동원했을 것이다.

레위(Levi) 지파의 한 남자와 한 여자가 결혼해 아들을 낳았습니다. 여자는 아기가 잘생긴 것을 보고 3개월 동안 숨겨 키웠지요. 아기를 더는 숨기는 것이 어렵게 되자, 파피루스 갈대로 만든 상자를 구해 역청과 송진을 바른 후 아기를 상자 안에 넣었어요. 여자는 상자를 나일 강 가의 갈대 사이에 두었습니다. 아기의 누나가 상자 근처에서 아기에게 어떤 일이 일어날지 지켜보며 서 있었어요.

파라오의 딸인 공주가 목욕하려고 나일 강으로 내려왔습니다. 공주는 시녀들과 강가를 따라 걷다가 갈대 사이에 있는 상자를 보았어요. 시녀에게 시켜 상자를 가져와 열어 보니 상자 안에서 아기가 울고 있었습니다. "이 아기는 히브리인이구나." 공주는 불쌍한 마음이 들어 말했지요.

그때 아기의 누나가 공주에게 가서 물었습니다.

"제가 공주님을 위해 젖을 먹일 히브리 여자를 불러올까요?"

"그렇게 해라."

소녀는 아기의 어머니를 불러왔어요. 공주가 아기의 어머니에게 말했습니다.

「모세와 요게벳」
브라질 화가 페드로 아메리코의 작품이다. 레위 지파 아므람과 요게벳은 모세와 아론과 미리암의 부모다. 레위 지파는 이스라엘 12지파 가운데 하나다. 이후 유대 민족의 사제 역할을 했다.

「파라오의 딸: 모세의 발견」
영국 화가 에드윈 롱의 작품이다.
여기서 모세의 친모는 모세의 유
모가 된다. 당시 유모는 급료를 받
고 아이의 법적 후견인 역할을 했
다. 유모는 아이가 젖을 떼면 아이
와 양자 결연을 맺었다.
브리스틀 시 박물관과 미술관 소장

"아기를 데려가서 젖을 먹이면 내가 그 삯을 주겠다."

여자는 아기를 데려가 젖을 먹였어요. 아기가 크자 여자는 공주에
게 데려갔고, 아이는 공주의 아들이 되었습니다. 공주는 아이의 이름
을 모세(Moses)라 지었어요. '내가 물에서 건져 냈다.'라는 뜻이지요.

어느 날, 어른이 된 모세가 왕궁 밖으로 외출해 동족인 히브리 사람
들이 있는 곳으로 갔어요. 히브리 사람들은 힘겹게 일하고 있었지요.
모세는 애굽 사람 한 명이 히브리 사람을 때리는 장면을 보았어요. 모
세는 주위를 살폈습니다. 사람이 없다는 것을 확인한 모세는 그 애굽
사람을 죽인 후 모래에 파묻었어요.

다음 날, 모세가 다시 나가 보니 히브리 사람 둘이 싸우고 있었습니

다. 모세는 잘못한 사람에게 말했어요.

"왜 동료를 때리시오?"

"당신이 우리의 통치자입니까? 아니면 재판관이오? 애굽 사람을 죽인 것처럼 날 죽일 셈이오?"

모세는 두려움에 떨며 말했습니다.

"내가 저지른 일이 알려졌구나!"

이 소식을 들은 파라오가 모세를 죽이려 했어요. 모세는 애굽을 떠나 미디안 땅에 거주했습니다.

모세가 우물가에 앉아 있을 때였어요. 미디안 제사장의 일곱 딸이 와서 아버지의 양 떼에게 먹이려고 물을 길어 여물통을 채웠습니다. 통이 다 차기도 전에 목자들이 일곱 딸을 쫓아냈어요. 이 모습을 본 모세는 일곱 딸을 도와 양 떼에게 물을 먹였지요.

딸들이 돌아오자 미디안 제사장이 물었습니다.

"오늘은 무슨 일로 이렇게 빨리 돌아왔느냐?"

"한 애굽 사람이 목자들을 물리치고 저희를 구해 주었어요."

"그분이 계신 곳이 어디냐? 왜 그냥 왔느냐? 그분에게 가서 음식을 대접하겠다고 말씀드려라."

이렇게 해서 모세는 제사장의 집에서 살게 되었어요. 제사장은 자기 딸 십보라(Zipporah)를 모세에게 아내로 주었습니다. 십보라는 아들을 낳았고 모세는 그 아이의 이름을 게르솜(Gershom)이라 지었어요.

「모세와 이드로의 딸들」
이탈리아 화가 피오렌티노 로소의 작품이다. 모세의 맏아들 이름인 '게르솜'은 '내가 이방에서 나그네가 되었다.'라는 뜻이다. 도망친 모세의 고독한 심정을 나타낸다.
우피치 미술관 소장

이스라엘의 구원자로 임명받다

세월이 많이 흘러 애굽 왕이 죽었습니다. 모세는 장인인 이드로(Jethro)의 양 떼를 돌보고 있었지요. 어느 날, 모세는 목초지 반대쪽으로 양 떼를 몰아 하나님의 산인 호렙(Horeb)으로 갔어요. 그곳에서 여호와 하나님의 천사가 가시덤불 가운데서 불꽃으로 나타났습니다. 덤불은 불이 붙었는데도 불에 타지는 않았지요.

"놀라운 광경이구나! 왜 덤불이 불에 타지 않을까? 잠시 멈춰 살펴봐야겠다."

모세가 걸음을 멈추고 덤불을 살펴보고 있을 때 여호와 하나님이 덤불 가운데서 모세를 불렀습니다.

"모세야, 모세야."

"네, 여기 있습니다."

"가까이 오지 마라. 네가 서 있는 곳은 거룩한 땅이니 신을 벗어라." 하나님이 말했어요. "나는 네 조상의 하나님이다. 아브라함의 하나님, 이삭의 하나님, 야곱의 하나님이다."

모세는 하나님을 바라보는 것이 두려워 얼굴을 가렸습니다.

여호와 하나님이 계속 말했어요.

"나는 애굽에 있는 내 백성이 고통받는 것을 분명히 보았고, 공사 감독관들에게서 구해 달라며 울부짖는 소리도 들었다. 나는 내 백성의 슬픔을 안다. 내가 내려가 그들을 애굽의 손아귀로부터 구해 낼 것이다. 그들을 아름답고 넓은 땅, 젖과 꿀이 흐르는 땅으로 데려가리라. 이제 내가 너를 파라오에게 보낼 것이다. 가서 나의 백성 이스라엘 사람들을 애굽에서 이끌어 내라."

「불타는 가시덤불」

프랑스 화가 세바스티앙 부르동의 작품이다. 여호와를 '네 조상의 하나님'이라고 부르는 것을 볼 때, 이스라엘 사람들이 아직 여호와를 집안의 수호신으로 여기고 있다는 것을 알 수 있다. 이 명칭은 이후 여호와가 시내 산에서 민족 신이 된 후에는 가치를 갖추다.

"제가 무엇인데 파라오에게 가고, 이스라엘 사람들을 애굽에서 이끌고 나와야 합니까?"

하나님이 대답했습니다.

"내가 반드시 너와 함께할 것이다. 네가 애굽에서 사람들을 이끌고 나올 때 너희는 이 산에서 하나님을 예배할 것이다. 이것이 바로 내가 너를 보낸 징표다."

"제가 이스라엘 사람들에게 가서 '너희 조상의 하나님께서 나를 너희에게 보냈다.'라고 말하면 그들이 '그의 이름이 무엇이냐?'라고 물을 것입니다. 그때 이스라엘 사람들에게 무엇이라 대답해야 합니까?"

"나는 스스로 있는 자다." 하나님이 모세에게 말했어요. "이스라엘 사람들에게 분명히 말해라. '스스로 있는 자가 나를 너희에게 보냈다.' 가서 이스라엘 지도자들을 모아 놓고 말해라. '너희 조상의 하나님, 아브라함, 이삭, 야곱의 하나님 여호와가 내게 나타나서 말씀하셨다.' 그리고 내 말을 전해라. '나는 너희를 절대 잊지 않았고, 너희가 애굽에서 당한 일을 똑똑히 보았다. 약속한 대로 내가 고통받는 너희를 애굽

호렙 산
호렙 산은 현재 시내 반도 남서쪽 끝에 위치한 '예벨 무사 산'으로 추정한다. 호렙 산과 곧 등장할 시내 산을 같은 산으로 본다. 하지만 두 산이 한 산맥에서 솟은 2개의 큰 산이라는 설, 호렙의 가장 높은 봉우리가 시내라는 설도 있다.

에서 건져 젖과 꿀이 흐르는 땅으로 인도하리라.' 그들은 네 말에 귀
기울일 것이다.

또한 이스라엘 지도자들과 함께 가서 애굽 왕에게 말해라. '히브리
사람들의 하나님인 여호와께서 저희에게 나타나셨습니다. 이제 저희
가 광야로 나가 3일 길을 걸어 우리의 하나님 여호와께 예배드려야
하니 허락해 주십시오.' 하지만 애굽 왕은 강한 힘으로 몰아붙이
지 않으면 너희를 보내 주지 않을 것이다. 그러니 내가 온갖 기
묘한 일을 일으켜 애굽을 제압할 것이다. 파라오는 그때야 너
희를 보내 주리라."

"오, 주님. 저는 말을 잘하지 못합니다. 말이 어눌합니다.
생각을 말로 표현하는 데 느립니다."

"누가 인간에게 입을 주었느냐? 누가 인간의 귀를 먹
게 하고 목소리를 뺏으며 눈을 밝히기도 하고 멀게
도 하느냐? 바로 나 여호와다. 그러니 가거라. 내
가 너와 함께하며 네가 말해야 할 것을 가르
쳐 주겠다. 네 형 아론(Aaron)이 너를 대신
해 사람들에게 말할 것이다."

모세는 장인 이드로에게 돌아가서 말
했습니다.

"애굽으로 돌아가 백성이 아직 살아 있는
지 알아보고 싶습니다."

이드로가 대답했어요.

"그렇게 하게. 복을 빌겠네."

「모세상」
이탈리아 화가이자 조각가 미켈란
젤로의 작품이다. 「다비드(다윗)상」,
「피에타」와 함께 미켈란젤로의 3
대 조각상으로 꼽힌다.
성 베드로 인 빈콜리 성당 소장

파라오가 여호와 하나님에게 맞서다

여호와 하나님이 **아론**에게 "광야로 가서 모세를 만나라."라고 말했습니다. 아론은 하나님의 산으로 가서 모세와 만나고 그에게 입을 맞추었지요. 모세는 아론에게 하나님이 한 말들을 모두 전해 주었어요. 모세와 아론은 이스라엘 지도자들을 한자리에 모았습니다. 아론은 그들에게 하나님이 모세에게 했던 말을 모두 전달했어요. 이스라엘 사람들은 하나님의 말을 믿었습니다. 여호와 하나님이 이스라엘 사람들을 잊지 않았고, 그들의 고통을 안다는 말을 듣고 머리 숙여 경배했지요.

모세와 아론은 파라오에게 가서 말했습니다.

"이스라엘의 하나님이신 여호와께서 '내 백성을 광야로 보내 내 앞에서 절기를 지키게 해라.'라고 명령하셨습니다."

「파라오 앞에 선 모세와 아론」
본문에서 하나님은 백성들이 '절기'를 지키길 바란다. 고대 사회에서 절기는 자연 주기, 신화적·역사적 사건, 농사 행사 등을 중심으로 정해졌다. 사람들은 거룩한 장소에서 절기를 치루기 위해 때때로 순례 여행을 갔다.

"여호와가 누군데 내가 명령을 좇아 이스라엘 사람들을 보내야 하느냐? 나는 여호와를 모르고 이스라엘 사람들도 보내지 않을 것이다."

"히브리 사람들의 하나님께서 저희에게 나타나셨습니다. 그러니 사흘 길을 걸어 광야에서 여호와 하나님께 제물을 드리게 해 주십시오. 그러면 하나님은 저희를 전염병이나 칼로 공격하시지 않을 것입니다."

하지만 파라오는 이렇게 대답했어요.

"모세야, 아론아. 너희는 왜 백성이 일을 못 하게 하느냐? 가서 네 할 일이나 해라!"

바로 그날, 파라오는 이스라엘 사람들을 부리는 공사 감독관들에게 이렇게 지시했습니다.

"이스라엘 사람들에게 벽돌 만드는 데 쓸 짚을 주지 마라. 그들이 알아서 짚을 모으게 해라. 하지만 벽돌의 개수는 절대로 줄이지 말고 전과 같이 요구해라. 이스라엘 사람들이 게을러져서 '우리 하나님께 예배하게 해 달라.'라고 외치고 있구나. 더욱 고된 일을 시켜 한시도 쉬지 못하게 해라. 그러면 허튼소리에 신경 쓰지 못하리라."

공사 감독관들은 이렇게 선포했어요.

"파라오의 명령이다. 더는 짚을 제공하지 않겠다. 어디든 가서 스스로 짚을 구해라. 만들어야 할 벽돌의 양은 줄여 주지 않는다."

이스라엘 사람들은 온 애굽 땅으로 흩어져 짚으로 쓸 그루터기를 모았습니다. 공사 감독관들은 이스라엘 사람들을 몰아붙였지요. "짚을 받았을 때처럼 하루 치 벽돌 수를 채워야 한다." 공사 감독관들은

「애굽의 이스라엘 사람들」
영국 화가 에드워드 포인터의 작품이다. 짚은 벽돌을 구울 때 벽돌 속에서 접착제 역할을 한다. 짚이 부족하거나 질이 좋지 않으면 벽돌은 쉽게 부서진다.

자신들이 뽑은 이스라엘 사람인 작업반장들도 때리고 다그쳤어요.
"왜 오늘은 어제만큼 만들지 못했느냐?"

참다못한 작업반장들은 파라오에게 가서 호소했습니다.

"왜 저희에게 이러십니까? 짚도 주지 않으면서 벽돌을 만들라니요? 보십시오. 왕의 종들인 저희가 두들겨 맞고 있습니다. 하지만 잘못은 왕의 애굽 백성에게 있습니다."

파라오가 호통쳤어요.

"이 게으른 놈들아. 너희가 게을러져서 '여호와 하나님께 예배하게 해 달라.'라고 말하는 것이 아니냐. 당장 가서 일해라. 짚은 주지 않겠다. 그래도 벽돌은 예전과 똑같은 개수로 만들어 내어라."

모세는 여호와 하나님에게 말했습니다.

"여호와 하나님, 왜 이 백성을 불행하게 하십니까? 왜 저를 보내셨습니까? 파라오에게 가서 당신의 이름으로 말하자 파라오가 이스라엘 백성에게 고통을 주었습니다. 당신은 당신의 백성을 구하기 위해 어떤 일도 하지 않으셨지요."

여호와 하나님이 모세에게 대답했어요.

"이제 내가 파라오에게 어떻게 하는지 보아라. 파라오는 나의 강한 힘에 짓눌려 반드시 너희를 보내 주리라. 너희를 쫓아내지 않고는 못 견딜 것이다."

「모세의 샘」
네덜란드 조각가 클라우스 슬뤼터르의 작품이다. 모세를 비롯한 구약 시대 선지자 6명이 육각 기둥에 조각되어 있다. 이들은 모두 예수의 죽음을 예언했다. 사진의 왼쪽이 모세다.
상물 수도원 소장

열 가지 재앙이 애굽을 덮치다

여호와 하나님이 모세에게 말했습니다.

"파라오는 고집이 세서 이스라엘 사람들을 바로 보내 주지 않을 것이다. 아침 일찍 나일 강 가로 나온 파라오를 만나라. 파라오에게 이렇게 말해라."

하나님은 모세가 해야 할 말을 일러 주었지요.

아침 일찍 나일 강으로 나간 모세가 파라오를 만나 말했어요.

"히브리 사람들의 하나님인 여호와께서 다음과 같은 명령을 전하라고 하셨습니다. 주님께서 주님의 백성을 광야로 보내 주께 예배하게 하라고 하셨는데, 왕은 아직 이 말씀을 듣지 않았습니다. 여호와 하나님께서 말씀하시길, 이 일로 당신은 그분이 여호와 하나님이라는 사실을 알게 될 것이라 하셨습니다. 보십시오. 제 손에 있는 지팡이로 나일 강을 치겠습니다. 그러면 강물은 피로 변할 것입니다. 강에 있는 물고기들이 죽고 나일 강은 썩어 악취가 날 것입니다. 애굽 사람들은 나일 강 물을 마시지 못할 것입니다."

모세는 말을 마치고 파라오와 신하들이 보는 앞에서 지팡이를 들어 나일 강을 쳤습니다. 그러자 물이 모두 피로 변했어요. 나일 강에 있던 물고기가 모두 죽고 강물은 썩어 악취가 났기 때문에 애굽 사람들은 강물을 마시지 못했습니다. 마실 물을 얻으려고 나일 강 주변에 우물을 파야 했지요.

7일이 지난 후 여호와 하나님은 모세에게 다음과 같이 명령했습니다.

「피로 변한 물」
프랑스 화가 제임스 티소의 작품이다. 하나님은 모세를 통해 애굽에 열 가지 재앙을 내린다. 많은 성경학자들이 이 재앙들을 애굽 신들에 대한 공격으로 해석한다.

「개구리 재앙」
개구리로 묘사되는 헤케트는 생명과 다산의 애굽 여신이다. 애굽 사람들은 나일 강이 범람한 후 개구리가 많이 태어나기 때문에 개구리를 다산의 상징으로 보았다.

"파라오에게 가서 내 말을 전해라. '내 백성을 내보내 나를 예배할 수 있게 해라. 그러지 않으면 내가 개구리 떼로 네 나라에 고통을 주리라. 나일 강은 개구리 떼로 득실거리게 될 것이다. 개구리들은 네 왕궁에 쳐들어가 너의 침실과 침대에까지 들어갈 것이고, 네 신하와 백성의 집에도 들어갈 것이다. 네 화덕과 반죽 통에까지 들어갈 것이고, 심지어 개구리들은 너와 네 백성과 네 신하들의 몸속에도 들어갈 것이다.'"

여호와 하나님은 모세에게 또 말했어요.

"아론에게 이렇게 말해라. '강과 운하와 늪을 향해 지팡이를 든 손을 뻗으십시오. 그리하여 개구리 떼가 애굽 땅으로 올라오게 하십시오.'"

아론이 물 위로 손을 뻗자 개구리 떼가 올라와 애굽 땅을 덮었습니다.

모세가 예견한 일이 모두 일어나자 파라오는 모세와 아론을 불렀어요.

"여호와 하나님에게 개구리 떼를 거두어 가라고 기도해라. 그러면 내가 이스라엘 백성을 보내 여호와 하나님을 예배할 수 있게 하겠다."

모세가 파라오에게 물었습니다.

"그러면 개구리 떼가 궁전에서 물러나 나일 강에만 살도록 왕과 신하와 백성을 위해 기도하겠습니다. 언제 여호와 하나님께 기도를 드리는 것이 좋을까요?"

"내일이다."

"왕께서 말씀하신 대로 하겠습니다. 그래서 여호와 하나님과 같은 분이 없다는 사실을 알려 드리겠습니다. 개구리 떼는 폐하와 왕궁 그리고 신하들과 백성에게서 물러나 나일 강에서만 살게 될 것입니다.”

모세와 아론은 파라오 앞에서 물러났어요. 모세는 여호와 하나님에게 파라오에게 보낸 개구리 떼를 없애 달라고 기도했습니다. 하나님은 모세가 청한 것을 들어주었지요. 집과 마당과 밭에 있던 개구리들이 모두 죽었고, 사람들은 죽은 개구리를 무더기로 쌓았습니다. 온 땅에서 개구리 썩은 악취가 났어요. 여호와 하나님이 말한 대로 파라오는 한숨 돌리자 다시 완고해져서 모세와 아론의 말을 듣지 않았습니다.

하나님은 모세에게 말했습니다.

“아침 일찍 일어나 파라오에게 가거라. 파라오가 물가로 나오면 내 말을 전해라. ‘내 백성을 보내 나를 예배하게 해라. 그렇지 않으면 파리 떼를 너와 신하들 그리고 백성과 왕궁에 보낼 것이다. 애굽 사람들

완고한 파라오
애굽 장례 문서인 '사자(死者)의 서'
부분이다. 애굽 신들은 죽은 자를
저울에 달아 그가 내세로 갈지 잡
아먹힐지 결정한다. 무거우면 죄를
많이 지은 것이다. 이 장면 덕분에
당시 사람들은 '무겁게 하다'라는
뜻의 단어 '완고한'에서 애굽 왕의
불행한 결말을 보았을 것이다.

의 집에 **파리** 떼가 가득할 것이고, 그들이 서 있는 땅 위에도 파리 떼가 가득할 것이다. 그때 나는 내 백성이 사는 고센 땅은 구별해 파리 떼가 없게 할 것이다. 그러면 나 여호와가 고센 땅 한가운데에 있다는 사실을 알 것이다."

여호와 하나님은 말한 대로 했어요. 엄청난 파리 떼가 파라오의 궁전과 신하들의 집을 덮쳤습니다. 온 애굽 땅이 파리 떼로 황폐해졌지요.

파라오는 다시 모세와 아론을 불렀어요.

"이스라엘 백성을 보내 광야에서 여호와 하나님에게 예배할 수 있게 해 주겠다. 단, 너희는 멀리 가지 말고 나를 위해 기도해라."

모세가 대답했습니다.

"파리 떼가 내일 파라오와 신하들과 백성에게서 물러날 수 있도록 여호와 하나님께 기도하겠습니다. 다만 저희를 또 속여 이스라엘 백성이 여호와 하나님께 예배하는 일을 막지 마십시오."

「파리 재앙」
연구자들은 이 파리가 전염병의 매개체가 되는 침파리의 일종인 '스토목시스 칼시트란스'일 것이라 추측한다.

모세는 파라오 앞에서 물러 나와 여호와 하나님에게 기도했어요. 여호와 하나님은 모세가 바라는 대로 이루어 주었지요. 하지만 파라오는 이번에도 완고해져서 이스라엘 백성을 보내 주지 않았습니다.

여호와 하나님은 모세에게 말했어요.

"파라오에게 히브리 사람들의 하나님인 내 말을 전해라. '내 백성을 보내 예배하게 해라. 만약 보내지 않고 계속 붙잡는다면, 내가 힘을 써 **가축**은 물론이고 말, 나귀, 낙타, 소, 양에게 끔찍한 전염병을 보낼 것이다. 하

지만 이스라엘 사람들의 가축은 애굽 사람들의 가축과 구별하겠다. 이스라엘 사람들의 가축은 죽이지 않으리라.'"

여호와 하나님은 전염병을 보낼 시간을 정했습니다.

"내일 이 땅에서 이 일을 벌이겠다."

다음 날, 애굽 사람들의 가축들이 모두 죽었어요. 파라오가 사람을 보내 확인해 보니 이스라엘 사람들의 가축은 한 마리도 죽지 않았습니다. 하지만 파라오는 또다시 완고해져서 이스라엘 사람들을 보내지 않았어요.

그러자 여호와 하나님은 모세에게 말했습니다.

"아침 일찍 일어나 파라오 앞에 가서 히브리 사람들의 하나님인 내 말을 전해라. '내 백성을 보내 나를 예배하게 해라. 아직도 내 백성을

「가축 재앙」
영국 화가 윌리엄 터너의 작품이다. 애굽에는 성스러운 소 아피스가 있다. 창조신 프타의 화신으로 여겨 애굽 사람들이 숭배했다. 사랑과 기쁨의 애굽 여신 하토르 역시 암소의 모습을 하고 있다.
인디애나폴리스 미술관 소장

「우박 재앙」
영국 화가 존 마틴의 작품이다.
「출애굽기」 9장 31~32절에는 우박
으로 피해를 입은 농작물이 소개
되어 있다. 이삭이 난 보리와 꽃이
핀 보리는 상했지만 밀과 쌀보리
는 철이 아니어서 우박을 피했다.
보스턴 미술관 소장

업신여겨 보내지 않을 테냐? 내일 이맘때 큰 **우박**을 퍼붓겠다. 애굽이
라는 나라가 생긴 이래 그렇게 큰 우박은 본 일이 없으리라.'"

하나님은 애굽 땅에 우박을 내렸어요. 우박 사이로는 번개가 심하
게 쳤습니다. 애굽이 세워진 후 한 번도 없었던 엄청난 우박이었지요.
우박은 애굽 이곳저곳에서 사람과 짐승과 들에 있는 모든 것을 쳐서
쓰러뜨렸습니다. 또 밭에서 자라는 식물을 다 죽이고 나무도 모두 부
러뜨렸어요. 이스라엘 사람들이 사는 고센 땅에만 우박이 내리지 않
았지요.

파라오는 다시 사람을 보내 모세와 아론을 불렀어요.

"내가 죄를 지었다. 여호와 하나님이 옳고 나와 내 백성이 잘못했다.

여호와 하나님에게 기도해라. 강력한 천둥과 우박으로 충분하다. 너희를 보내고 더는 붙잡지 않겠다.”

모세가 파라오에게 말했습니다.

“이 성을 나가자마자 여호와 하나님께 손을 뻗어 기도하겠습니다. 그러면 천둥이 멈추고 우박도 더는 내리지 않을 것입니다. 폐하는 이 땅이 여호와 하나님의 것인 줄 알게 될 것입니다. 그럼에도 폐하와 폐하의 신하들이 여호와 하나님을 두려워하지 않으리라는 것을 저는 잘 압니다.”

모세는 파라오 앞에서 물러 나와 성 밖으로 나간 후 여호와 하나님에게 손을 뻗었습니다. 그러자 천둥과 우박이 멈췄고 비도 더 이상 퍼붓지 않았어요. 하지만 파라오는 비와 우박과 천둥이 그치자 다시 죄를 지었습니다. 파라오와 신하들은 다시 고집을 부려 이스라엘 사람들을 보내지 않았지요.

모세와 아론은 파라오에게 가서 말했습니다.

“히브리 사람들의 하나님 여호와께서 말씀하셨습니다. ‘너는 언제까지 내게 복종하지 않을 테냐? 내 백성을 보내 나를 예배하게 해라. 거절하면 내일 네 땅에 **메뚜기** 떼를 보내 땅을 덮어 버리겠다. 아무도 땅을 보지 못하리라. 메뚜기 떼는 우박의 해를 입지 않은 것도 다 해치울 것이고 나무도 모두 먹어 버릴 것이다.’”

모세와 아론은 파라오 앞에서 쫓겨났어요. 모세가 지팡이를 애굽 땅을 향해 뻗자, 하나님이 동풍을 일으켜 하루 종일 불게 했지요. 다음

「메뚜기 재앙」
메뚜기는 고대 근동에서 매우 악명 높은 곤충이었다. 메뚜기는 날마다 자기 몸무게만큼의 곡식을 먹어 치울 수 있다. 메뚜기 떼는 1,024㎢나 되는 땅을 뒤덮을 수 있었고 땅을 황폐하게 만들었다.

날 아침, 동풍에 실려 온 메뚜기 떼가 온 애굽 땅을 뒤덮었습니다. 전에도 없었고 앞으로도 없을 어마어마한 메뚜기 떼였어요. 메뚜기 떼가 온 땅을 덮어 땅이 시커멨고, 나무도 채소도 푸른색을 띠는 것은 어떤 것도 남아 있지 않았지요.

파라오는 모세를 급히 불렀어요.

"내가 여호와 하나님과 너희에게 죄를 지었다. 그러니 한 번만 더 내 죄를 용서하고, 하나님에게 이 죽음의 벌을 거두어 가라고 기도해라."

모세는 물러나 여호와 하나님에게 기도했습니다. 하나님은 아주 강한 서풍을 일으켜 메뚜기 떼를 홍해(Red Sea)로 몰았어요. 온 애굽 땅에는 한 마리의 메뚜기도 남아 있지 않았지요. 여호와 하나님은 파라오의 마음이 또다시 완고해지도록 내버려 두었습니다. 파라오는 이번에도 이스라엘 사람들을 내보내지 않았어요.

여호와 하나님은 모세에게 말했습니다.

"손을 하늘로 뻗어라. 그러면 애굽 땅에 어둠이 내릴 것이다. 손으로

홍해와 에이라트 만
홍해의 최북단에 에이라트 만이 위치한다. 모세의 홍해가 실제 홍해가 아니라, 수에즈 만에 있는 작은 호수라는 설이 있다. 수에즈 만은 홍해와 연결되어 있는 만이다.

더듬어야 할 만큼 짙은 어둠이 찾아들 것이다."

모세는 하나님의 말대로 손을 하늘로 뻗었어요. 그러자 애굽 전역에 3일간 짙은 어둠이 내렸지요. 아무도 다른 사람을 알아보지 못했고 돌아다닐 수도 없었습니다. 하지만 이스라엘 사람들의 집에는 빛이 있었지요.

파라오는 모세를 불렀어요.

"가거라. 가서 여호와 하나님에게 예배해라. 단, 너의 양 떼와 소 떼는 남겨 놓아라. 어린아이들은 데려가거라."

그러나 모세는 이렇게 말했습니다.

"왕께서 저희에게 희생 제물과 번제물로 쓸 짐승들을 주셔야 저희가 여호와 하나님께 예배를 드릴 수 있습니다. 가축들도 데려가겠습니다. 한 마리도 남겨 놓을 수 없어요. 예배할 곳에 이르기 전까지는

맷돌
이시스 신전에 있는 맷돌이다. 이시스 신전은 애굽 아길리카 섬에 위치한다. '맷돌 뒤에 있는 사람'은 사회적으로 가장 낮은 신분을 뜻한다.

여호와 하나님께 무엇을 바쳐야 할지 모르기 때문입니다."

여호와 하나님은 파라오의 마음을 계속 완고한 채로 두었어요. 고집스러운 파라오는 이스라엘 백성이 떠나는 것을 허락하지 않았습니다. 파라오가 모세에게 소리쳤어요.

"내 앞에서 썩 물러가거라. 다시는 내 앞에 나타나지 마라. 내 앞에 다시 나타난다면 너를 죽여 없애리라."

"폐하께서 진심으로 말씀하셨으니 다시는 폐하를 보지 않을 것입니다." 모세가 파라오에게 말했습니다. "여호와 하나님께서 선포하셨습니다. '자정 즈음, 나는 온 애굽 땅에 다닐 것이다. 애굽 땅의 맏아들은 모두 죽을 것이다. 왕좌에 앉아 있는 파라오의 맏아들부터 맷돌 뒤에 있는 여종의 맏아들, 가축이 처음 낳은 새끼까지 모두 죽을 것이다. 큰 울부짖음이 애굽 땅을 울릴 것이다. 그처럼 큰 울음소리는 전에도 없었고 앞으로도 결코 없으리라. 하지만 이스라엘 사람들이나 그들의 짐승을 보고는 개 한 마리도 짖지 않을 것이다.'

여호와 하나님께서 애굽 사람들과 이스라엘 사람들을 구별한다는 사실을 폐하는 곧 알게 될 것입니다. 폐하의 신하들이 모두 제게 와서 엎드려 절하며 이렇게 말하겠지요. '당신을 따르는 사람들을 모두 데리고 떠나 주시오.' 저는 이런 일들을 모두 목격하고 나서야 떠나게 될 것입니다."

모세의 말을 듣고 파라오는 크게 화를 냈어요. 모세는 파라오 앞에서 물러났습니다.

바닷물을 갈라 하나님의 백성을 인도하다

모세는 이스라엘의 지도자들을 모두 불러 모아 말했어요.

"집집이 유월절에 쓸 어린 양을 골라 죽이시오. 우슬초 한 다발을 가져다 그릇에 담긴 양의 피에 적셔 문의 상인방(上引枋, 창과 문의 윗부분을 가로지르는 틀)과 양 기둥에 바르시오. 그런 후에는 아침이 올 때까지 아무도 문밖으로 나오면 안 됩니다. 여호와 하나님께서 애굽 사람들을 죽이기 위해 돌아다니실 것입니다. 하나님은 상인방과 문기둥에 발라져 있는 피를 보고 지나쳐 가실 것이고, 그 집에는 재앙이 미치지 못하게 하실 것입니다. 여러분과 여러분의 자손은 이 사건을 규례로 영원히 지켜야 합니다.

여러분의 자녀들이 '이 의식은 무슨 의미입니까?'라고 물으면 '여호와 하나님께 바치는 유월절 제물이다. 하나님께서 애굽에 있는 이스

「하나님의 어린 양」
스페인 화가 프란시스코 데 수르바란의 작품이다. 유월절은 이스라엘의 축제일이다. 이스라엘 사람들이 조상들의 애굽 탈출을 기념하는 날이다. 이날 어린 양을 잡아, 그 피를 문설주에 바르고 고기는 구워 먹는다. 희생된 어린 양은 그리스도의 상징이 되었다.
프라도 미술관 소장

「파라오의 장자가 죽다」
네덜란드 화가 앨머 태디마의 작품이다. 장자의 죽음은 열 재앙 가운데 마지막 재앙이다. 마지막 재앙은 파라오에게 직접 떨어져 그의 후계자가 죽는다.
암스테르담 국립 미술관 소장

라엘 사람들의 집은 그냥 지나치셨다. 애굽 사람들은 죽이시고 이스라엘 사람들은 살려 주셨다.'라고 말하십시오."

사람들은 머리를 숙여 절하고 하나님을 경배했습니다. 이스라엘 사람들은 여호와 하나님이 모세와 아론에게 명령한 대로 했지요.

자정이 되자 여호와 하나님은 왕좌에 있는 **파라오의 장자**부터 감옥에 있는 죄수의 장자까지 애굽 땅의 장자들을 모두 죽였습니다. 초상이 나지 않은 애굽 가정은 단 하나도 없었지요. 파라오와 신하들과 애굽 사람들은 한밤중에 깨어났어요. 애굽은 울부짖는 소리로 가득했습니다. 파라오는 그날 밤에 모세와 아론을 불렀어요.

"이스라엘 사람들을 데리고 내 백성에게서 당장 떠나라. 원하던 대로 여호와 하나님에게 예배해라. 너희 양과 소도 다 가지고 가거라. 나를 위해서도 복을 빌어 다오."

애굽 사람들도 이스라엘 사람들에게 "우리가 모두 죽어 없어지겠소."라고 말하며 빨리 떠나 달라고 부탁했습니다. 이스라엘 사람들은 발효되지도 않은 밀가루 반죽을 통에 넣고, 통을 천으로 싼 후 어깨에 둘러멨어요.

이스라엘 사람들은 라암셋을 떠나 숙곳(Succoth)까지 걸어서 갔습니다. 다른 민족 사람들도 수많은 양과 염소를 거느리고 함께 갔지요. 이스라엘 사람들은 애굽에서 나올 때 가지고 온 밀가루 반죽으로 빵을 만들었어요. 반죽은 누룩을 넣지 못해 부풀어 오르지 않았지요. 이스라엘 사람들은 애굽에서 급히 쫓겨나느라 음식을 준비할 수 없었던 거예요.

이스라엘 사람들은 숙곳을 떠나 광야 경계에 있는 에담(Etham)에 장막을 쳤습니다. 여호와 하나님은 앞서 가며 낮에는 구름 기둥으로 안내하고, 밤에는 불기둥으로 길을 밝혀 주었어요. 이스라엘 사람들은 번갈아 나타나는 구름 기둥과 불기둥을 따라 밤낮으로 행군했지요.

파라오와 신하들은 이스라엘 사람들이 떠났다는 소식을 듣고 마음이 변했습니다.

"우리 밑에서 종살이하던 이스라엘 사람들을 도망가게 내버려 두다니!"

여호와 하나님은 애굽 왕 파라오를 완고한 채로 두었어요. 파라오는 자신에게 반항하는 이스라엘 사람들을 뒤쫓기로 했지요. 파라오는 전차를 준비하게 한 다음 군대를 이끌고 출발했습니

「모세에게 떠나 달라고 재촉하는 애굽 사람들」
무교절은 유월절 이후 7일간 지속된다. 이스라엘 사람들은 애굽을 출발한 조상들이 누룩 없는 빵을 먹은 것을 기억하고자, 무교절 동안 누룩을 넣지 않은 빵을 먹는다.

「애굽에서 빠져나가는 이스라엘 사람들」

스코틀랜드 화가 데이비드 로버츠의 작품이다. 이스라엘 사람들은 라암셋에서 출발해 숙곳으로 간다. 라암셋은 현재 텔 에드-답아(Tel ed-Dab'a)로, 숙곳은 텔 엘-마스쿠타(Tel el-maskhuta)로 밝혀졌다. 라암셋에서 숙곳까지는 하룻길이다. 성경학자들에 따르면 애굽을 떠나는 이스라엘 사람들의 행렬의 길이는 320km 이상이었을 것이다. 홍해에서 시내 산까지 길게 늘어서 있었을 것이라고 추측한다.

버밍엄 박물관 및 미술관 소장

다. 특수 전차 600대와 장교들이 지휘하는 애굽의 다른 전차들도 모두 이끌고 나갔지요.

이스라엘 사람들은 파라오와 애굽 사람들이 가까이 다가온 것을 보았습니다. 이스라엘 사람들은 너무 두려운 나머지 여호와 하나님에게 살려 달라고 울부짖고 모세를 원망했어요.

"당신은 왜 우리를 애굽에서 데리고 나와 이런 모진 꼴을 당하게 합니까? 애굽에 있을 때 우리는 당신에게 애굽인을 섬기게 내버려 두라고 말했습니다. 광야에서 죽느니 차라리 애굽인을 섬기는 것이 나으니까요."

모세는 이스라엘 사람들에게 말했습니다.

"두려워 마십시오. 오늘 여호와 하나님께서 당신들을 어찌 구하는지 보게 될 것입니다. 저기 애굽인들이 보입니까? 당신들은 저 애굽인들을 다시 보지 못할 겁니다. 여호와 하나님께서 당신들을 위해 싸울 것이니 잠자코 계십시오."

모세의 말이 끝나자 이스라엘 사람들을 앞에서 인도하던 하나님의 천사가 뒤로 가서 호위했어요. 앞서 가던 **구름 기둥**도 뒤로 돌아가 애굽 군대와 이스라엘 사람들 사이에 섰지요. 구름 기둥의 한쪽은 어두웠고 다른 한쪽은 밝아서 밤을 환하게 밝혔습니다. 어두운 쪽과 마주 선 애굽 군대는 이스라엘 사람들을 따라잡지 못했어요.

모세가 바다를 향해 손을 뻗자, 여호와 하나님이 밤새도록 강한 동풍을 일으켜 바닷물을 뒤로 밀어냈습니다. 바닷물은 말라 바닥이 드러났지요. 이스라엘 사람들은 바다 한가운데로 드러난 땅을 밟으며 걸었어요. 곧이어 파라오의 말과 전차와 기병도 이스라엘 백성을 쫓

구름 기둥
미국 노스캐롤라이나 주 윌크스 카운티에 있는 북 윌크스버러 장로 교회의 스테인드글라스다. 고대 사람들은 밝거나 불타는 기운이 신을 둘러싸고 있다고 생각했다.

아 바다로 들어왔습니다. 해가 뜨기 전에 여호와 하나님은 불기둥과 구름 기둥 사이에서 내려다보며 애굽 군대를 혼란에 빠뜨렸어요. 하나님이 애굽 군대의 전차 바퀴를 묶어서 애굽 군대는 전차를 힘겹게 끌고 가야 했지요. 놀란 애굽 사람들은 "이스라엘 사람들을 놔두고 도망가자. 여호와 하나님이 그들을 지키기 위해 우리와 싸우고 있다."라고 말했어요.

여호와 하나님은 모세에게 말했습니다.

"바다를 향해 손을 뻗어라. 그러면 바닷물이 애굽 사람과 전차와 기병 위로 다시 떨어질 것이다."

모세는 바다를 향해 손을 뻗었어요. 아침이 오자 밀려갔던 바닷물이 모두 제자리로 돌아왔습니다. 바닷물은 이스라엘 사람들을 따라온 전차와 기병과 파라오의 모든 군대를 덮쳤어요. 애굽 사람들은 도망

「홍해를 건너는 이스라엘 사람들」
이탈리아 화가 아그놀로 브론치노의 작품이다. '홍해의 기적'이란 이스라엘 민족이 애굽을 탈출하는 과정에서 모세가 홍해를 가른 기적을 말한다. 이슬람 경전 「코란」에도 이 사건이 소개되어 있다.
베키오 궁전 소장

파라오의 군대를 덮치는 바다
이탈리아 화가 코시모 로셀리의 작품이다. 이 시기의 전차 부대는 대부분 10〜150대의 전차로 구성되었다. 전차 600대는 어마어마한 수다.
시스티나 성당 소장

「미리암의 찬송」
미리암은 아론과 모세의 누이다. 미리암은 「민수기」 12장에서 모세의 권위에 도전하기도 한다. 구약 성경에 등장하는 다른 유명한 여선지자로는 드보라와 훌다가 있다.

치려 했지만 여호와 하나님이 그들을 바다 한가운데로 빠뜨렸지요. 애굽 사람들은 아무도 살아남지 못했습니다. 이스라엘 사람들은 애굽 사람들이 바닷가에 죽어 있는 것을 보았어요. 이스라엘 사람들은 여호와 하나님의 위대한 능력을 보고 하나님을 두려워하고 하나님과 하나님의 종 모세를 신뢰하게 되었습니다.

선지자이자 아론의 누이인 미리암(Miriam)은 손에 소고(小鼓)를 들었어요. 그러자 다른 여자들도 미리암을 따라 소고를 들고 춤을 추었습니다. 미리암은 여자들과 함께 찬송했지요.

여호와 하나님을 찬송하라! 그분은 영광스럽게 승리하셨다.
말과 기병을 모두 바다로 던져 넣으셨다.

모세와 이스라엘 사람들도 노래를 불러 여호와 하나님을 경배했어요.

내가 여호와 하나님을 찬송하리라. 그분은 영광스럽게 승리하셨다.
말과 기병을 모두 바다로 던져 넣으셨다.
여호와 하나님은 나의 힘, 나의 노래, 나의 구원이시라.
그분은 나의 하나님, 내가 그분을 경배하리라. 내 아버지의 하나님을 높이리라.

아기 모세를 태운 갈대 상자와 노아의 방주의 공통점은 무엇일까요?

아기 모세를 나일 강에 버릴 때 담은 '갈대 상자'는 히브리어로 'תבה(테바)', 애굽어로는 'dbt'로 표기합니다. 이 단어는 구약 성경 다른 곳에서도 볼 수 있어요. 창조 시대에 등장하는 노아의 방주도 테바라 불렀지요. 크기가 전혀 다른 두 대상을 두고 같은 단어를 사용한 이유는 방주나 갈대 상자의 외관이 모두 궤짝, 혹은 상자를 닮았기 때문이에요. 외관상의 이유 외에도 갈대 상자와 방주의 또 다른 공통점이 있답니다. 물 위를 항해하는 배에 반드시 있어야 하는 방향키가 없다는 점이에요. 갈대 상자와 방주는 배에 타고 있는 사람의 의지와 무관하게 물이 흘러가는 곳으로 움직이게 만들어졌습니다. 이것은 성경 전체에 흐르는 한 가지 사상과 깊은 연관이 있지요. 인간이 의지대로 움직인 결과로 구원을 받은 것이 아니라, 하나님이 인간을 인도했기 때문에 인간이 구원받는 것이라고 말합니다. 이에 따르면 인간 구원은 인간 스스로의 노력이나 계획으로 이루어지는 것이 아니에요. 이렇듯 테바에는 '자비롭고 사랑에 넘치는 여호와 하나님의 은총으로 구원이 이루어진다'라는 신앙 고백이 담겨 있지요. 이 밖에도 성경에 등장하는 크고 작은 물건 속에는 다양한 신앙적 의미가 담겨 있답니다.

∞
갈대 상자에 타고 있는
아기 모세

2 젖과 꿀이 흐르는 땅을 약속하다 |
가나안 입성

드디어 이스라엘 사람들은 애굽에서 빠져나옵니다. 400년간 이어졌던 애굽 노예 생활에 마침표를 찍는 순간이었지요. 하지만 이스라엘 사람들에게 광야 생활이라는 또 다른 고비가 찾아옵니다. 젖과 꿀이 흐르는 가나안 땅이 눈앞에 있었지만 하나님은 이스라엘 사람들을 그곳으로 곧바로 들여보내지 않았어요. 이스라엘 사람들은 광야에서 40년간 힘겨운 시간을 보냅니다. 비 온 후 땅이 굳듯 하나님을 향한 사람들의 믿음은 그동안 더욱 단단해졌지요. 40년 후 이스라엘 사람들은 아무도 예상하지 못한 방법으로 가나안 땅을 정복해 그곳으로 들어갑니다. 과연 어떤 방법이었을까요?

- 시내 산에 연기가 자욱하니 여호와께서 불 가운데서 거기 강림하심이라. (『출애굽기』 19:18)
- 너희는 나 외에는 다른 신들을 네게 두지 말라. (『출애굽기』 20:3)
- 또 에스골 골짜기에 이르러 포도송이가 달린 가지를 베어 둘이 막대기에 꿰어 메고 (『민수기』 13:23)
- 온 땅의 주 여호와의 궤를 멘 제사장들이 요단 물을 밟고 멈추면 물이 끊어지고 한 곳에 쌓여 서리라. (『여호수아』 3:14)

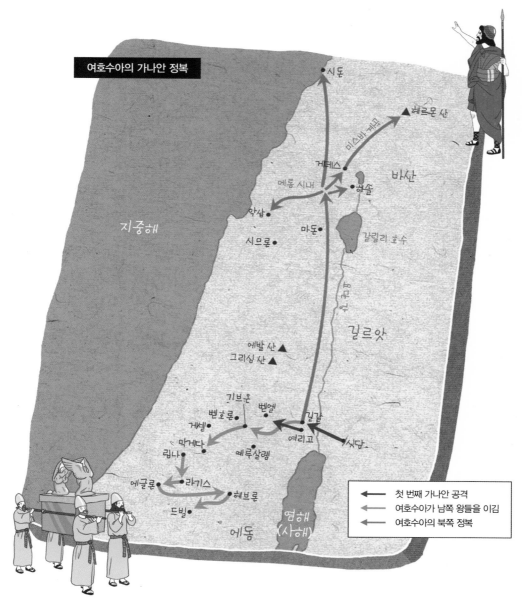

여호수아의 가나안 정복

시돈
헤르몬 산
미스바 계곡
게데스
바산
메롬 시내
하솔
악삽
마돈
갈릴리 호수
시므론
지중해
요단 강
길르앗
에발 산
그리심 산
기브온
벧호론
벧엘
게셀
길갈
막게다
여리고
싯담
리나
예루살렘
에글론
라기스
헤브론
드빌
염해
(사해)
에돔

첫 번째 가나안 공격
여호수아가 남쪽 왕들을 이김
여호수아의 북쪽 정복

십계, 시내 산에서 받은 영원한 율법

모세는 이스라엘 사람들을 홍해에서 시내(Sinai, 시나이) 산에 있는 광야로 이끌었습니다. 이스라엘 사람들은 시내 산 앞에 장막을 쳤어요.

모세는 산을 올라 하나님 앞에 섰습니다. 여호와 하나님은 모세를 불러 말했지요.

"이스라엘 사람들에게 내 말을 전해라. '너희는 내가 애굽 사람들에게 어떻게 했는지 보았다. 또 내가 어떻게 너희를 독수리 날개에 태워 내게 데려왔는지도 보았을 것이다. 이제 내 말을 듣고 나와의 언약을 지키면 너희는 모든 민족 가운데 나의 보물이 되리라. 온 땅이 다 내 것이다. 너희는 나를 섬기는 제사장 나라가 될 것이다.'"

모세는 이스라엘 지도자들을 불러 여호와 하나님이 한 말을 모두 전했습니다. 그러자 백성 모두가 대답했어요.

"우리는 여호와 하나님께서 명령하신 것을 모두 다 지키겠습니다."

하나님이 모세를 통해 백성의 답을 듣고 모세에게 말했어요.

성막
이스라엘의 이동 성전인 장막이다. 「출애굽기」 26장에서서 하나님은 시내 산에 오른 모세에게 성막을 짓는 법에 대해 자세히 지시한다. 솔로몬 시대에 성전이 세워질 때까지 이스라엘 백성들은 성막에서 제사를 지냈다.

「십계명을 받는 모세」
이탈리아 화가 틴토레토의 작품이다. 애굽
을 떠난 이스라엘 사람들은 세 달 후에 시
내 산에 있는 광야에 도착한다. 모세가 이스
라엘 사람들의 지도자였다. 모세는 구약 성
경에서 '모세 5경'이라 일컬어지는 「창세기」,
「출애굽기」, 「레위기」, 「민수기」, 「신명기」의 저
자다.
마돈나 델 오르토 성당 소장

안식일에 휴식하는 하나님
안식일은 일주일 가운데 제7일을
일컫는 유대교 용어다. 금요일 해
질 녘부터 토요일 해 질 녘까지를
말한다. 안식일은 고대 근동의 어떤
문화에도 없는 독특한 관습이다.

"보아라. 내가 짙은 구름 속에서 네게 나타
날 것이다. 사람들은 네가 나와 말하는 것을
듣고 너를 영원히 믿을 것이다."

그러고서 하나님은 명령했습니다.

"사람들에게 가서 오늘과 내일 정결히 하라
일러라. 옷을 빨게 하고 셋째 날을 준비하게
해라. 셋째 날에 내가 백성이 모두 보는 가운
데 시내 산으로 내려가겠다."

셋째 날 아침이 되자 천둥과 번개가 쳤고,
산에는 짙은 구름이 몰려들었어요. 나팔 소리
가 아주 크게 울려 퍼지자 장막에 있던 사람들
모두 두려움에 떨었습니다. 모세는 장막 밖으로 사람들을 이끌어 산
기슭에 서게 했어요. 여호와 하나님이 불 속에서 산으로 내려와 시내
산은 온통 연기로 뒤덮였습니다. 연기는 마치 용광로에서 뿜어져 나
오는 것처럼 산에서 피어올랐지요. 산 전체가 크게 진동했어요.

하나님은 모든 백성에게 말했습니다.

"나는 너희가 종으로 있던 애굽 땅에서 너희를 이끌고 온 여호와 하
나님이다.

너희는 나 외에 다른 신을 두지 마라.

너희는 너희 자신을 위해 우상을 만들지 마라. 위로 하늘에 있는 것,
아래로 땅에 있는 것, 땅 아래 물에 있는 어떤 것도 본뜨면 안 된다. 우
상에게 절하거나 우상을 섬기지 마라. 나 여호와는 질투하는 하나님
이니 너희 아버지가 죄를 지으면 그 벌을 3대, 4대에까지 내린다. 하지

만 나를 사랑하고 내 명령을 지키는 자에게는 수천 대에 이르기까지 사랑을 베풀 것이다.

너희는 여호와 하나님의 이름을 함부로 부르지 마라. 나 여호와는 이름을 함부로 부르는 자에게 죄가 없다고 하지 않을 것이다.

안식일을 기억해 거룩하게 지켜라. 6일간은 모든 일을 힘써 해라. 하지만 일곱째 날은 여호와 하나님의 안식일이다. 그날에는 너희나 너희 아들딸, 너희 남종이나 여종, 너희 가축, 너희와 함께 지내는 손님도 어떤 일이든 하면 안 된다. 나 여호와가 6일간 하늘과 땅과 바다 그리고 그 안에 있는 모든 것을 만든 후 일곱째 날에는 쉬었기 때문이다. 그러므로 나 여호와는 안식일에 복을 주고 그날을 거룩하게 했다.

너희 아버지와 어머니를 공경해라. 그러면 여호와 하나님이 내린 이 땅에서 오래 살게 해 주리라.

살인하지 마라.

간음하지 마라.

도둑질하지 마라.

이웃에게 거짓말하지 마라.

이웃의 집을 탐내지 마라. 이웃의 아내와 남종과 여종, 소와 나귀, 그 어떤 것도 탐내지 마라."

그러고서 여호와 하나님이 모세에게 말했어요.

"이 명령들을 기록해라. 이 명령들에 따라 나는 너와 이스라엘과 언약을 맺었다."

「금 송아지를 보고 분노한 모세」
영국 시인이자 화가 윌리엄 블레이크의 작품이다. 「출애굽기」 32장을 보면, 이스라엘 백성들은 모세가 시내 산에서 내려오는 것을 기다리지 못하고 금송아지를 만들고 이를 섬긴다. 십계명 가운데 우상 숭배를 금지하는 제2 계명을 어긴 것이다.
테이트 브리튼 갤러리 소장

"하나님과 사람에 대한 의무를 다해라."

모세는 이스라엘 백성에게 말했습니다.

"오 이스라엘아, 들어라. 여호와 우리 하나님만이 주님이시다. 너희 는 여호와 너희 하나님을 온 마음과 온 영과 온 힘을 다해 사랑해라.

보아라. 하늘과 하늘 위의 하늘, 땅과 땅 위에 모든 것이 여호와 너 희 하나님께 속한다. 여호와 하나님께서는 다른 어떤 민족보다 너희 조상을 사랑하셨다. 하나님은 모든 민족 가운데 너희 조상의 자손인 너희를 선택하셨다. 그러니 하나님께 마음을 열고 그분을 거절하지 마라.

여호와 하나님은 신들 가운데 신이고 주인들 가운데 주인이시다. 그분은 위대하고 강하며 놀라우시다. 하나님은 편애하지 않고 뇌물을 받지도 않으신다. 고아와 과부를 돌보고 이방인을 사랑해서 그에게 먹을 것과 입을 것을 주신다. 여호와 너희 하나님을 사랑하고 항상 하 나님의 법과 명령을 지키고 행해라.

속이지 마라. 거짓말하지 마라. 하나님 이름으로 그릇되게 맹세하지 마라. 이웃에게 잘못하거나 이웃의 것을 훔치지 마라. 듣지 못하는 사 람을 저주하지 마라. 보지 못하는 사람 앞에 장애물을 두지 마라. 험담 하지 마라. 아무도 미워하지 마라. 누구에게도 복수하거나 원한을 품 지 마라. 너 자신을 사랑하듯 네 이웃을 사랑해라. 백발노인 앞에서 일 어서고 노인을 공경해라. 너희 땅에 사는 이방인에게 나쁜 짓을 하지 마라. 이방인을 너희 민족에 속한 사람처럼 대하고 너 자신을 사랑하 듯 사랑해라."

탐스러운 포도송이가 풍요를 약속하다

모세는 사람들을 보내 가나안 땅을 정탐하게 했어요.

"남쪽 지방으로 갔다가 산악 지역으로 가서 가나안 땅이 어떤지 보게. 가나안 사람들이 강한지 약한지, 적은지 많은지 살펴보게. 또 사람들이 사는 땅이 어떤지, 장막촌인지 요새로 된 성읍인지 살펴보게. 토지가 비옥한지 척박한지, 나무가 있는지 없는지도 살펴보게. 부디 대담해지게. 그 땅에서 자라는 열매를 꼭 가져와야 하네."

때는 마침 일 년 중 포도가 처음 익는 시기였지요.

정탐꾼들은 남쪽 지방으로 올라가 헤브론의 어느 골짜기에 이르렀

「약속된 땅의 포도송이를 나르는 정탐꾼들」
프랑스 화가 푸생의 작품이다. 오늘날 헤브론 주변에 있는 라멧엘-암레가 하천이 있는 포도 생산지로 유명하다.
루브르 박물관 소장

습니다. 정탐꾼 두 사람이 포도나무에서 포도송이가 매달린 가지 하나를 잘라 장대에 매달아 들었지요. 정탐꾼들은 석류와 무화과도 땄습니다. 이스라엘 사람들이 이곳에서 포도송이를 꺾었기 때문에 골짜기는 히브리어로 포도송이, 즉 '에스골(Eshcol)'이라 불렸지요.

「승리하소서, 하나님이여!」
영국 화가 존 밀레이의 작품이다. 시내 산에 이르기 전에 이스라엘 사람들은 아말렉족과 싸운 일이 있다. 르비딤 전투라 한다. 모세가 손을 들면 이스라엘이 이기고 손을 내리면 아말렉족이 이겼다.

정탐꾼들은 가데스(Kadesh)로 돌아가 모세와 아론과 모든 이스라엘 사람에게 조사한 것을 보고했습니다. 가나안 땅에서 가져온 열매도 보여 주었어요.

"당신이 말한 땅으로 갔습니다. 가나안에는 정말 젖과 꿀이 가득했습니다. 이것이 바로 가나안에서 자란 열매예요. 하지만 가나안 사람들은 힘이 셉니다. 성읍이 매우 크고 성읍을 둘러싼 성벽도 아주 높았어요."

그때 갈렙(Caleb)이 사람들을 조용히 시키고 말했습니다.

"바로 올라가 가나안을 차지합시다. 우리에게는 그럴 만한 힘이 있습니다."

하지만 갈렙과 함께 정탐하고 온 사람들이 말했어요.

"우리는 가나안 사람들을 이길 수 없어요. 그들은 우리보다 셉니다. 그 땅에서 본 사람들은 모두 키가 크고 덩치도 컸어요. 마치 거인 같았지요. 그에 비하면 우리는 메뚜기에 불과합니다. 가나안 사람들이 보기에도 우리가 메뚜기 같았을 거예요."

「아말렉족과 싸우는
여호수아」
르비딤 전투 과정은 「출애굽기」 17
장 8~16절에 소개되어 있다. 유목
민인 아말렉족은 에돔족과 마찬가
지로 에서의 후손이다. 그림은 프
랑스 화가 푸생의 작품이다.
에르미타슈 미술관 소장

그날 밤, 이스라엘 사람들은 울며 소리쳤습니다.

"가나안 땅으로 우리를 인도하시다니, 여호와 하나님께서는 우리가
칼에 맞아 죽길 원하시는 걸까요? 우리 아내와 자식들이 잡혀갈 것입
니다. 차라리 애굽으로 돌아가는 것이 낫겠소."

이스라엘 사람들은 결국 "지도자를 뽑아 애굽으로 다시 돌아갑시
다."라고 주장했어요.

그러자 모세와 아론이 이스라엘 사람들 앞에 엎드렸습니다. 가나안
땅을 정탐했던 **여호수아**(Joshua)와 갈렙도 싸우기 전에 포기하는 것이
부끄러워 자기 옷을 찢고 사람들에게 말했어요.

"우리가 정탐했던 땅은 아주 좋은 땅입니다. 만약 여호와 하나님께서 우리를 사랑하신다면 우리를 인도해 젖과 꿀이 흐르는 가나안 땅을 주실 것입니다. 다만 여호와 하나님을 배반하지만 마십시오. 가나안 사람들을 두려워하지 마십시오. 가나안 사람들은 우리의 밥이나 마찬가지입니다. 그들의 방벽은 무너졌고, 여호와 하나님은 우리와 함께하십니다. 그들을 두려워하지 마십시오."

그러나 이스라엘 사람들은 여호와 하나님을 신뢰하지 않았습니다.

여호와 하나님이 모세에게 말했어요.

"이스라엘 백성이 언제까지 나를 멸시할 것인가? 내가 이들 눈앞에서 온갖 기적을 펼쳐 보였는데도 나를 믿지 않는구나. 전염병을 내려 이들을 다 없애 버리리라. 너와 네 가족을 이들보다 크고 강한 나라로 만들겠다."

모세는 여호와 하나님에게 간곡히 부탁했습니다.

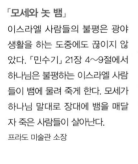

「모세와 놋 뱀」
이스라엘 사람들의 불평은 광야 생활을 하는 도중에도 끊이지 않았다. 「민수기」 21장 4~9절에서 하나님은 불평하는 이스라엘 사람들이 뱀에 물려 죽게 한다. 모세가 하나님 말대로 장대에 뱀을 매달자 죽은 사람들이 살아난다.
프라도 미술관 소장

「바위를 쳐 물을 솟게 하는 모세」
모세가 가나안 땅을 밟지 못하는 이유는 므리바 반석 사건 때문이다. 이스라엘 사람들이 물을 구할 수 없자, 하나님은 명령으로만 물을 내라 모세에게 이른다. 하지만 모세는 지팡이를 사용한다. 「민수기」 20장 1~13절의 이야기다. 루브르 박물관 소장

"애굽 사람들이 들으면 '여호와 하나님이 이스라엘 백성을 약속한 땅에 데려갈 수 없어 광야에서 이들을 죽였다.'라고 말할 것입니다. 하나님의 사랑은 무한하십니다. 바라건대 이 사람들이 저지른 죄를 용서해 주십시오. 하나님께서는 이들이 애굽을 나왔을 때부터 지금까지 용서하지 않으셨습니까?"

여호와 하나님은 모세의 말에 대답했어요.

"네 말대로 용서하겠다. 하지만 내가 살아 있는 한, 나 여호와의 영광이 온 땅을 가득 채우고 있는 한 맹세한다. 내가 애굽과 광야에서 보인 영광과 기적을 보고도 나를 열 번이나 시험하는 사람들이여. 내 말을 듣지 않는 자들이여. 너희는 누구도 약속한 땅을 보지 못하리라. 나를 멸시하는 자는 누구도 가나안 땅을 보지 못한다.

나의 종 갈렙은 그가 정탐했던 땅으로 데려갈 것이다. 갈렙은 다른 사람들과 달리 나를 충실히 따랐으니 갈렙의 자손이 가나안을 차지하리라. 잡혀가 전쟁 포로가 될 것이라던 너희 자식들은 내가 인도하겠다. 너희 자식들은 너희가 거절했던 가나안을 차지할 것이다.

그러나 너희는 광야에서 죽으리라. 너희 몸이 광야에서 모두 썩어 없어질 때까지 너희 자식들은 40년간 떠돌아다닐 것이다. 너희의 불신 때문에 고통받을 것이다."

여호수아가 대업을 물려받는다

나이 든 모세가 모든 이스라엘 사람에게 말했습니다.

"이제 내 나이가 120세입니다. 더는 거동할 수 없고, 여호와 하나님께서도 내게 '너는 이 요단(Jordan) 강을 건널 수 없다.'라고 하셨습니다. 여호와 하나님께서는 여러분보다 앞서 요단 강을 건너 가나안에 있는 나라들을 멸망시키실 것입니다. 여러분은 가나안 사람들을 몰아내겠지요. 이제 여호수아가 여호와 하나님께서 명령하신 대로 여러분을 이끌고 강을 건널 것입니다. 담대해지십시오. 강해지십시오. 저들을 두려워하지 마십시오. 여호와 하나님께서 여러분을 인도하실 것입니다. 하나님께서는 여러분을 실망시키거나 버려두지 않으실 겁니다."

모세는 여호수아를 불러 모든 이스라엘 사람이 보는 앞에서 말했습니다.

느보 산의 모세 기념비
느보 산은 요르단 왕국 마다바 읍의 북서쪽에 있는 산이다. 비스가 산은 현재 느보 산에서 세 번째로 높은 봉우리인 시야가라고 여겨진다. 실제로 시야가에 서면 염해, 요단 강, 유대 사막, 감람산 등 가나안 땅이 훤히 내려다보인다.

"담대하고 강해져라. 네가 이스라엘 백성을 여호와 하나님께서 조상에게 주기로 약속한 가나안 땅으로 인도해야 한다. 여호와 하나님께서 네 앞에 가실 것이다. 하나님께서 너와 함께하시니 너를 실망시키거나 버려두지 않으리라."

그러고서 모세는 모압(Moab) 평원을 지나 여리고(Jericho, 예리코) 맞은편에 있는 느보(Nebo) 산지의 비스가(Pisgah) 산 꼭대기에 올랐어요. 그곳에서 여호와 하나님은 모세에게 가나안 땅을 보여 주었지요.

"이 땅이 내가 아브라함과 이삭과 야곱에게 '내가 너의 자손에게 주겠다.'라고 약속했던 땅이다. 지금 네가 이 땅을 보고 있지만 그곳으로 가지는 못하리라."

　하나님의 종 모세는 하나님이 말했던 대로 모압 땅에서 죽었습니다. 모세는 120세에 죽었지만 눈이 어두워지거나 기력을 잃지는 않았지요. 여호와 하나님은 모세를 모압 땅에 있는 깊은 골짜기에 묻었습니다. 그 골짜기가 어디인지 오늘날까지 아는 사람이 없지요. 이스라엘 사람들은 모세의 죽음을 슬퍼하며 모압 평원에서 30일간 울었어요. 30일이 지나자 모세를 위한 애도 기간이 끝났습니다.

　모세가 눈의 아들 여호수아에게 손을 얹었으므로 여호수아는 지혜의 영으로 가득했어요. 이스라엘 사람들은 여호와 하나님이 모세에게 명령한 대로 여호수아의 말을 듣고 따랐지요. 하지만 모세만 한 선지자는 이스라엘에서 다시 나타나지 않았어요.

"요단 강을 건너라!"

모세가 죽은 후 여호와 하나님은 모세를 보좌하던 여호수아에게 말했어요.

"나의 종 모세는 죽었다. 이제 너는 일어나 백성을 모두 이끌고 요단 강을 건너야 한다. 백성을 내가 그들에게 약속한 땅으로 데려가거라. 네가 살아 있는 한 아무도 네게 맞설 수 없을 것이다. 내가 모세와 함께했던 것처럼 너와 함께하리라. 너를 실망시키거나 버려두지 않을 것이다.

담대하고 강해져라. 너는 내가 이스라엘 사람들의 조상에게 약속한 땅을 백성에게 주어야 한다. 나의 종 모세가 네게 일러 준 법을 모두 충실하게 지켜라. 오른쪽으로도 왼쪽으로도 치우치지 마라. 네가 가는 곳에서 너는 언제나 승리하리라. 내가 네게 명령하지 않았느냐? 담대하고 강해져라. 두려워하거나 염려하지 마라. 여호와 하나님인 내가 네가 가는 곳이라면 어디에서든 너와 함께할 것이다."

여호수아를 축복하는 모세
여호수아는 에브라임 지파의 사람이다. 본명은 호세아다. 가나안 7족속을 해치우고 이스라엘 12지파를 세운다. 이후 에브라임 산지에 성읍을 건설하고 그곳에서 살았다.

싯딤 나무
싯딤은 '아카시아 나무'라는 뜻이다. 염해 북동쪽 모압 평원에 위치한 성읍이다. 싯딤은 이스라엘 사람들이 가나안으로 들어가기 전 마지막으로 진을 쳤던 곳이다.
폴 게티 미술관 소장

여호수아는 이스라엘 백성의 지도자들에게 명령을 내렸습니다.

"모든 진을 두루 다니며 각자 먹을 것을 준비하라고 하십시오. 우리는 3일 안에 요단 강을 건너 여호와 하나님께서 약속하신 땅을 차지할 것입니다."

여호수아가 싯딤(Shittim)에 있는 동안, 비밀리에 정탐꾼 두 명을 보내며 일렀어요.

"가서 가나안 땅을 정탐해라. 특히 여리고 성을 잘 살펴보아라."

정탐꾼들은 가나안으로 가서 라합(Rahab)이라는 여인의 집에 머물렀어요.

이스라엘에서 온 정탐꾼이 여리고에 숨어든 사실이 여리고 왕에게 알려졌습니다. 여리고 왕은 사람을 보내 라합에게 말했어요. "너희 집에 들어간 사람을 내보내라. 우리 땅을 정탐하러 온 자들이다."

라합은 정탐꾼 두 명을 숨겨 주며 말했지요.

"몇 사람이 제게 온 건 사실이에요. 하지만 그들이 어디에서 왔는지는 몰랐습니다. 그들은 모두 성문 닫힐 시간이 되자 밤중에 떠나 버렸어요. 어디로 갔는지는 모릅니다. 빨리 쫓아가면 따라잡을 수도 있을 거예요."

정탐꾼들은 지붕 위에 라합이 펼쳐 놓은 아마(천의 원료인 섬유 식물) 줄기 속에 숨어 있었습니다. 여리고 사람들이 정탐꾼을 찾아 요단 강 쪽으로 가자 성문이 닫혔어요.

정탐꾼들이 잠자리에 들 준비를 할 때 라합이 지붕 위로 올라와 말했습니다.

"저는 여호와 하나님께서 이 땅을 당신들에게 주셨다는 것을 알아요. 당신들 때문에 이 땅에 사는 사람 모두가 두려움에 사로잡히고 낙담해 있습니다. 그러니 여호와 하나님 앞에서 제게 맹세해 주세요. 제가 당신들에게 친절을 베풀었으니 제 가족에게도 친절을 베풀어 주세요. 나의 아버지, 어머니, 형제자매와 그들이 가진 모든 재산을 지켜 주세요. 부디 우리를 죽이지 않겠다고 약속해 주세요."

정탐꾼들은 라합에게 대답했어요.

"만약 당신이 이 일을 밝히지 않는다면 우리는 당신을 위해 목숨을 바칠 준비가 되어 있소. 여호와 하나님께서 우리에게 이 땅을 주실 때 우리는 친절하고 진실하게 당신을 대할 것이오."

「라합과 정탐꾼들」
당시 가나안은 단일 국가가 아니었다. 많은 작은 왕국들이 가나안 안에 있었다. 한 왕국에는 왕과 군대, 도시와 도시 아래의 작은 촌락들이 있었다.

라합이 살고 있는 집은 성벽 위에 지어져서 라합은 정탐꾼들에게 밧줄을 타고 창문으로 내려가라고 했습니다. 라합이 정탐꾼들에게 말했어요.

"언덕으로 가세요. 언덕으로 가면 추적자들이 당신들을 찾아내지 못할 거예요. 그들이 발길을 돌릴 때까지 3일간 숨어 계세요. 그런 다음 갈 길을 가시면 됩니다."

"당신과 한 약속은 꼭 지키겠소. 우리가 이 땅에 다시 들어오면 당신은 이 붉은 밧줄을 우리가 나간 창문에 묶어 두고, 모든 식구를 집 안에 있게 하시오. 만일 가족 가운데 누구든 집 밖으로 나왔다가 죽으면 그 책임은 우리가 아니라 당신이 져야 합니다. 하지만 당신 가족이 집에 있었는데도 죽는다면 우리가 이 죽음에 대한 책임을 지겠습니다. 명심하시오. 우리가 한 일을 당신이 밝히면 당신과 한 약속을 지킬 의무는 우리에게 없습니다."

"당신이 말한 대로 하겠습니다."

라합은 정탐꾼들을 보내고 창문에 붉은 밧줄을 묶어 두었습니다.

여리고
여리고는 얍복 강과 염해 사이에 있는 중요한 나루터였다. 또한 요단 골짜기와 서쪽 중앙 산지 지방을 잇는 전략적인 통로였다. 고대 유적지인 텔 에스 술탄이 있다.

정탐꾼들은 언덕으로 올라가 추적자들이 돌아갈 때까지 3일간 머물렀어요. 추적자들은 사방으로 찾아다녔지만 정탐꾼들을 발견하지 못했지요. 정탐꾼 두 사람은 언덕을 내려와 강을 건넜습니다. 그러고는 여호수아에게 가서 일어났던 일을 모두 보고했지요.

이튿날, 여호수아는 아침 일찍 일어나 떠날 준비를 했습니다. 여호수아와 모든 이스라엘 사람은 싯딤을 떠나 요단 강에 이르렀고, 강을 건너기 전 강가에서 하룻밤을 지냈어요. 여호수아가 이스라엘 사람들에게 말했습니다.

"스스로를 정결하게 하시오. 내일 여호와 하나님께서 여러분 가운데서 놀라운 일을 이루실 것입니다. 이리 와서 여러분의 하나님 여호와의 말씀을 들으시오. 여러분은 이 말씀을 듣고 살아 계신 하나님께서 여러분과 함께하신다는 것을 알게 될 것이오. 온 땅의 주인이신 하나님의 언약궤가 여러분보다 앞서 요단 강을 건널 것입니다. 하나님의 언약궤를 멘 제사장들이 요단 강 물에 발을 담그면 강물은 멈춰, 흐르지 않을 것이오. 아래로 흘러내리는 물이 그쳐 둑처럼 쌓일 것이오."

이스라엘 사람들은 요단 강을 건너기 위해 장막을 떠났어요. 백성 앞에 선 제사장들이 언약궤를 메고 요단 강 가에 다다랐습니다. 제사장들이 물에 발을 담그자 아래로 흘러내리던 강물이 멈춰 사르단(Zarethan) 근처에 있는 성읍 아담(Adam)까지 둑처럼 길게 쌓였어요.

「도망가는 정탐꾼들」
프랑스 화가 제임스 티소의 작품이다. 이 시기에는 흔히 성벽 한쪽에 집을 지었다. 이런 집들로 인해 성벽이 더욱 견고해졌다.

「언약궤를 매고 요단 강을 건너는 여호수아」
미국 화가 벤저민 웨스트의 작품이다. 「출애굽기」 25장 10~22절을 보면, 모세가 하나님이 자세히 지시한 대로 언약궤를 만든다. 언약궤는 순금 뚜껑이 달린, 금으로 장식한 나무 상자다. 신의 현전을 상징하는 물건으로 주로 성막 한구석에 보관한다. 언약궤를 운반할 때는 모서리에 있는 고리에 장대를 걸어 든다. 구약 성경에는 언약궤에 의한 다양한 이적이 소개되어 있다.
뉴 사우스 웨일스 주립 미술관 소장

염해(Salt Sea, 사해)로 흐르던 강물이 완전히 끊긴 사이에 이스라엘 사람들은 여리고 맞은편으로 건너갔습니다. 이스라엘 사람들이 요단 강 사이로 난 마른 땅을 건너는 동안, 여호와 하나님의 언약궤를 옮기는 제사장들은 자리를 굳게 지켰어요. 제사장들은 사람들이 모두 요단 강을 건널 때까지 꿈쩍도 하지 않았지요.

이스라엘 사람들이 요단 강을 모두 건너자 여호와 하나님이 여호수아에게 말했습니다.

"백성에게 요단 강 한가운데, 제사장들이 서 있던 자리에 있는 돌 열두 개를 어깨에 메고 오늘 밤 머물 곳에 가져다 놓으라고 해라. 이스라엘 백성은 이 돌들을 보고 요단 강에서 있었던 일을 기억할 것이다. 너희 자녀들이 가끔 '이 돌들이 무엇을 의미하나요?'라고 물을 것이다. 너희는 이렇게 대답하리라. '여호와의 언약궤가 요단 강을 건널 때 강물이 언약궤 앞에서 멈췄단다. 돌들은 그 일의 기념비다.' 이스라엘 사람들은 이 돌을 보면서 요단 강에서의 일을 영원토록 기억할 것이다."

이스라엘 사람들은 여호수아의 명령에 따라 요단 강 한가운데서 돌 열두 개를 골라 왔어요. 돌의 개수는 이스라엘 지파 수와 일치했지요. 사람들이 머물 곳으로 돌을 옮기자 요단 강 물이 제자리로 돌아와 이전처럼 둑을 넘쳐흘렀습니다.

요단 강
서아시아의 요르단 지구대에 있는 강이다. 레바논과 시리아 영내에서 발원해 갈릴리 호수로 들어간 후 다시 남쪽으로 흘러나와 염해와 합쳐진다. 예수가 세례를 받은 강이라 전한다.

여리고 성이 무너지고 아이 성이 불타다

여리고 성 사람들은 성문을 굳게 닫았습니다. 아무도 성안을 드나들 수 없었지요. 여호와 하나님이 여호수아에게 말했어요.

"보아라. 내가 여리고의 성과 왕과 유능한 전사들을 네게 넘겨줄 것이다. 너는 군사를 모두 이끌고 성을 하루에 한 바퀴씩 돌며 행군해라. 이렇게 6일간 하면 7일째에는 이스라엘 사람들이 모두 진격하게 되리라."

여호수아는 이스라엘 사람들에게 말했어요.

"성 둘레를 행군하시오. 무장한 사람들은 여호와의 언약궤 앞에 서시오. 함성을 지르거나 성안 사람들이 여러분의 목소리를 듣게 해서는 안 됩니다. 여러분은 이후에 함성을 지르게 될 것이오! 하지만 내가 '함성을 질러라!'라고 말하는 날까지 한마디도 입 밖에 내면 안 됩니다."

여호수아는 하나님의 언약궤를 들고 성을 한 바퀴 돌았습니다. 그런 후에 사람들은 장막 친 곳으로 돌아와 하룻밤을 지냈어요. 두 번째 날에도 성 주위를 행군하고 장막으로 돌아왔지요. 그렇게 6일간 매일 행군했습니다. 일곱 번째 날, 사람들은 새벽 일찍 일어나 전처럼 성을 한 바퀴 돌았어요. 단, 그날은 성 주위를 일곱 번 행군했답니다. 사람들이 성을 일곱 번 돌았을 때 제사장들이 나팔을 불었어요. 여호수아는 이스라엘 사람들에게 말했지요.

"함성을 지르시오! 여호와 하나님께서 여러분에게 이 성을 주셨소.

쇼파르
본문의 나팔은 숫양의 뿔로 만든 악기인 '쇼파르'다. 숫양의 뿔에 뜨거운 물을 부어 부드럽게 한 후 모양을 내 만든다. 주로 예배나 전투 중 신호를 줄 때 사용한다.

성과 성안에 있는 것을 모두 여호와 하나님께 바칠 것입니다. 다만 라합과 라합의 가족은 살려 주십시오. 라합은 우리가 보낸 정탐꾼들을 숨겨 주었습니다."

이스라엘 사람들이 함성을 지르자 성벽이 무너졌습니다. 사람들은 곧장 성안으로 진격해 성을 점령했어요. 여호수아는 정탐꾼을 숨겨 준 라합과 라합의 가족을 살려 주었습니다. 라합의 재산도 건드리지 않았지요. 라합의 자손들은 오늘날까지 이스라엘 사람들과 살고 있답니다.

여리고 성을 점령한 여호수아는 전사들을 모두 이끌고 아이 성에 쳐들어갈 준비를 했습니다. 여호수아는 밤중에 정예 부대로 뽑은 3만 명의 용감한 사람을 내보내며 명령했어요.

「여호수아에게 나타난 천사」
프랑스 화가 귀스타브 도레의 작품이다. 여리고 성을 공격하기 전에 여호와의 군대 대장이라는 천사가 여호수아 앞에 나타난다. 「출애굽기」 6장 13~15절의 이야기다.

"성 뒤편에 숨어 있어라. 너무 멀리 가지 말고 언제라도 움직일 준비를 해라. 나는 군대와 함께 성으로 진군하겠다. 적들이 맞서 싸우려고 성에서 나오면 우리는 뒤로 빠질 것이다. 적들이 '저들이 도망가는구나.'라고 생각하며 우리를 뒤쫓을 것이다. 적들이 성에서 멀어지면 너희는 그때 숨어 있던 곳에서 나와 성을 차지해라. 점령한 후에는 성을 불태워라."

말을 마친 여호수아는 정예 부대를 내보냈고, 정예 부대는 아이 성 서쪽에 자리를 잡고 숨었습니다. 여호수아는 이스라엘 사

「여리고 성 전투」

프랑스 화가 장 푸케의 작품이다. 여호수아가 언약궤를 가지고 출진하는 것은 군인들에게 앞으로 있을 전투가 여호와의 전투라는 것을 상기시키기 위해서다

당시 전투 중에 신호를 보내는 방법은 여러가지가 있었다. 북과 나팔 신호가 대표적이다

람들과 밤을 지내고, 다음 날 아침 일찍 일어나 군대를 소집했어요. 그런 후 이스라엘 지도자들과 함께 군대를 이끌고 **아이** 성으로 향했지요. 여호수아와 함께 있던 전사들은 성 앞으로 나아갔어요. 아이 성의 왕이 여호수아의 전사들을 보았습니다. 성 사람들은 서둘러 일어나 이스라엘 사람들과 싸우러 나갔지요. 왕은 이스라엘 전사들이 성 뒤에 숨어 있다가 공격하리라고는 상상치도 못했어요.

여호수아와 이스라엘 군대는 싸움에서 패해 광야로 도망가는 척했습니다. 성안에 있던 군대가 모두 이스라엘 군대를 추격했어요. 아이 성은 무방비 상태로 남겨졌지요. 그때 숨어 있던 이스라엘 전사들이 재빨리 성안으로 들어가 불을 질렀습니다. 이스라엘 군대를 쫓던 아이 사람들이 돌아보자 성이 내뿜는 연기가 하늘까지 치솟고 있었어요. 그때 광야로 도망치던 이스라엘 군대가 방향을 돌려 아이 사람들을 향해 돌격해 왔습니다. 성안에 들어갔던 이스라엘 군대도 성에서 나와 아이 성 사람들과 맞섰어요. 아이 사람들은 이쪽으로도 저쪽으로도 도망갈 수 없었지요. 양쪽으로 포위된 아이 사람들은 결국 누구도 도망치거나 살아남지 못했답니다.

생각해
보세요

?

'젖과 꿀이 흐르는 땅', 가나안에 대해 알아볼까요?

'젖과 꿀이 흐르는 땅'이라 불리던 '가나안', 즉 팔레스타인은 고대 근동 지방의 '비옥한 초승달 지역' 서남부에 위치한 땅이었어요. 비옥한 초승달 지역이라는 말은 미국 역사가 제임스 브레스테드가 집필한 『애굽의 고대 기록들』이란 책에 처음 등장합니다. 이 지역을 지도에 그리면 다음과 같아요. 페르시아 만에서 시작해 힛데겔(티그리스) 강과 유브라데(유프라테스) 강을 따라 북서쪽 방향으로 올라가다가, 하란과 갈그미스를 지나 다시 남서쪽으로 방향을 바꿉니다. 지중해 해안을 따라 남쪽으로 쭉 내려와 애굽의 나일 강 삼각주 지역까지 선을 그리면 이곳이 비옥한 초승달 지역이랍니다. 초승달처럼 가늘고 길다고 해서 이름이 붙었지요.

가나안은 비옥한 초승달 지역 서남부에 있는 지중해 연안의 땅입니다. 현재 레반트라고 불리는 지역이지요. 이곳은 세계 4대 문명 발생지 가운데 두 곳인 나일 강(애굽 문명)과 힛데겔 강과 유브라데 강(메소포타미아 문명)유역을 잇는 길목에 위치하고 있어요. 따라서 가나안에서는 크고 작은 영토 싸움이 계속되었답니다. 가나안의 크기에 대해서는 여러 견해가 있지만 「민수기」 34장 1~12절을 참고해 볼 때, 총 면적은 대략 2만 2,000㎢입니다. 남한 땅 전체의 8분의 1정도 되지요.

가나안은 다양한 이름으로 불렸어요. 그 가운데 대표적인 것이 가나안과 팔레스타인이랍니다. 가나안은 여호수아가 이 땅을 정복할 당시 붙은 이름입니다. 여호수아가 가나안에 들어왔을 때 가나안에는 기르가스, 아모리, 가나안, 브리스, 헷, 히위, 여부스라는 7족속이 살고 있었어요. 이 족속들은 노아의 손자 가나안의 후손이지요. 여기에 근거해 히브리 사람들은 이 땅을 '가나안 후손이 사는 땅'이라는 의미에서 가나안이라고 불렀습니다. 가나안은 히브리 사람들이 주로 사용하는 명칭이었어요. 한편, 팔레스타인이라는 명칭은 '블레셋 사람'을 가리키는 '펠리시티'라는 히브리어에서 유래합니다. 블레셋족은 기원전 12세기에 지중해 동부 연안에 침입해 가나안에 머물러 살았던 해양 민족이지요. 팔레스타인이라는 명칭은 성경에 없어요. 이스라엘 밖의 성경학자들이나 고고학자들이 '이스라엘 백성들이 거주하던 지역'을 일컫는 말로 사용하고 있지요.

가나안의 주요 산업은 농업과 목축업이었습니다. 주로 생산되는 농산물은 포도, 올리브, 보리, 밀, 보리, 대추야자, 무화과 등이었어요. 가나안 사람들은 주로 양, 염소, 소, 말, 나귀, 낙타 등을 길렀답니다. 유다 지역은 일조량이 많은 지역이었어요. 따라서 계단식으로 개간된 이곳 산지에서 나는 포도는 품질이 아주 우수했지요. 또한 갈릴리 계곡 일대는 토질이 좋고 강수량이 풍부해 밀이 대량으로 생산되었어요. 지중해와 인접한 지역과 내륙의 갈릴리 호수, 요단 강 지역에서는 수산업이 발달하기도 했답니다. 바다와 접한 지역에서는 수산물을 수출하기도 했어요. 갈릴리 호수나 요단 강에서 잡은 많은 물고기들은 예루살렘 같은 도시로 들어와 주요 식재료가 되었습니다. 이 물고기들은 성경에서 그리스도교 진리를 표현하는 매개로 사용되었어요. 신약 성경에 등장하는 '오병 이어(五餠二魚)' 사건과 "내가 너희를 사람을 낚는 어부가 되게 하리라."라는 예수님의 말이 그 예지요. 이 물고기는 또한 초기 그리스도교의 상징물이 되기도 했습니다.

빌렘 판 니어우란트 2세가 그린
「가나안으로 돌아가는 야곱」

3 민족의 수호자 | 사사와 룻 이야기

이스라엘 사람들은 가나안 땅에 정착해 12지파로 나뉘어 살아갑니다. 12지파는 야곱의 열두 아들에서 비롯되었지요. 얼마 지나지 않아 이스라엘 사람들은 하나님의 백성이라는 정체성을 잃고 세속적인 가나안 문화에 빠져 혼탁한 생활을 하게 됩니다. 그럴 때마다 하나님은 우매한 백성들을 깨우치기 위해 '사사'라고 불리는 지도자를 보내지요. 재미있는 사실은 하나님이 보낸 사사들이 원래 대단한 사람이 아니었다는 점이에요. 대체로 사사들은 천대받는 위치에 있던 사람들이었답니다. 이제 드보라, 기드온, 입다, 삼손, 룻의 이야기를 통해 사사들이 다스리던 이스라엘을 들여다봅시다.

- 이스라엘에는 마을 사람들이 그쳤으니 나 드보라가 일어나 이스라엘의 어머니가 되기까지 그쳤도다. (「사사기」 5:7)
- 어찌할꼬 내 딸이여, 너는 나를 참담하게 하는 자요, 너는 나를 괴롭게 하는 자 가운데 하나로다. (「사사기」 11:35)
- 내 머리가 밀리면 내 힘이 내게서 떠나고 나는 약해져서 다른 사람과 같으리라. (「사사기」 16:17)
- 어머니의 백성이 나의 백성이 되고, 어머니의 하나님이 나의 하나님이 되시리니. (「룻기」 1:16)

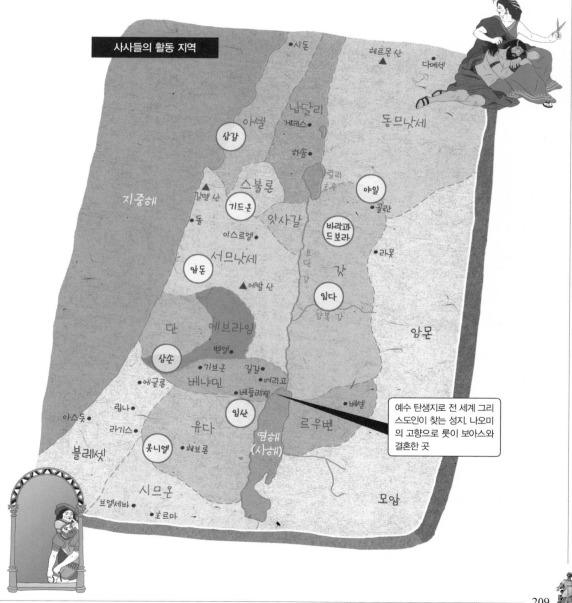

사사들의 활동 지역

예수 탄생지로 전 세계 그리스도인이 찾는 성지. 나오미의 고향으로 룻이 보아스와 결혼한 곳

"깨어나라 드보라여, 복받으리라 야엘이여."

쇠로 만든 전차 900대를 가지고 있던 시스라(Sisera)는 20년간 이스라엘을 잔인하게 학대했습니다. 그 당시 이스라엘의 사사는 랍비돗의 아내인 여선지자 드보라(Deborah)였어요. 에브라임(Ephraim) 산지의 라마(Ramah)와 벧엘 사이에는 드보라의 종려나무가 있었습니다. 드보라가 이 종려나무 아래에 앉아 있으면 이스라엘 사람들이 드보라에게 재판을 받으러 찾아왔지요.

드보라는 사람을 보내 납달리(Naphtali)의 게데스(Kedesh)에 있는 아비노암의 아들 바락(Barak)을 불러왔어요. 드보라가 바락에게 말했습니다.

"이스라엘의 하나님 여호와께서 이렇게 명령하셨을 겁니다. '납달리 지파와 스불론(Zebulun) 지파 사람 만 명을 모아 다볼(Tabor) 산으로 가거라. 그러면 내가 시스라와 그의 전차와 군대를 기손(Kishon) 강 가로 끌고 와 네 손에 넘겨주겠다.'"

바락이 드보라에게 말했어요.

"당신도 함께 가 주시겠지요? 당신이 가지 않는다면 저도 가지 않겠습니다."

"당신과 반드시 함께 가겠습니다. 다만 이번에는 당신이 떨칠 영예는 없을 것입니다. 여호와 하나님의 뜻에 따라 시스라는 여자 손에 넘어갑니다."

드보라는 바락과 함께 게데스로 갔습니다. 바락은 게데스에서 스불론 지파와 납달리 지파 사람들을 불

드보라
구약 성경에 등장하는 유일한 여성 사사다. 「사사기」 5장은 '드보라의 노래'다. 당시 사람들은 승리를 기념하기 위해 노래를 만들어 불렀다. 승리를 이끈 영웅에게 노래를 선물로 바치기도 했다.

러 모았어요. 만 명이 드보라와 바락을 따랐지요. 겐 사람 헤벨(Heber)도 모세의 장인 이드로의 자손인 자기 민족을 떠나 게데스에서 가까운 상수리나무 곁에 장막을 쳤어요.

바락이 다볼 산으로 올라갔다는 소식을 들었을 때 시스라는 쇠 전차 900대와 군대를 모아 하로셋 학고임(Harosheth Haggoyim)에서 기손 강 가로 갔습니다. 그때 드보라가 바락에게 말했어요.

"공격하십시오! 오늘 여호와 하나님께서 당신 손에 시스라를 넘겨주실 것입니다. 여호와 하나님은 당신 앞에서 물러선 적이 없습니다!"

바락은 드보라의 말을 듣고 만 명의 군대를 이끌고 다볼 산에서 내려왔습니다. 여호와 하나님은 바락의 전사들이 휘두르는 칼에 시스라와 그의 전차들과 그의 군대가 무너지게 했어요. 시스라는 전차에서 뛰어내려 도망쳤지요. 바락은 하로셋 학고임까지 전차와 군대를 추격했고, 시스라의 군대는 칼날을 받고 전멸했습니다.

그날 드보라와 아비노암의 아들 바락은 이렇게 노래했습니다.

다볼 산
스불론, 잇사갈, 납달리 지파의 영토가 서로 맞닿는 곳이었기 때문에 군대의 집결지가 되었다. 다볼 산 정상에 서면 갈멜 산과 길보아 산을 볼 수 있다.

시스라
하솔 왕 야빈의 군대 장관이다. 하솔은 가나안에 속한 나라로, 북부 갈릴리를 다메섹과 므깃도로 잇는 요충지였다.

오, 여호와 하나님이시여, 주께서 세일에서 오셨을 때
에돔(Edom) 지역에서 행군해 오셨을 때
땅이 흔들리고 하늘이 동요하고
구름이 비를 쏟았나이다.

산들이 여호와 하나님 앞에서 전율했고
   저 시내 산도 이스라엘의 하나님 앞에서
몸을 떨었나이다.

아낫의 아들 **삼갈**(Shamgar)의 날에
야엘(Jael)의 날에 큰길은 비고
여행객들은 샛길로 다녔다.
이스라엘에서 지도자가 사라졌다.
너 드보라여, 그때 네가 일어나서
이스라엘의 어머니가 되었도다.

블레셋족을 치는 삼갈
삼갈은 「사사기」 3장 31절에 언급
되는 사사다. 소 모는 막대기로
블레셋 사람들을 600명 죽여, 이
스라엘을 구원했다고 한다.

내 마음이 이스라엘 용사들과 함께한다.

백성 가운데 자원해 나선 용사들이여, 여호와 하나님을 찬양하라!

황갈색 나귀를 탄 자들아

값비싼 양탄자에 앉은 자들아

길을 걷는 자들아, 사람들에게 전해라.

전리품을 나누는 소리로부터 멀리 떨어진

물 긷는 곳에 가서

여호와 하나님의 의로운 업적과

지도자들의 의로운 업적을 전해라!

그때 여호와 하나님의 백성이

성문으로 내려가며 외쳤네.

"깨어나라, 깨어나라 드보라여

깨어나라, 깨어나서 노래를 불러라!

일어나라, 일어나라 바락이여

포로를 사로잡아라, 아비노암의 아들이여!"

권력자에 맞서 내려온 사람들이여

그들 주님의 백성이 강한 자와 맞섰다.

마길(Makir)에서 지휘관들이 내려오고

스불론에서 지도자들이 내려왔다.

잇사갈(Issachar)의 군주들이 드보라와 합류하고

납달리 사람들이 바락을 따라

골짜기로 줄지어 내려갔다.

스불론은 죽음을 무릅쓰고

납달리도 들판 언덕 위에서 생명을 아끼지 않았다.

가나안의 왕들이 왔다.

가나안의 왕들이 주님의 백성과 맞서

므깃도(Megiddo)의 물가 다아낙(Taanach)에서 싸웠다.

가나안 왕들은 은을 전리품으로 가져가지 못했다.

하늘에 있는 바로 그 별들이

궤도를 돌며 시스라를 쳤기 때문이다.

옛적부터 흐르던 기손 강이여

기손 강 물이 가나안 왕들을 휩쓸었다.

내 영혼아, 힘차게 행군하라!

그때 말발굽 소리가 땅을 울리니

말이 힘차게 질주하는 소리가 땅을 요동했다.

겐 사람인 헤벨의 아내 야엘은

어느 여인보다 복을 받으리라.

유목 민족의 어떤 여인보다 더 복받으리라!

시스라가 물을 청하자 야엘은 우유를 주었다.

고귀한 자에 걸맞은 그릇에

엉긴 우유를 담아 시스라에게 주었다!

야엘은 장막 말뚝을 왼손에 쥐고

기손 강
다볼 산 남쪽을 흐르는 다아낙 부
근의 강이다. 강 부근은 전차가 다
니기 좋은 평야지만, 비가 많이 오
면 둑 위로 강물이 범람하곤 했다.

「야엘과 시스라」
이탈리아 화가 자코포 비날리의
작품이다. 망치와 말뚝은 야엘에게
매우 익숙한 도구였을 것이다. 장
막 생활을 하는 이스라엘 사람들
은 이동할 때마다 장막을 새로 쳤
다. 그때 장막을 고정하는 말뚝을
망치로 땅에 박았다.

일꾼의 망치를 오른손에 들고 있었다.

시스라의 머리를 쳐서 부수고

시스라의 관자놀이를 뚫어 버렸다.

야엘의 발 앞에 시스라가 고꾸라져 누웠다.

야엘의 발 앞에서 고꾸라져 쓰러졌다.

쓰러진 바로 그 자리에서 죽어 버렸다!

시스라의 어머니가 창밖을 내다보며 외쳤네.

시스라의 어머니가 창살 사이로 외쳤네.

"시스라의 전차가 왜 이리 늦을까?

왜 말발굽 소리가 들리지 않을까?"

가장 지혜로운 시녀가 대답했고

시스라의 어머니도 혼잣말로 대답했네.

"전리품을 나누고 있을 것이다.

군인마다 여자를 한두 명씩 챙겼을 테지.

시스라는 염색한 옷을

수가 놓인 염색한 옷을 차지해

승리한 군인들에게 걸어 주고 있을 거야."

여호와여, 당신의 적을 이처럼 죽게 하소서!

하지만 당신을 사랑하는 자들은

승리의 광채를 비추며 떠오르는 태양이 되게 하소서!

용사 기드온이 하나님을 위한 칼이 되다

시간이 흘러 미디안 사람들이 이스라엘을 정복했습니다. 이스라엘 사람들은 미디안 사람들을 피하려고 산에 있는 동굴이나 요새로 숨었어요. 이스라엘 사람들이 농사를 지어 놓으면 미디안 사람들이 쳐들어와서 남김없이 가져갔지요. 양과 소와 나귀도 모두 가져가 이스라엘 사람들이 먹고살 것이 없었답니다. 미디안 사람들은 심지어 자신의 가축과 장막을 가지고 쳐들어왔어요. 약탈에 시달린 이스라엘 사람들은 여호와 하나님에게 구원해 달라고 울부짖었습니다.

여호와 하나님의 천사가 아비에셀(Abiezrite) 사람 요아스(Joash)의 땅 오브라(Ophrah)에 내려와 상수리나무 아래에 앉았어요. 요아스의 아들인 기드온(Gideon)이 미디안 사람들의 눈을 피하려고 거대한 포도주 틀에 들어가 밀을 타작하고 있었지요. 여호와 하나님의 천사가 기드온에게 나타나 말했습니다.

「기드온과 천사」
「창세기」 25장 1~6절은 미디안 사람들이 아브라함과 아브라함의 후처 그두라의 자손이라고 소개한다. 미디안 사람들은 가나안 입성 때 이스라엘에 합류하지 않았다.

"강한 용사여, 여호와 하나님께서 너와 함께하신다!"

기드온이 천사에게 물었어요.

"주인이여, 여호와 하나님께서 우리와 함께하신다면 우리가 왜 이런 시련을 겪어야 합니까? 조상들이 우리에게 '여호와 하나님께서 우리를 애굽에서 이끌어 내셨다!'라고 하셨습니다. 그런데 하나님의 기적은 다 어디로 갔습니까? 여호와 하나님은 우리를 버리셨고 미디안 사람들에게 우리를 넘겨주었습니다."

여호와 하나님이 기드온에게 말했습니다.

"네게 있는 힘으로 이스라엘 사람들을 미디안의 손아귀에서 구해 내라. 내가 너를 보내리라."

상수리나무
나무는 신이 모습을 드러내는 사건이나 신탁을 내리는 사건과 종종 연관된다. 「창세기」 12장 6~7절에서도 하나님은 모레 상수리나무 아래에 있는 아브라함에게 나타났다.

"여호와 하나님이시여, 제가 어떻게 이스라엘을 구할 수 있겠습니까? 보십시오. 저희 집안은 므낫세(Manasseh) 지파 가운데 가장 약합니다. 저는 집안에서 가장 보잘것없는 사람이지요."

"내가 반드시 너와 함께하겠다. 너는 마치 한 사람을 물리치듯 미디안 사람들을 물리치리라."

여호와의 영이 기드온을 사로잡자 기드온은 전쟁 나팔을 불었고, 아비에셀 사람들이 기드온의 지휘 아래 몰려들었어요. 기드온이 온 므낫세 땅에 전령들을 보내 므낫세 사람들도 기드온을 따랐지요. 기드온은 아셀(Asher)과 스불론과 납달리 사람들에게도 전령을 보냈습니다. 그들도 기드온과 합세했어요. 여호와 하나님이 기드온에게 말

했습니다.

"너를 따르는 이스라엘 군대가 너무 많다. 내가 이대로 미디안을 이스라엘에 넘겨주면 이스라엘 사람들은 나를 제쳐 두고 '우리가 우리 자신을 구했다!'라고 과시할 것이다. 그러니 너는 이스라엘 사람들에게 '두려운 자는 누구든 집으로 돌아가거라.'라고 해라."

기드온이 이스라엘 사람들을 가려내자 2만 2,000명이 집으로 돌아가고 만 명이 남았어요. 하나님은 기드온에게 말했습니다.

"아직도 사람이 너무 많다. 사람들을 물가로 데리고 가거라. 내가 그곳에서 그들을 시험해 보리라. 내가 '이 사람은 너와 함께 갈 것이다.'라고 일러 주면 그 사람을 데려가거라. '이 사람은 너와 함께 가지 않을 것이다.'라고 일러 주면 그 사람은 데리고 가지 마라."

기드온은 사람들을 데리고 물가로 갔어요. 여호와 하나님이 기드온에게 말했지요.

"개가 혀로 핥듯이 물을 핥아 마시는 자들과 무릎을 꿇고 물을 마시는 자들로 나누어라."

물을 손에 담아 입에 대고 혀로 핥아 먹는 사람이 300명이었습니다. 나머지는 무릎을 꿇고 물을 마셨어요. 여호와 하나님은 기드온에게 말했지요.

「기드온」
네덜란드 화가 마르텐 반 헤엠스케르크의 작품이다. '기드온'은 '베어 쓰러뜨리다'라는 뜻이다. 국제적인 성경 보급 기관인 '국제 기드온 협회'도 이 이름에서 비롯한다.

"물을 핥아 마신 사람 300명으로 너희를 미디안 사람들 손에서 구원하겠다. 나머지 사람들은 집으로 돌려보내라."

기드온은 300명만 남겨 둔 채 나머지 사람들을 모두 집으로 돌려보냈어요. 남은 300명은 집으로 돌아간 사람들이 가지고 있던 음식과 나팔을 받았지요.

기드온은 요단 강에 이르러 강을 건넜습니다. 기드온을 따르던 군사 300명은 많이 지쳐 있었지만 계속 나아갔지요. 기드온은 지친 군사들을 보고 숙곳 사람들에게 요청했어요.

"나를 따르는 군사들이 매우 지쳐 있으니 그들에게 빵 몇 덩이 좀 나누어 주시오. 나는 미디안 왕인 세바(Zebah)와 살문나(Zalmunna)를 뒤쫓고 있소."

숙곳의 지도자는 거절했습니다.

"당신 군대에게 빵을 주라고요? 세바와 살문나가 지금 당신들 손아귀에 있기라도 합니까?"

"여호와 하나님께서 이미 세바와 살문나를 내 손에 넘겨주셨다. 그런데도 이런 모욕을 당했으니 광야의 가시와 찔레로 너희의 발가벗은

「300명의 군인을 선택하는 기드온」
전쟁에서 무릎을 꿇고 마시는 사람이 불리한 이유는 다음과 같다. 고개를 들지 않기 때문에 적을 쉽이 살피지 못한다. 그렇기 때문에 쉽게 적의 표적이 된다.

살을 찢어 놓고 말 것이다."

기드온은 숙곳을 떠나 브누엘(Peniel)로 가서 브누엘 사람들에게도 빵을 달라고 요청했어요. 브누엘 사람들도 숙곳 사람들과 같은 답을 했지요. 기드온은 브누엘 사람들에게 말했습니다.

"내가 승리를 거두고 돌아오면 저 탑을 반드시 무너뜨리고 말겠다."

갈골(Karkor)에 주둔한 세바와 살문나는 군사를 약 1만 5,000명 거느리고 있었어요. 공격은 전혀 예상하지 못하고 진을 치고 있었지요. 기드온은 여행자들이 다니는 길을 따라 올라가 적군을 기습 공격했습니다. 기드온은 군사 300명을 세 무리로 나누고, 군사들 손에는 나팔과 빈 **항아리**를 들게 했어요. 모든 항아리 안에는 횃불이 들어 있었지요. 기드온은 300명의 군사에게 말했습니다.

"나를 잘 보고 내가 하는 대로 따라 해라. 내가 적진의 가장자리에 이르면 내 곁에 있는 군사가 나팔을 불 것이다. 나팔 소리를 들으면 너희도 적진의 사방에서 나팔을 불면서 '여호와 하나님을 위해, 기드온

나팔과 항아리를 든 군사들
보통 신호를 담당하는 군사는 나팔을 들었고 야간에 전투지를 밝히는 군사는 횃불을 들었다. 이들은 일반적으로 소수였기 때문에 기드온의 적들은 들리는 나팔 소리나 보이는 횃불보다 훨씬 많은 군사가 있다고 착각했을 것이다.

을 위해!'라고 외쳐라.”

기드온과 기드온을 따르는 군사 100명이 한밤중에 적진 가장자리에 도착했어요. 때마침 적군의 보초병들이 근무 교대를 막 마친 후였지요. 기드온과 군사들은 나팔을 불고 손에 들고 있던 항아리를 깨뜨렸습니다. 다른 두 무리의 군사들도 깨뜨린 항아리에서 나온 횃불을 왼손에 들고 오른손에는 칼을 들었어요. 그러고서 군사들은 “여호와 하나님과 기드온을 위한 칼이여!”라고 외쳤지요.

기드온의 군사들이 적진을 포위하니 잠에서 깬 적군이 놀라 모두 도망갔습니다. 세바와 살문나도 달아났지만 기드온이 쫓아가 사로잡았지요. 적진은 큰 혼란에 휩싸였습니다.

기드온은 싸움터에서 돌아와 숙곳에 사는 한 젊은이를 포로로 붙잡았어요. 기드온이 캐묻자 젊은이는 숙곳의 지도자들과 장로들의 이름을 적어 주었지요. 모두 77명이었습니다. 기드온이 숙곳에 도착해 말했어요.

"보아라. 여기 세바와 살문나가 있다. 너희는 '우리가 왜 당신의 지친 군사들에게 빵을 주어야 합니까? 세바와 살문나가 당신 손에 넘어가기라도 했단 말이오?'라며 나를 조롱했다."

「숙곳 사람들에게 빵을 부탁하는 기드온」
프랑스 화가 제임스 티소의 작품이다. 기드온이 무너뜨린 탑은 적을 살피기 위한 망대. 당시 망대는 성문 구조물이거나 성내 신전 지역 안쪽 요새의 일부였다.

기드온은 말을 마치고 광야의 가시와 찔레로 숙곳의 장로들을 벌했습니다. 브누엘에서도 맹세한 대로 탑을 무너뜨리고 탑에서 살던 사람들을 죽였어요.

기드온이 이번에는 세바와 살문나에게 물었습니다.

"너희가 다볼에서 죽인 자들은 어떤 사람들인가?"

"당신처럼 생긴 사람들이오. 모두 왕의 모습이었소."

기드온이 말했어요.

"너희가 죽인 사람들은 내 형제다. 내 어머니의 아들들이다. 살아 계신 여호와 하나님을 두고 맹세하건대 너희가 내 형제를 살려 두었더라면 나도 너희를 죽이지 않았으리라."

기드온은 자기 맏아들인 여델(Jether)에게 "이들을 어서 죽여라."라고 명령을 내렸습니다. 아직 어렸던 여델은 두려워서 칼을 빼지 못했어요. 세바와 살문나는 이 모습을 보고 말했지요.

"사내대장부답게 당신이 직접 우리를 죽이시오!"

기드온이 일어나 세바와 살문나를 죽였습니다. 세바와 살문나가 타던 낙타 목에는 초승달 모양 장식이 걸려 있었어요. 기드온은 이 장식도 떼어 가졌답니다.

이스라엘 사람들이 기드온에게 부탁했어요.

"당신이 우리를 미디안의 손에서 구했습니다. 우리를 다스려 주십시오. 당신에 이어 당신의 자손들이 우리를 다스리게 하십시오."

기드온이 대답했습니다.

"나는 여러분을 다스리지 않을 것이오. 내 자손들도 마찬가지요. 여러분을 다스릴 분은 여호와 하나님입니다. 다만 한 가지만 부탁하겠습니다. 여러분 모두 전리품으로 얻은 금귀고리 하나씩을 내게 주십시오."

이스라엘 사람들처럼 광야에 사는 사람들은 금귀고리를 달고 다녔어요. 사람들은 기드온의 부탁을 받아들였습니다.

"물론이지요. 다 드리겠습니다."

사람들은 겉옷을 땅바닥 위에 펼쳐 놓고 그곳에 전리품으로 얻은 금귀고리를 모두 던져 놓았어요. 모인 금귀고리의 무게는 거의 32kg이었습니다. 기드온은 이 금으로 에봇을 하나 만들어 자기 고향인 오브라에 두었어요.

기드온은 천수를 누리다 죽었습니다. 기드온은 아비에셀 사람들의 땅 오브라에 있는 아버지 요아스의 무덤에 묻혔답니다.

에봇을 입은 아론
에봇은 하나님에게 예배를 드릴 때 입는 성직자의 의복이다. 「출애굽기」 28장은 에봇을 비롯한 성직자의 의상에 대해 자세히 설명하고 있다.

어리석은 맹세로 딸을 잃다

길르앗 사람인 입다(Jephthah)는 훌륭한 용사였습니다. 하지만 창녀의 아들이었기 때문에 친척들에 의해 쫓겨나 돕(Tob)이라는 곳에서 살았지요. 부랑자들은 입다에게 모여들었고 입다와 함께 돌아다녔습니다.

얼마 후 암몬(Ammon) 사람들이 이스라엘에 쳐들어왔어요. 길르앗 장로들은 입다를 데려오기 위해 급히 돕으로 갔습니다.

"와서 우리의 지휘관이 되어 주시오. 우리가 암몬 사람들과 싸울 수 있게 힘을 주시오."

"당신들은 내가 싫어 아버지 집에서 나를 쫓아냈는데도, 어려움에 처하니 이제 와서 나를 찾는군요."

장로들은 거듭 청했어요.

"부탁이니 들어 보시오. 당신이 우리와 함께 가서 암몬 사람들을 물리쳐 주면 당신은 모든 길르앗 사람들의 통치자가 됩니다."

승리한 군사를 맞이하는 의식
플랑드르 화가 피터르 반 린트의 「입다의 딸」이다. 구약 성경 곳곳에서 처녀들이 승리한 군사들을 맞이하는 모습이 보인다. 애굽을 빠져나온 후 미리암이 부른 노래를 기억하라. 「사무엘 상」에서도 승리한 사울과 다윗을 위해 처녀들이 춤추고 노래한다.
에르미타슈 미술관 소장

입다가 장로들에게 말했지요.

"당신들이 나를 데려가 내가 암몬 사람들과 겨루고, 여호와 하나님께서 내게 승리를 내리신 다면 나는 당신들의 통치자가 될 것입니다."

"여호와 하나님께서 증인이십니다. 당신이 말 한 대로 할 것을 우리가 맹세하오."

입다는 길르앗 장로들과 함께 갔습니다. 길르앗 사람들은 입다를 자신들의 통치자이자 지휘관으로 삼았어요. 입다는 여호와 하나님에게 맹세했지요.

"하나님, 당신께서 암몬 사람들을 제게 넘겨주신다면, 제가 싸움에서 이기고 돌아왔을 때

제집 문으로 나와 저를 맞는 사람은 하나님의 사람이 될 것입니다. 제가 그 사람을 불로 태워 당신께 제물로 바치겠습니다."

입다는 맹세를 마치고 암몬 사람들과 싸우러 나갔습니다. 여호와 하나님은 입다를 도와 암몬 사람들을 입다의 손에 넘겨주었어요. 입다는 미스바(Mizpah)에 있는 집으로 돌아왔습니다. **입다의 딸**은 아버지를 맞으러 소고를 치고 춤추면서 집 밖으로 나왔지요. 그녀는 외동딸이어서 입다에게 다른 아이는 없었습니다. 입다는 슬픔을 못 이겨 옷을 찢었어요.

"아아, 내 딸아. 네가 나를 비참하게 하는구나! 왜 하필 너냐. 왜 네가 나를 이리도 괴롭게 하느냐! 여호와 하나님과 한 맹세는 깰 수 없다!"

딸이 입다에게 말했습니다.

「입다의 딸」
프랑스 화가 카바넬의 작품이다. 하나밖에 없는 자식의 죽음은 혈통의 단절을 의미한다. 이는 이스라엘 사람에게는 특히 커다란 비극이다. 하나님과의 언약으로 받은 자기 몫의 땅이 영영 사라지는 사건이기 때문이다.

산속에서 슬퍼하는 입다의 딸과 들러리들

프랑스 화가 에두아르 드바 퐁상의 「입다의 딸」이다. 생식 능력을 잃고 산을 돌아다니는 모티브는 우가리트의 가나안 신화에서도 발견된다. 처녀 신 아낫은 배우자인 바알을 잃고 산속을 헤맨다.

"아버지, 아버지께서 여호와 하나님과 약속하셨으니 약속하신 대로 하십시오. 여호와께서 이미 아버지의 적인 암몬 사람들을 무찔러 주셨습니다. 다만 한 가지 청이 있어요. 제게 두 달 정도 시간을 주십시오. 그동안 제 결혼식 때 들러리가 되어 주겠다고 했던 친구들과 산에 가서 실컷 울겠습니다. 저는 이제 아내도 어머니도 될 수 없는 몸입니다."

입다는 가슴이 찢어졌지만 허락할 수밖에 없었어요. 입다의 딸은 산에 머무르면서 아내와 어머니가 될 수 없다는 사실에 슬피 울었습니다. 두 달이 지나자 딸은 아버지에게 돌아왔고, 아버지는 하나님에게 약속한 대로 했어요. 매년 이스라엘 여자들은 길르앗 사람 입다의 딸의 죽음을 애도했습니다. 입다의 딸이 결혼하지 못하고 죽은 후로 이스라엘에 생긴 관습이지요.

장발의 투사, 삼손이 태어나다

소라(Zorah) 땅에 사는 단(Dan) 지파 사람들 가운데 **마노아**(Manoah)라는 사람이 있었습니다. 마노아와 마노아의 아내는 아이를 갖지 못했어요. 어느 날, 여호와 하나님의 천사가 아내에게 나타나 말했지요.

"보아라. 네게 아이가 없구나. 이제부터 포도주나 독한 술을 마시지 마라. 깨끗하지 않은 음식도 먹지 마라. 그러면 너는 곧 아이를 갖게 되리라. 아들이 태어나면 아이의 머리를 깎지 마라. 그 아이는 태어날 때부터 하나님께 속한 사람이다."

여인은 아들을 낳고 삼손(Samson)이라고 이름을 지었습니다.

어느 날, 삼손이 딤나(Timnah)로 내려갔다가 어느 블레셋(Philistia) 처녀를 보았어요. 삼손은 돌아와 아버지와 어머니에게 말했지요.

「**마노아의 서원**」
고대 사람들은 머리카락과 피를 인간 생명의 정수라고 생각했다. 그래서 최면술을 걸 때 머리카락을 사용하기도 했다.
드레스덴 국립 미술관 소장

"제가 딤나에서 어느 블레셋 처녀를 보았습니다. 그 처녀를 제 아내로 맞고 싶습니다."

아버지와 어머니는 말했어요.

"네 지파와 우리 이스라엘 민족 가운데는 여자가 없느냐? 왜 이방인인 블레셋 사람과 결혼하려고 하느냐?"

"그 처녀를 데려와 주십시오. 제게 꼭 맞는 사람입니다."

삼손은 부모와 함께 딤나로 갔습니다. 딤나에 있는 포도밭에 도착했을 때 다 자란 사자 한 마리가 으르렁거리며 다가왔지요. 여호와 하나님의 영이 삼손에게 들어가자 삼손은 맨손으로 사자를 새끼 염소 다루듯 찢어 죽였어요. 삼손은 이 일을 아버지와 어머니에게 말하지 않았습니다.

삼손은 사자를 죽인 곳에서 더 내려갔어요. 드디어 블레셋 처녀와 만나 이야기를 나누었지요. 삼손과 처녀는 잘 어울리는 한 쌍이었습니다. 며칠 후 삼손은 그녀와 결혼하기 위해 딤나로 향했습니다. 삼손은 도중에 자기가 죽인 사자를 보았어요. 사자 사체 안에 벌 떼와 꿀이 있었지요. 삼손은 사체 안에 손을 넣어 꿀을 긁어내 걸어가면서 먹었어요. 삼손의 아버지와 어머니도 삼손이 건넨 꿀을 먹었지요. 삼손은 꿀이 사자 사체에서 나왔다는 사실을 부모에게 알리지 않았어요.

삼손은 블레셋 처녀의 집으로 가서 잔치를 베풀었습니다. 신랑이 신부의 동네에서 잔치를 여는 것이 관습이었지요. 삼손을 본 블레셋 사람들은 젊은 친구들 30명을 보내 잔치를 즐기게 했어요. 삼손이 젊은이들을 모아 놓고 말했습니다.

"내가 수수께끼 하나를 내겠소. 잔치는 7일간 벌어집니다. 그동안

여러분이 답을 맞히면 내가 베옷 30벌과 겉옷 30벌을 여러분에게 주겠소. 하지만 답을 말하지 못하면 여러분이 내게 베옷 30벌과 겉옷 30벌을 주어야 하오."

젊은이들이 대답했어요.

"수수께끼를 한번 내 보시오. 듣기라도 합시다."

삼손이 수수께끼를 냈습니다.

먹는 자에게서 먹을 것이 나오고
강한 자에게서 단것이 나왔다.

6일이 지났지만 젊은이들은 아무도 삼손이 낸 수수께끼를 풀지 못했어요.

7일째 되던 날 젊은이들은 삼손의 아내를 찾아갔습니다. "당신 남편을 꾀어 수수께끼의 답을 말하게 해요. 그렇지 않으면 당신과 당신 아버지 집을 불태워 버리겠습니다. 설마 우리가 가진 것을 빼앗으려고 우릴 초대한 것은 아니겠죠?"

삼손의 아내는 울며 남편에게 하소연했어요.

"당신은 제가 미우시죠? 저를 전혀 사랑하지 않으시죠? 제 동네 사람들에게 수수께끼를 내고서는 답은 말해 주시지 않잖아요."

삼손이 아내를 타일렀습니다.

"나는 아버지나 어머니께도 답을 말하지 않았소. 그런

삼손의 분수
독일 튀링겐 주 게라의 마르크트 광장 중앙에 있는 분수다. 카스파르 융 한스가 1686년에 완성했다. 사자의 입에서 물이 뿜어져 나온다.

데 어찌 당신에게 알려 주겠습니까?"

아내는 잔치가 이어지는 내내 남편 앞에서 울며 답을 물어봤어요. 결국 7일째 되던 날 삼손은 아내에게 답을 알려 주었습니다. 아내는 자기 동네 사람들에게 답을 가르쳐 주었지요.

7일째 되는 날 마을 사람들은 해가 지기 전에 삼손에게 수수께끼에 대한 답을 했습니다. "무엇이 꿀보다 달고, 무엇이 사자보다 강하겠소?" 그러자 삼손이 말했지요.

만약 내 암송아지로 밭을 갈지 않았더라면

너희는 지금 수수께끼를 풀지 못했을 것이다.

「삼손의 결혼식」
네덜란드 화가 렘브란트의 작품이다. 결혼 잔치에 찾아온 30명은 남편이 아내를 버릴 경우 여자를 부양해야 할 책임을 졌을 것이다.
드레스덴 국립 미술관 소장

「장인에게 따지는 삼손」

네덜란드 화가 렘브란트의 작품이다. 신부는 종종 7일간의 결혼 잔치가 끝나고 나서도 신랑을 따라나서지 않았다. 신랑은 신부가 떠날 채비를 마칠 때까

그때 갑자기 삼손에게 신성한 힘이 내렸습니다. 삼손은 블레셋 도시 가운데 하나인 아스글론(Ashkelon)으로 내려가 블레셋 젊은이 30명을 죽였어요. 그러고서 죽은 이들의 옷을 빼앗아 수수께끼를 푼 사람들에게 나누어 주었지요. 삼손은 그래도 화가 풀리지 않아 아버지의 집으로 돌아

갔습니다. 삼손의 아내는 삼손과 가장 친했던 친구에게 보내졌어요.

얼마 후 밀을 거두는 시기가 되자, 삼손은 선물로 새끼 염소를 챙겨 아내에게 찾아갔습니다. 삼손이 "아내 방에 들어가겠습니다."라고 했어요. 하지만 삼손의 장인은 삼손을 막아섰지요.

"내 딸을 미워한 게 아니었나? 나는 그런 줄만 알고 딸을 자네의 가장 친한 친구에게 주었네. 그 아이의 동생이 더 예쁘다네. 그 아이를 대신 데려가게."

삼손은 불같이 화를 냈습니다.

"이번에는 내가 블레셋 사람을 해쳐도 누구도 나를 탓하지 못하리라."

삼손은 여우를 300마리 잡고, 두 마리씩 짝지어 꼬리와 꼬리를 묶었어요. 꼬리 사이에는 홰(어둠을 밝히기 위해 싸리나 갈대 등을 묶어 불을 붙인 것)를 하나씩 달았지요. 삼손은 홰에 불을 붙이고 여우들을 블레셋 밭에 풀어 놓았습니다. 베어 놓은 곡식 단과 베지 않은 곡식 단이 모두 불탔어요. 올리브 과수원도 불탔지요.

블레셋 사람들이 "누가 이런 짓을 했느냐?"라고 서로에게 물었습니다. 무리 가운데서 누군가가 말했어요.

"딤나 사람의 사위인 삼손이 이런 짓을 저질렀소. 딤나 사람이 삼손의 아내를 삼손의 가장 친한 친구에게 주었기 때문이오."

블레셋 사람들은 삼손의 아내와 그녀의 아버지를 불에 태워 죽였습니다. 삼손은 이 사실을 알고 피가 거꾸로 솟았어요.

"감히 이런 짓을 저지르다니! 너희를 가만두지 않으리라!"

삼손은 맹렬히 공격해 많은 블레셋 사람을 죽였습니다. 그런 후에 에담에 있는 바위 동굴에 머물렀지요.

블레셋 사람들은 유다에 진을 치고 레히(Lehi) 사람들을 습격했습니다. 당황한 유다 사람들이 블레셋 사람들에게 따졌어요.

"왜 우리와 싸우려 드는 것이오?"

"우리는 삼손을 붙잡으러 왔다. 삼손이 우리에게 했던 대로 고스란히 갚아 주겠다."

유다 사람 3,000명이 에담에 있는 절벽 동굴로 내려가서 삼손에게 말했습니다.

여우 꼬리를 묶는 삼손
여우가 아니라 자칼이라는 해석도 있다. 여우와는 달리 자칼은 무리 지어 사냥하는 습성이 있기 때문이다. 여우와 자칼 모두 팔레스타인의 토착 짐승이었다.

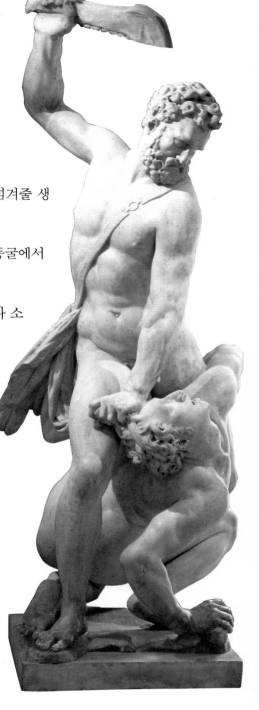

"블레셋 사람들이 우리를 통치한다는 사실을 몰랐단 말이오? 도대체 무슨 짓을 했소?"

"그들이 내게 했던 대로 되갚아 준 것뿐입니다."

"우리는 당신을 묶어 블레셋 사람들에게 넘겨주려고 왔소."

"나를 해치지 않겠다고 맹세하십시오."

"맹세합니다. 우리는 단지 당신을 묶어서 안전히 넘겨줄 생각이오. 당신을 죽이는 일은 없을 것이오."

유다 사람들은 새 밧줄 두 개로 삼손을 묶어 바위 동굴에서 데리고 나왔어요.

삼손이 레히에 도착하자 **블레셋 사람**들은 마주 나와 소리를 질렀습니다. 그때 갑자기 삼손에게 신성한 힘이 내렸어요. 팔을 묶고 있던 밧줄이 실처럼 불에 타더니 팔에서 스르르 풀렸지요. 삼손은 죽은 지 얼마 되지 않은 나귀의 턱뼈를 발견하고는 그것을 집어 들어 블레셋 사람 1,000명을 죽였습니다. 삼손은 외쳤어요.

나귀 **턱뼈** 하나로 무더기 위에 무더기를 쌓았다.
용사 1,000명을 나귀 턱뼈 하나로 죽였다.

나귀 턱뼈로 블레셋 사람을 내려치는 삼손
이탈리아 조각가 잠볼로냐의 작품이다. 나귀 턱뼈는 살짝 휘어진데다 이빨이 많이 달려 있어 위협적인 무기였다.
빅토리아 앨버트 미술관 소장

무정한 연인, 들릴라

삼손은 소렉(Sorek) 골짜기에 사는 들릴라(Delilah)라는 여자를 사랑했습니다. 블레셋의 통치자들은 들릴라를 찾아갔어요.

"삼손을 꾀어 어떻게 그리 힘이 센지, 어떻게 우리가 삼손을 묶어 고문할 수 있을지 알아내라. 성공하면 여기 있는 사람들이 각각 은 1,100개씩 줄 것이다."

들릴라는 블레셋 통치자들이 시킨 대로 삼손에게 물었습니다.

"당신은 어떻게 힘이 그리 세졌나요? 당신을 묶어 고문할 방법이 있긴 해요?"

삼손이 대답했어요.

"아직 마르지 않은 푸른 풀줄 일곱 개로 묶으면 나는 보통 사람들처럼 약해지고 맙니다."

블레셋의 통치자들은 들릴라에게 마르지 않은 푸른 풀줄 일곱 개를 가져다주었고, 들릴라는 풀줄로 삼손을 묶었습니다. 안쪽 방에는 사람들을 숨겨 놓았지요. 들릴라는 삼손의 말이 사실인지 시험하기 위해 삼손에게 "삼손, 블레셋 사람들이 당신을 덮쳐요!"라고 말했어요. 삼손은 풀줄을 불에 탄 실 조각 끊듯 잡아 끊었습니다. 블레셋 사람들은 여전히 삼손의 힘이 어디에서 나오는지 몰랐어요.

들릴라는 삼손에게 말했습니다.

"당신은 나를 속이고 거짓말을 했어요. 이제 진실을 말해 주세요. 무엇으로 당신을 단단히 묶을 수 있나요?"

삼손이 말했습니다.

"한 번도 쓰지 않은 새 밧줄로 나를 단단히 묶으면 나는 보통 사람들

「삼손과 들릴라」
프랑스 화가 카바넬의 작품이다. 삼손은 자신의 머리카락을 '일곱 가닥'이라고 한다. 아마 한 가닥은 뒤로 나머지는 세 가닥씩 나누어 옆으로 냈을 것이다. 당시 남자들은 머리카락을 여러 가닥으로 나누거나 곱슬거리게 하곤 했다.

처럼 힘이 약해집니다."

들릴라는 새 밧줄을 가져와 삼손을 묶었습니다. 그러고서 삼손에게 "삼손, 블레셋 사람들이 당신을 덮쳐요!"라고 말했어요. 이번에도 사람들이 안쪽 방에 숨어 있었지만 삼손은 밧줄을 가는 실 풀듯 풀어 버렸지요.

다시 들릴라가 삼손에게 말했습니다.

"또 나를 속이고 거짓말을 했군요. 지금이야말로 당신을 단단히 묶을 수 있는 것이 무엇인지 알려 주세요."

삼손이 말했어요.

"내 머리털 일곱 가닥을 베틀 날실(세로 방향으로 놓인 실)에 섞어 짜시오. 머리털로 만들어진 천을 베틀 말뚝에 꽉 잡아매면 나는 보통 사람들처럼 힘이 약해집니다."

삼손이 잠들었을 때 들릴라는 삼손의 머리털 일곱 가닥을 뽑아 베틀 날실에 섞어 짜고 그렇게 만들어진 천을 베틀 말뚝에 꽉 잡아맸습니다. 그러고는 삼손에게 말했지요. "삼손, 블레셋 사람들이 당신을 덮쳐요!" 삼손은 잠에서 깨어나 머리털이 섞인 천과 베틀을 함께 낚아챘어요.

들릴라가 삼손에게 말했습니다.

"나를 믿지도 않으면서 어떻게 내게 사랑한다고 말할 수 있어요? 당

소렉 골짜기
삼손이 주로 활동한 지역이다. 주요 골짜기는 예루살렘에서 서쪽으로 20km 떨어진 곳에 있었다. 해안 평야와 예루살렘 부근 유다 산지를 잇는 주요 통행로였다.

신은 벌써 세 번이나 나를 속였어요. 당신에게서 나오는 그 위대한 힘의 비밀도 알려 주지 않았잖아요?"

들릴라가 매일 비밀을 가르쳐 달라고 졸라서 삼손은 귀찮아 죽을 지경이었어요. 결국 삼손은 알고 있는 것을 모두 말해 주고 말았지요.

"나는 한 번도 내 머리카락을 잘라 본 적이 없습니다. 나는 태어날 때부터 하나님께 속한 자이기 때문이오. 내 머리카락을 자르면 내 힘은 사라집니다. 나는 다른 사람들처럼 약해질 것입니다."

들릴라는 삼손이 모두 이야기했다는 것을 깨달았습니다. 들릴라는 사람을 보내 블레셋의 통치자들에게 알렸어요.

"한 번만 더 오십시오. 삼손이 알고 있는 것을 다 이야기했습니다."

블레셋의 통치자들은 들릴라에게 약속한 은을 가지고 갔습니다. 들릴라는 자기 무릎에 삼손을 재우고 사람을 시켜 삼손의 머리카락을 자르게 했어요. 들릴라는 머리카락을 자르고 삼손을 툭 쳐 봤습니다. 삼손의 힘은 이미 다 빠져나간 상태였지요. 들릴라가 삼손을 깨웠어요.

"삼손, 블레셋 사람들이 당신을 덮쳐요!"

삼손은 잠에서 깨어나면서 '이번에도 힘을 써서 뿌리쳐야겠다.'라고 생각했습니다. 삼손은 아직 여호와 하나님이 자신을 떠났다는 사실을

알지 못했던 거예요. 블레셋 사람들은 얼른 삼손을 사로잡아 두 눈을 뽑았습니다. 그러고서 삼손을 가사(Gaza, 가자)로 데려가 놋 사슬로 묶고 감옥에서 연자 맷돌을 돌리게 했어요. 하지만 삼손의 머리카락은 깎자마자 다시 자라나기 시작했답니다.

블레셋의 통치자들이 자기 신인 다곤(Dagon)에게 제사를 드리려고 모였습니다. 이들은 즐거워하며 "신께서 삼손을 우리 손에 넘겨주셨다."라고 말했지요. 삼손을 본 블레셋 사람들도 자기 신을 찬양했어요.

신이 우리의 적을 쓰러뜨렸네.
땅을 망쳐 놓은 적을
수많은 백성을 죽인 원수를.

블레셋 사람들은 기분이 좋아져서 말했습니다. "삼손을 끌어내 재주를 부리게 하자." 블레셋 사람들은 삼손을 감옥에서 끌어내 신전 기둥 사이에 세워 놓고 놀렸어요.

삼손은 자기 손을 붙잡고 있던 젊은이에게 부탁했습니다.

"신전을 받치고 있는 저 기둥을 만지게 해 주시오. 기둥에 좀 기대고 싶소."

신전에는 사람들이 가득했어요. 블레셋 통치자들도 모두 있었지요. 지붕 위에서도 3,000명 정도의 사람들이 삼손이 놀림당하는 것을 구경하고 있었어요. 삼손은 여호와 하나님을 불렀습니다.

"여호와 하나님이시여, 나를 기억하소서. 제발 이번 한 번만 힘을 주소서. 내 두 눈을 앗아 간 블레셋 놈들에게 단번에 복수하겠습니다."

삼손은 신전을 받치고 있던 두 중앙 기둥을 붙잡았어요. 한쪽은 오른손으로, 다른 쪽은 왼손으로 잡아 버티고 섰지요.

"블레셋 놈들과 함께 죽겠다!"

삼손은 그렇게 외치고 몸을 굽혀 온 힘을 다해 기둥을 밀어냈습니다. 블레셋의 통치자들과 블레셋 사람들 머리 위로 신전이 우르르 무너져 내렸어요. 삼손은 살아 있을 때보다 죽는 순간에 더 많은 사람을 죽였습니다.

삼손의 형제들과 가족이 모두 내려와서 삼손의 시신을 거두어 소라와 에스다올(Eshtaol) 사이에 있는 아버지 마노아의 무덤에 묻어 주었어요.

룻의 고귀한 헌신

사사들이 이스라엘을 다스리던 시대에 한번은 이스라엘 땅에 기근이 들었습니다. 한 남자가 아내와 두 아들을 데리고 유다 땅 베들레헴(Bethlehem)을 떠나 모압으로 갔어요. 남자의 이름은 엘리멜렉(Elimelech)이었고 아내의 이름은 나오미(Naomi)였습니다. 두 아들의 이름은 각각 말론(Mahlon)과 기룐(Kilion)이었지요. 엘리멜렉의 가족은 모압에서 얼마간 살았어요. 엘리멜렉이 죽자 나오미와 두 아들만 남게 되었습니다. 두 아들은 모압 여자인 오르바(Orpah)와 룻(Ruth)을 각각 아내로 맞았어요. 약 10년 후에 말론과 기룐마저 죽어서 나오미는 남편과 자식을 모두 잃게 되었습니다.

나오미는 두 며느리와 함께 모압 땅을 떠나 고향으로 돌아갈 준비를 했어요. 여호와 하나님이 자기 백성을 돌보아 고향 땅에 풍년이 들게 했다는 소식을 들었기 때문이지요. 유다로 돌아가려고 길을 나설 때 나오미가 두 며느리에게 말했어요.

"둘 다 친정어머니 집으로 돌아가거라. 너희가 죽은 내 아들과 나를 사랑해 주었듯이 여호와 하나님께서도 너희에게 사랑을 베풀어 주시길 바란다. 하나님께서 너희가 새 남편을 만나 새 가정에서 평안과 행복을 누리게 해 주실 것이다."

나오미는 말을 마치고 두 며느리에게 입을 맞추었습니다. 며느리들은 울기 시작하더니 나오미에게 매달렸어요.

"아니에요. 저희는 어머니와 함께 어머니 고향으로 가겠어요."

「모압 왕 에글론을 무찌르는 사사 에훗」
영국 화가 포드 브라운의 작품이다. 모압족은 염해 동부 요르단 지역에 살던 셈족이다. 구약 성경 시기에 등장해 이스라엘을 오랫동안 괴롭혔다.

나오미는 며느리들을 타일렀습니다.

"딸들아, 돌아가거라. 왜 나와 함께 가려 하느냐? 내가 아들을 더 낳아 너희가 남편으로 삼겠느냐? 그러니 딸들아, 돌아가거라. 너희 갈 길을 가거라. 나는 이제 너무 늙어 남편을 맞아들일 수도 없다. 내게 희망이 있어 오늘 밤 남편을 맞아들여 아들을 낳는다 하더라도 그 아이들이 다 자랄 때까지 너희가 기다릴 수 있겠느냐? 아이들이 자랄 동안 너희가 홀로 지낼 수 있겠느냐? 딸들아, 아니다! 여호와 하나님께서 내게 내린 고난을 너희가 받다니 정말 미안하구나."

며느리들은 다시 한 번 크게 울었습니다. 오르바는 시어머니에게 입을 맞춰 작별 인사를 했어요. 하지만 룻은 **나오미** 곁에 머물렀답니다.

나오미가 말했습니다.

"얘야, 네 동서는 자기 백성과 자기 신에게 돌아갔다. 너도 그녀를 따라가거라!"

룻이 대답했어요.

베들레헴
요르단 서부에 위치한다. 예루살렘으로 가는 길에 있다. 도시 안에 샘이 없어 저수지에서 물을 얻어야 했다. 예수 탄생지로 유명하다.

「룻과 나오미」
영국 화가 필립 칼데론의 작품이
다. 고대 근동에서 과부가 된 여자
는 사회적 지위를 모조리 잃었다.
경제적인 면에서 사회에 전적으로
의존해야 했다.
워커 미술관 소장

"어머니, 저를 떠나거나 돌아가라고 설득하지 마세요. 어머니께서
가는 곳이 어디든 저는 따라갈 것입니다. 어머니께서 살 곳이 어디든
저도 그곳에서 같이 살 거예요. 어머니의 백성이 제 백성이고 어머니
의 하나님이 제 하나님입니다. 저는 어머니께서 돌아가시는 곳에서
죽을 것이고 그곳에 묻힐 거예요. 죽음이 우릴 떼어 놓기 전에 제가 어
머니를 떠나면 여호와 하나님께서 제게 벌을 내리실 것입니다."

나오미는 룻이 자기와 함께하기로 마음을 굳혔다는 것을 알고 돌아
가라고 설득하지 않았습니다.

베들레헴의 들판
프랑스 화가 푸생의 「룻과 보아스」
다. 베들레헴의 주산물을 밀과 보
리, 올리브와 포도다.
루브르 박물관 소장

나오미와 룻은 길을 떠나 베들레헴으로 갔어요. 두 여자가 베들레헴
에 도착하자 온 마을이 떠들썩해졌습니다. 마을 여자들은 앞다퉈 "이
게 정말 나오미냐?"라고 물었지요. 나오미는 여자들에게 말했어요.

"저를 기쁨을 뜻하는 나오미라고 부르지 마세요. 고통을 뜻하는 '마
라(Mara)'라고 부르십시오. 전능하신 하나님께서 저를 불행하게 하셨
습니다. 고향을 떠날 때는 부유했지만 돌아올 때는 빈털터리가 되었
습니다. 하나님께서 그렇게 하셨습니다. 여호와 하나님께서 이토록
저를 불행하게 하셨는데, 어찌 제가 나오미라 불릴 수 있겠습니까?"

나오미와 룻이 베들레헴에 돌아왔을 때는 마침 보리 수확이 시작될

무렵이었어요.

보아스(Boaz)라는 사람이 있었습니다. 나오미의 죽은 남편의 친척이었지요. 보아스는 엘리멜렉 가문이었고 큰 부자였습니다. 어느 날, 룻이 나오미에게 말했어요.

"밭에 나가 보겠습니다. 제게 친절을 베푸는 사람을 따라다니며 떨어진 이삭을 주울까 합니다."

"그래 딸아, 가 보거라."

룻은 밭으로 나가 수확하는 일꾼들을 따라다니며 이삭을 주웠습니다. 운 좋게도 룻이 이삭을 주웠던 밭은 엘리멜렉 가문의 보아스가 소유한 땅이었어요. 룻이 밭에 있을 때 보아스가 베들레헴에서 돌아와 일꾼들에게 인사했습니다. "여호와 하나님께서 자네들과 함께하시네." 일꾼들도 "여호와 하나님께서 주인님을 축복하십니다."라고 답했지요. 보아스는 룻을 보고 일꾼을 감독하는 종에게 물었어요.

"저 여자는 어느 집 사람인가?"

"모압에서 나오미와 함께 온 모압 여자입니다. 저 여자가 일꾼들을 따라다니게 해 달라고 부탁했어요. 떨어진 이삭을 줍고 곡식 단을 모으겠다고 했지요. 저 모압 여자는 잠시도 쉬지 않고 일만 합니다."

보아스는 룻에게 말을 건넸습니다.

"여인이여, 잘 들으시오. 이삭을 주우러 다른 밭에 가지 마시오. 이곳을 떠나지 말고 내 일꾼들과 함께 일하시오. 내가 일꾼들에게 그대를 건드리지 말라고

이삭줍는 룻
가난한 사람이 수확하는 사람의 뒤를 따르며 남은 곡식을 줍도록 하는 법이 이스라엘 율법에 있다. 「레위기」 9장 9~10절과 「신명기」 24절 19~22절을 참고하라. 메트로폴리탄 미술관 소장

말해 두었습니다. 일하다 목이 마르면 물 항아리가 있는 곳으로 가서 일꾼들이 길어 온 물을 드시오."

롯은 엎드려 절하며 보아스에게 물었어요.

"어찌해 이방인인 제게 친절을 베푸시고 저를 돌보십니까?"

"나는 그대가 남편과 사별한 후에 시어머니에게 어떻게 했는지 들었소. 아버지와 어머니와 고향을 떠나 전혀 아는 사람이 없는 이 나라로 온 것을 알고 있소. 여호와 하나님께서 그대가 한 일을 갚아 주실 것이오. 그대는 하나님의 날개 아래로 찾아왔습니다. 이스라엘의 하나님께서 충분히 갚아 주실 것이오."

"제가 주인님을 기쁘게 해 드리길 바랍니다. 저는 주인님의 종들 축에도 들지 못합니다. 그런데도 주인님께서는 저를 위로하시고 제게 다정한 말씀을 해 주셨습니다."

오후가 되자 보아스가 롯에게 말했습니다.

"이리 와서 같이 음식을 먹읍시다. 빵 조각을 이 초에 찍어 드시오."

롯은 일꾼들과 함께 자리에 앉았어요. 보아스가 롯에게 볶은 곡식을 건네주었습니다. 볶은 곡식은 배불리 먹고도 남을 정도로 많았지요. 롯이 이삭을 모으려고 일어나자 보아스가 일꾼들에게 명령했어요.

"저 여인이 곡식 단 사이에서도 이삭을 줍게 하고 방해하지 마라. 또 곡식 단에서 이삭을 조금씩 뽑아 흘려서 저 여인이 줍도록 하고 꾸짖지 마라."

롯은 저녁이 될 때까지 이삭을 주웠습니다. 주운 이삭을 떨어 보니 보리가 1부셸 정도 나왔어요. 롯은 보리를 가지고 마을로 돌아가 시어머니에게 보여 주었습니다. 남은 음식도 가져와 시어머니에게 주었지

「롯과 보아스」
네덜란드 화가 바렌트 파브리티우스의 작품이다. 신의 날개 아래 보호받는다는 표현은 「시편」에 자주 나타난다.
에르미타슈 미술관 소장

초
발효된 포도주나 독주로 만든 액체 조미료다. 고대 애굽에서 노동자들이 초와 기름을 섞은 과자를 먹었다고 한다. 이와 같은 음식은 노동자의 피로를 쉽게 풀어 주고 힘을 북돋았다.

부셸
곡물이나 과일 등을 재는 무게 단위다. 1부셸은 미국에서 27.2kg이다.

B. Fabritius 1660

요. 시어머니는 룻에게 말했습니다.

"오늘 어디에서 이삭을 주웠느냐? 어디에서 일했느냐? 너를 이토록 돌보아 준 사람에게 복이 있을 것이다!"

룻은 시어머니에게 자기가 어디에서 일했는지 이야기해 주었어요.

"오늘 제가 같이 일했던 사람은 보아스예요."

"여호와 하나님께서 보아스에게 복을 내려 주시길! 보아스는 먼저 세상을 뜬 우리 가족을 보살펴 주었다. 이제 살아 있는 우리에게도 자비를 베푸는구나. 보아스는 우리와 가까운 친척이란다."

"보아스는 제게 수확이 끝날 때까지 자기 일꾼들과 함께 일하라고 했어요."

"딸아, 보아스의 여자 일꾼과 함께 일하는 것이 얼마나 행운이냐? 다른 밭에서 너를 찾지 않는 것이 가장 좋다."

룻은 보아스의 여자 일꾼들과 함께 보리와 밀 수확이 끝날 때까지 이삭 줍는 일을 계속했습니다. 룻은 일하면서 시어머니를 모셨지요.

어느 날, 나오미가 룻에게 말했습니다.

"딸아, 이제 네가 행복하게 살 만한 가정을 내가 찾아봐야겠다. 우리 친척 보아스 말이다. 네가 보아스의 밭에서 여자 일꾼들과 함께 일하고 있지 않으냐? 오늘 밤에 보아스가 타작마당에서 보리를 키질할 것이다. 너는 가서 목욕하고 향수를 발라라. 그런 후에 가장 좋은 옷

목자들의 들판 교회
목자가 들판에서 예수 탄생 소식을 들은 일을 기념하는 교회다. 베들레헴 동쪽으로 약 2km 떨어진 베이트 싸호르에 위치한다. 이곳은 「룻기」의 무대로 보아스의 밭이 있던 곳이기도 하다. 아래 사진은 로마 가톨릭 교회다. YMCA, 그리스 정교회 교회도 주변에 있다.

으로 갈아입고 타작마당으로 내려가거라. 하지만 보아스가 다 먹고 마실 때까지 눈에 띄면 안 된다. 보아스가 누우면 눕는 자리를 눈여겨보아라. 자리에 다가가서 보아스 발치에 있는 이불을 들고 누워라. 그러면 보아스가 네가 할 일을 알려 줄 것이다."

룻은 타작마당으로 내려가 시어머니가 일러 준 대로 했습니다. 보아스는 실컷 먹고 마시고는 기분이 좋아져 곡식 더미 곁에 드러누웠어요. 룻은 살며시 다가가 보아스 발치의 이불을 들쳐 누웠지요. 자정이 되었을 때 보아스는 돌아눕다가 웬 여자가 자기 발치에 누워 있는 것을 보았어요. 보아스가 깜짝 놀라 누구냐고 묻자 룻이 대답했습니다.

"저는 주인님의 종 룻입니다. 주인님의 이불로 종을 덮어 주십시오. 주인님은 저의 가까운 친척이십니다."

"여인이여, 여호와 하나님께서 그대를 축복할 것이오. 그대는 내게 처음보다 큰 호의를 지금 보여 주었소. 그대는 가난하든 부유하든 젊

「롯과 보아스」
프랑스 화가 루이 에르장의 작품
이다. 곡식을 까부르는 일은 보통
선선한 늦은 오후에 했다. 작업자
는 작업이 끝나면 곡식 더미 옆에
서 잠을 잤다. 아침에 곡식을 실어
나를 때까지 지키기 위해서다.

은 남자를 따라갈 수 있었습니다. 하지만 그러지 않았소. 이제는 걱정
하지 마시오. 내가 그대가 요구하는 것을 모두 들어줄 것입니다. 마을
사람 모두 그대가 좋은 여자라는 것을 알고 있소. 내가 가까운 친척이
라는 것도 사실이오.

　하지만 나보다 그대와 더 가까운 친척이 있습니다. 오늘 밤은 여기
서 지내시오. 날이 밝으면 내가 그 사람을 찾아가 결혼할 뜻이 있는지
묻겠소. 그 사람이 그대를 맡겠다면 그렇게 합시다. 그렇지 않으면 살
아 계신 여호와를 두고 맹세컨대 내가 반드시 그대와 결혼하리다. 아

침이 올 때까지 여기 누워 있으시오.”

룻은 아침이 되기 전까지 보아스의 발치에 누워 있다가 누군가가
자신을 알아보기 전에 일어났어요. 보아스가 종들에게 일렀지요.

“여자가 타작마당에 왔다는 사실을 아무도 모르게 해라.”

보아스는 룻에게 말했습니다.

“그대가 입고 온 겉옷을 가져와서 펼치시오.”

룻이 겉옷을 펼치자 보아스는 보리 여섯 되를 겉옷 위에 쏟았어요.
그러고는 룻의 어깨에 보리가 든 겉옷을 매 주고 마을로 되돌아갔습
니다.

룻이 돌아오자 나오미가 “내 딸 룻이냐?”라고 물었어요. 룻은 나오
미에게 보아스가 자기에게 한 일을 모두 이야기해 주었습니다. 이야
기를 마치고 룻이 말했어요.

“보아스가 제게 보리 여섯 되를 주었습니다. ‘시어머니에게 빈손으
로 돌아가지 마시오.’라고 하면서요.”

“딸아, 일이 어떻게 될지 가만히 지켜보자꾸나. 보아스는
분명 오늘 안으로 일을 결말짓지 않고서는 못 견딜 것
이다.”

보아스는 성문에 올라가 앉아 있었습니다. 그때
보아스가 말했던 룻과 가까운 친척이 지나갔어요.
보아스가 “어이! 이리 와서 앉으시오.”라고 불렀
지요. 그는 가던 길을 멈추고 와서 앉았습니다. 보
아스는 마을에 사는 장로 열 명도 데려왔어요. 보
아스가 “여기에 앉으십시오.”라고 하자 장로 열 명

장로
보통 씨족의 지도자였던 장로
들은 재판이 율법과 관습에 따
라 수행되는지 감독했다.

**나오미에게 가져갈 보리를
주는 보아스**
보아스는 룻과 동침한 사실이 다
음 날 법적 문제를 해결하는 데 문
제가 될 수도 있다고 생각했을 것
이다.

「보아스가 엘리멜렉의 유산을
보존하다」
네덜란드 화가 안 빅토르스의 작
품이다. 당시 사람들은 신발을 신
고 걸어 땅을 측량했다. 따라서 신
발은 땅에 대한 이동 소유권을 의
미했다.
슈테델 미술관 소장

도 자리에 앉았습니다.

보아스는 친척에게 말했어요.

"나오미가 모압 땅에서 돌아와 나오미의 죽은 남편이자 우리 친척
인 엘리멜렉의 땅을 팔기 위해 내놓았습니다. 나는 당신과 이 문제에
대해 상의해야겠다고 생각했소. 여기 앉아 계신 장로들 앞에서 요청
합니다. 당신이 엘리멜렉의 땅을 사시오. 그 땅을 사서 가문 안에 보존
하시오. 당신 외에는 아무도 그 땅을 살 권한이 없습니다. 하지만 땅을

수혼(嫂婚)
죽은 남편의 권리를 회복하고 과부의 생활을 안정시키기 위한 관행이다. 죽은 남편의 형제나 친족이 형수나 제수를 아내로 삼았다. 과부와 수혼했던 사람이 이 의무를 포기하면 공적으로 굴욕을 당했다. 재정적 부담 때문에 이 의무를 지지 않으려 하기도 했다.

사지 않으려면 내게 알려 주시오. 나는 당신 다음으로 권한을 가지고 있소.”

“내가 그 땅을 사겠소.”

친척의 대답을 듣고 보아스가 말했습니다.

“나오미에게 땅을 사는 날에 당신은 나오미의 며느리이자 죽은 말론의 아내인 모압 여인 룻과 결혼해야 하오. 그래야 장차 태어날 아들이 말론의 이름을 이어 그 땅을 물려받을 수 있소.”

친척은 생각하지 못했던 일에 놀랐어요.

“그렇다면 나는 그 땅을 사지 않겠소. 내가 가진 재산까지 잃어버릴까 염려되오. 당신이 땅을 살 권한을 가져가시오.”

옛 이스라엘에서는 두 사람이 계약을 맺을 때 한 사람이 자신의 신발을 벗어서 상대방에게 주었어요. 친척은 “그 땅을 사시오.”라고 말하면서 보아스에게 계약의 증거로 신발을 벗어 주었지요.

「룻과 보아스의 결혼」
프랑스 화가 장 바티스트 오귀스트 를루아르의 작품이다. 죽은 친족의 가문을 회복하는 의무는 더 가까운 친족에게 우선적으로 돌아갔다. 이 의무를 '기업을 무르다'라고 표현한다. 보아스는 나오미 가족과 두 번째로 가까운 친족이었다.

보아스가 장로들과 모든 사람에게 말했습니다.

"이 시간 여러분이 증인이오. 나는 엘리멜렉과 기룐과 말론에게 속해 있던 땅을 모두 나오미에게서 샀습니다. 말론의 아내였던 모압 여인 룻도 내 아내로 맞아들였소. 앞으로 룻이 낳을 아들이 이 땅을 물려받아 말론의 이름은 계속 이어질 것이오. 여러분이 오늘 증인입니다."

성문에 있던 사람들과 장로들이 증언했어요.

"우리가 증인입니다. 여호와 하나님께서 당신 가문에 들어온 여인 룻을 이스라엘을 일으킨 라헬과 레아처럼 되게 해 주시길 바랍니다. 또한 하나님께서 베들레헴에서 당신의 이름을 높여 주시길 바랍니다."

보아스는 룻과 결혼했고 룻은 보아스의 아내가 되었습니다. 하나님의 뜻에 따라 룻은 아들을 낳았어요. 여인들이 나오미를 축복했지요.

"여호와 하나님을 찬양합니다. 하나님께서 오늘 당신 가문을 이을 아이를 허락해 주셨습니다. 아이의 이름이 이스라엘에서 높아지겠지요. 당신의 며느리 룻은 당신을 사랑하고 일곱 아들보다 나으니, 룻의 아이는 당신에게 힘을 되찾아 주고 늘그막에는 당신을 돌보아 줄 것입니다!"

나오미는 아이를 돌보았습니다. 이웃 사람들이 아이에게 오벳(Obed)이라는 이름을 지어 주고 "나오미에게 아들이 생겼다!"라고 환호했어요. 오벳은 바로 이새(Jesse)의 아버지이고 이새는 다윗(David)의 아버지랍니다.

이스라엘에는 어떤 사사들이 있었을까요?

가나안으로 들어간 이스라엘 백성이 왕정 국가를 이루기 전까지, 약 410년의 기간을 '사사 시대'라고 합니다. 이 시기 이스라엘에는 왕이나 다른 통치자가 없었어요. 하나님은 적의 침입을 비롯한 위기가 이스라엘에 닥치면 그때그때 지도자를 세워 나라를 구했지요. 이 지도자를 '통치하다', '재판하다'라는 뜻의 '사사'라고 불렀답니다. 드보라, 기드온, 입다, 삼손이 대표적인 사사예요. 그 외에도 유명한 사사가 여럿 있지요. '옷니엘'은 이스라엘의 첫 번째 사사입니다. 여호수아와 함께 가나안으로 이스라엘 백성을 인도한 갈렙의 조카지요. 옷니엘은 메소포타미아의 왕 구산 리사다임으로부터 이스라엘 백성을 구했어요. 왼손잡이 '에훗'은 이스라엘에 매년 조공을 요구하던 모압 왕 에글론을 죽이고, 모압 군사를 전멸했습니다. '술 따르는 사람'이라는 뜻인 '삼갈'은 소 모는 막대기로 블레셋 사람 600명을 죽이고 이스라엘의 사사가 되었지요. '돌라'는 잇사갈 지파 사람인 부아의 아들로 태어나 23년 동안 이스라엘의 사사로 있었답니다. 22년간 사사였던 '야일'은 30명의 아들들에게 '하봇야일'이라는 30개의 성읍을 나누어 주었어요. '엘론'은 10년간 사사로 지냈지요. '압돈'은 40명의 아들과 30명의 손자가 있었어요. 나귀를 70마리나 소유한 부유한 사사였지요. 마지막으로 '사무엘'이 있습니다. 사무엘은 사울을 이스라엘 왕으로 세워, 사사 시대와 왕정 시대를 연결해 주는 중요한 역할을 했어요.

이스라엘의 첫 번째 사사
옷니엘

4 통일 왕국 시대 I

　사사가 이스라엘 민족을 다스렸던 시대가 막을 내리고 이스라엘에 드디어 왕이 등장합니다. 이 과정에서 기존의 신권 통치를 유지하자는 사람들과 새롭게 왕정을 수립하자는 사람들 사이에 갈등이 빚어지기도 했어요. 이스라엘은 결국 후자를 택하지요. 이스라엘의 첫 번째 왕으로 베냐민 지파의 사울이 임명되었습니다. 사울이 다스리는 이스라엘은 아직 체계적인 국가 체제를 갖추지 못했어요. 사울은 여전히 사사들이 맡았던 임무를 수행했지요. 무엇보다 사울은 이스라엘 군대의 최고 사령관으로서 이민족의 침략으로부터 나라를 지키는 일에 전념했습니다.

　통일 왕국 시대 초기에 이스라엘에 가장 위협적인 세력은 '블레셋'이라는 이민족이었어요. 함의 후손인 블레셋은 지중해를 끼고 성장한 해양 민족이랍니다. 일찍이 헷 족속으로부터 철기 문화를 수용해 막강한 전투력을 자랑했어요. 소년 다윗과 맞붙었던 블레셋 장수 골리앗이 당시 강력했던 블레셋 군대의 모습을 잘 보여 주지요. 사울 왕과 다윗 왕 모두 블레셋으로부터 이스라엘을 지켜 내기 위해 고군분투했어요. 오늘날에도 블레셋, 즉 팔레스타인과 이스라엘 사이에는 민족적 · 종교적 갈등이 끊이지 않고 있습니다.

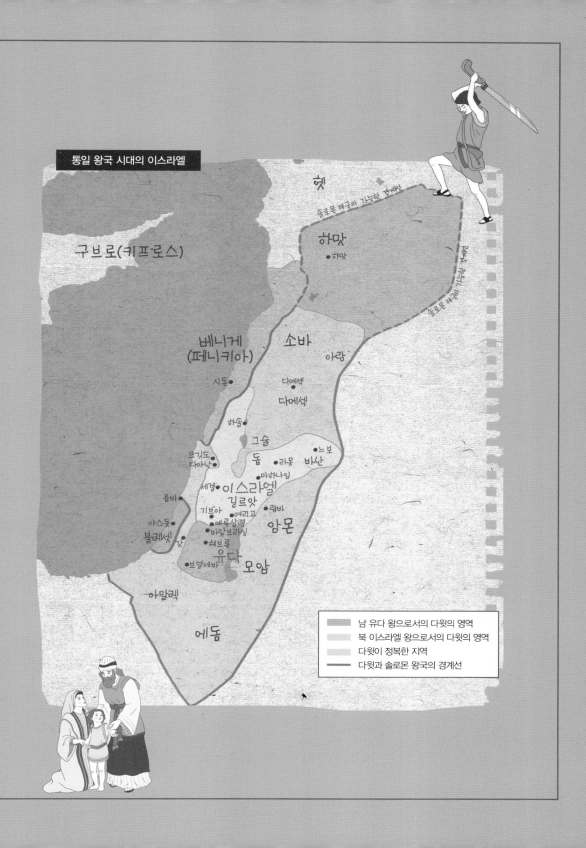

통일 왕국 시대의 이스라엘

헷

솔로몬 제국의 가능한 경계선

하맛
● 하맛

구브로(키프로스)

베니게
(페니키아)

소바

아람

시돈 ●

다메섹 ●
다메섹

하솔 ●

그술
므깃도 ● 돕 ● 라못 느보 ●
다아낙 ● 바산
마하나임 ●
세겜 ● 이스라엘
길르앗
욥바 ● 기브아 ● 여리고 랍바 ●
아스돗 ● 예루살렘 ● 암몬
블레셋 바알브라심 ●
● 헤브론
브엘세바 ● 유다
오암

아말렉

에돔

	남 유다 왕으로서의 다윗의 영역
	북 이스라엘 왕으로서의 다윗의 영역
	다윗이 정복한 지역
	다윗과 솔로몬 왕국의 경계선

1 매력 넘치는 왕 | 사울 왕

이스라엘의 마지막 사사는 누구일까요? 바로 선지자 사무엘입니다. 사사 사무엘은 다른 사사들과는 구별되는 특별한 점이 있었어요. 바로 사무엘을 통해 이스라엘의 왕이 세워졌다는 것이지요. 당시 이스라엘 사람들은 외세의 침입에 시달리고 있었어요. 그러다 보니 자신들을 지켜 줄 강력한 왕을 간절히 바랐지요. 이 바람이 어찌나 강렬했던지 하나님도 어쩔 수 없었나 봐요. 그렇게 등장한 첫 번째 왕이 바로 사울입니다. 사울은 훈남에 스마트한 매력까지 모두 갖춘 남자였어요. 누가 보아도 왕이 되기에 충분했지요. 사울 왕이 다스리는 이스라엘, 한 번 기대해 볼까요?

- 내가 구해 기도한 바를 여호와께서 허락하신지라. 나도 이 아이의 평생을 여호와께 드리나이다. (「사무엘 상」1:27~28)
- 그들이 이스라엘 신의 궤를 우리에게로 가져다가 우리와 우리 백성을 죽이려 한다. (「사무엘 상」5:10)
- 여호와께서 네게 기름을 부어 그의 기업의 지도자로 삼지 아니하셨느냐. (「사무엘 상」10:1)
- 백성이 말하되, 이스라엘에 이 큰 구원을 이룬 요나단이 죽겠나이까. 결단코 그렇지 아니하리다. (「사무엘 상」14:45)

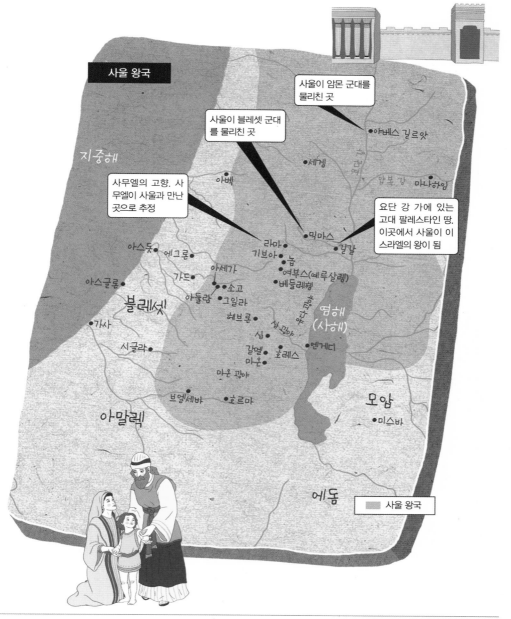

사울 왕국

사울이 암몬 군대를 물리친 곳

사울이 블레셋 군대를 물리친 곳

사무엘의 고향. 사무엘이 사울과 만난 곳으로 추정

요단 강 가에 있는 고대 팔레스타인 땅. 이곳에서 사울이 이스라엘의 왕이 됨

지중해

야베스 길르앗

세겜

얍복 강 마나하임

아벡

라마
기브아
놉
여부스(예루살렘)
베들레헴

믹마스

길갈

아스돗
에그론
아세가
가드
소고
아둘람
그일라
헤브론

블레셋

가사

시글라

엔게디

십
김멜
마온
호레스

마온 광야

브엘세바
호르마

아말렉

염해 (사해)

모압

미스바

에돔

사울 왕국

하나님이 사랑한 소년 제사장

에브라임 산지 라마에 숩(Zuph) 가문에 속하는 엘가나(Elkanah)는 두 아내와 함께 살았습니다. 두 아내의 이름은 각각 한나(Hannah)와 브닌나(Peninnah)였어요. 브닌나는 자식이 있었지만 한나는 자식이 없었지요.

엘가나는 매년 만군(萬軍, 그리스도교에서 이스라엘 민족 전체를 이르는 말)의 여호와 하나님에게 경배하고 제물을 바치기 위해 자기 마을인 라마를 떠나 실로(Shiloh)로 올라갔습니다. 엘가나는 제물을 바치러 가는 날마다 브닌나와 아들딸들에게 각각 제물을 나누어 주었어요. 한나에게는 한 사람 몫밖에 줄 수 없었습니다. 엘가나는 한나를 사랑했지만 하나님이 한나에게는 자녀를 주지 않았기 때문이지요. 브닌나는 자식이 없다고 조롱하며 한나의 화를 돋웠습니다. 엘가나가 매년 실로로 갈 때마다 똑같은 일이 되풀이되었지요. 그날도 여호와의 성전에서 브닌나가 한나를 괴롭혔어요. 한나는 울며 아무것도 먹지 않았습니다. 남편 엘가나가 한나에게 물었어요.

실로
'휴식을 취하다'라는 히브리어에서 유래한 지명이다. 현재 벧엘과 세겜 사이에 있는 키르벳 세일룬이다. 세겜에서 예루살렘으로 통하는 도로 동쪽에 위치한다.

이스라엘 율법은 매년 세 번의 순
례 여행을 명한다. 무교절, 칠칠절,
초막절 때다. 엘가나의 가족이 이
가운데 언제 여행을 떠났는지는
정확히 알 수 없다.

"여보, 왜 울며 아무것도 먹지 않으시오? 왜 그리 괴로워하시오? 내가 열 명의 아들보다 더 낫지 않소?"

엘가나의 가족이 실로에서 식사를 마친 후에 한나는 자리에서 일어나 여호와의 성전 앞으로 갔습니다. 제사장 엘리(Eli)가 성전 문기둥 옆에 앉아 있었지요. 한나는 슬픈 마음에 울며 하나님에게 간절히 기도했습니다. 기도하면서 한 가지를 약속했어요.

오, 만군의 여호와 하나님이시여!
당신께서 제 고통을 보시고
당신의 종을 잊지 않고 기억하신다면
종에게 아들 하나만 허락해 주시옵소서.
그러면 제 아들의 전 생애를
당신께 바치겠습니다.
그 아이의 머리카락에 칼을 대지 않겠습니다.

한나와 사무엘
네덜란드 화가 렘브란트의 「여선
지자 한나」다. 이스라엘 사람들은
아이를 낳을 수 있으려면 하나님
이 복을 주어야 한다고 생각했다.
따라서 아이를 낳지 못하는 여자
는 가정 내 지위가 매우 취약했다.
암스테르담 국립 미술관 소장

한나가 여호와 하나님 앞에서 기도하는
동안 엘리는 한나의 입을 보았습니다. 입술
은 움직이는데 목소리가 들리지 않았어요.
엘리는 한나가 술에 취했다고 생각했지요.

"언제까지 취해 있을 작정입니까? 당장
포도주를 치우고 여호와 하나님 앞에서 물
러나시오."

한나가 말했어요.

"아닙니다, 제사장님. 저는 불행한 여자입
니다. 포도주나 독주를 마신 것이 아니에요.
단지 여호와 하나님 앞에서 제 마음을 쏟아
놓았을 뿐입니다. 그러니 제가 악한 여자라 생각하지 마세요. 저는 너
무 슬프고 괴로워 계속 기도하고 있었습니다."

"평안한 마음으로 가시오. 이스라엘의 하나님께서 당신이 바라는
것을 들어주실 것이오."

한나는 "여종인 제가 당신께 은혜 입길 바랍니다!"라고 말한 후 돌
아가 음식을 먹었습니다. 한나의 얼굴에서 슬픔이 가셨지요.

다음 날 아침, 엘가나와 한나는 여호와 하나님에게 예배를 드린
후 라마에 있는 집으로 돌아갔습니다. 그해에 한나는 아들을 낳았어
요. 아이의 이름은 '내가 여호와 하나님께 아들을 구했다' 하여 **사무엘**
(Samuel)이라고 지었지요.

엘가나와 가족은 다시 여호와 하나님에게 매년제(해마다 거르지 않
고 하나님에게 드리는 제사)를 드리러 갔습니다. 한나는 함께 가지 않고

엘가나에게 말했어요.

"아이가 젖을 떼면 아이를 데리고 가겠어요. 아이는 여호와의 성전에서 남은 평생을 살 것입니다."

엘가나가 한나에게 말했어요.

"당신 좋을 대로 하시오. 그대는 아이가 젖을 뗄 때까지 집에 있으시구려. 여호와 하나님께서 그대가 약속한 것을 이루시길 바라오."

한나는 아이가 젖을 뗄 때까지 기다리며 아이를 돌보았습니다. 아이가 젖을 떼자 한나는 아이를 데리고 실로에 있는 여호와의 성전으로 갔어요. 3년 된 수소와 밀가루 한 부셸과 포도주 한 부대도 가지고

「아들 사무엘을 엘리에게 바치는 한나」
네덜란드 화가 헤르브란트 판 덴 에크하우트의 작품이다. 고대 근동 사람들은 첫 남자 자손은 신에게 속한 것으로 여겼다. 어린아이를 신전에 예물로 바치는 모습은 기원전 2000년 초 수메르 문서에서 처음 발견된다.
루브르 박물관 소장

갔지요. 한나는 성전에 도착한 후 소를 잡아 제물로 바치고 아이를 엘리에게 데리고 갔습니다.

"제사장님, 저를 기억하시나요? 저는 당신 가까이에 서서 하나님께 간절히 기도드렸던 여자입니다. 이 아이가 바로 제가 기도해 낳은 아이입니다. 여호와 하나님께서 제 바람을 이루어 주셨지요. 약속대로 이 아이를 여호와 하나님께 바칩니다. 아이는 평생 여호와 하나님의 사람이 될 것입니다."

한나는 라마에 있는 집으로 돌아왔어요. 어린 사무엘은 성전에 남아 제사장 엘리의 가르침 아래 여호와 하나님을 섬겼습니다. 사무엘은 세마포로 만든 에봇을 입고 성전에서 제사장의 의무를 다했어요. 한나는 해마다 매년제를 드리러 남편인 엘가나와 함께 올라와 자신이 만든 작은 에봇을 사무엘에게 주었습니다.

엘리는 엘가나를 축복했어요.

신성 모독하는 엘리의 아들들
엘리의 두 아들은 제사장이 지켜야 할 규칙을 어긴다. 제사장은 갈고리에 걸리는 것을 솥에서 꺼내 갖는 것이 원칙이다. 하지만 두 아들은 원하는 부분을 가지겠다고 우긴다. 「사무엘 상」 2장 13~16절의 이야기다.

"한나가 여호와 하나님께 사무엘을 바쳤으니 여호와 하나님께서 한나에게 다른 자녀들을 많이 주시길 바랍니다."

엘가나 부부는 집으로 돌아갔습니다. 한나는 세 아들과 두 딸의 어머니가 되었지요. 어린 사무엘은 여호와의 성전에서 잘 자라났답니다.

한편, 제사장 엘리의 **아들들**은 매우 악했습니다. 하나님을 무시했고 사람들이 엘리에게 가져온 제물을 함부로 다루었어요. 나이 많은 엘리는 아들들이 나쁜 짓을 저질렀다는 이야기를 들을 때마다 아들들을 타일렀습니다.

"어쩌자고 나쁜 짓을 저지르느냐? 사람들이 너희가 한 짓을 다 말해 주었다. 얘들아, 그러지 마라. 여호와 하나님의 사람들 사이에서 도는 소문이 좋지 않구나."

아들들은 아버지의 말을 귀담아듣지 않았어요.

사무엘은 자라면서 하나님과 사람들에게 사랑을 받았습니다. 또한 계속해서 엘리의 가르침 아래 하나님을 섬겼지요. 당시에는 하나님이 전하는 말씀이 많지 않았어요.

하루는 엘리가 자기 방에 누워 있었습니다. 엘리는 점점 눈이 어두워져 앞을 잘 보지 못했어요. 사무엘은 하나님의 언약궤가 있는 성막에 누워 있었지요. 하나님의 등불이 아직 꺼지지 않았을 때였어요. 그때 여호와 하나님이 "사무엘아! 사무엘아!" 하고 불렀습니다. 사무엘은 엘리가 부른 줄 알고 "네, 여기 있습니다."라고 대답하고는 엘리에게 달려갔어요.

"여기 있습니다. 저를 부르셨지요?"

"부르지 않았다. 돌아가서 자라."

사무엘은 돌아가 누웠습니다. 여호와 하나님이 다시 "사무엘아! 사무엘아!"라고 불렀어요. 사무엘은 일어나 엘리에게 갔습니다.

"여기 있습니다. 저를 부르셨습니까?"

"내 아들아, 부르지 않았단다. 다시 가서 자라."

사무엘은 아직 여호와 하나님을 알지 못했습니다. 여호와 하나님도 사무엘에게 직접 말한 적이 없었지요. 여호와 하나님이 세 번째로 사무엘을 불렀고, 사무엘은 일어나 엘리에게 가서 "여기 있습니다. 저를 부르셨지요?"라고 물었습니다. 엘리는 그때야 하나님이 사무엘을 부르고 있다는 것을 알았어요. 엘리가 사무엘에게 일렀습니다.

"가서 잠자리에 들어라. 만약 너를 부르는 소리가 나거든 '여호와 하나님, 말씀하십시오. 당신의 종이 듣고 있습니다.'라고 말해라."

사무엘은 다시 잠자리로 돌아가 누웠어요.

여호와 하나님이 다시 사무엘을 불렀습니다.

"사무엘아! 사무엘아!"

사무엘이 대답했어요.

"말씀하십시오. 당신의 종이 듣고 있습니다."

"보아라. 내가 엘리의 가족을 두고 말했던 일을 처음부터 끝까지 모

「사무엘의 소명」
영국 화가 존 오피의 작품이다. 고대 사람들은 꿈을 통해 계시를 받으려고 신전에서 밤을 지내곤 했다. 하지만 사무엘은 의도하지 않은 상태에서 계시 꿈에 준하는 계시를 들었다.
파브르 박물관 소장

「엘리와 소년 사무엘」
「엘리와 소년 사무엘」
미국 화가 뉴웰 컨버스 와이어스
의 작품이다. 소년 사무엘이 하나
님의 목소리를 들은 이 사건은 사
무엘이 선지자가 되었다는 것을
뜻한다.

두 이룰 것이다. 이 일을 듣는 자는 깜짝 놀라 귀가 멍해지리라. 예전에 나는 엘리에게 그의 가족이 영원토록 벌을 받을 것이라 했다. 엘리의 아들들이 내 명령을 따르지 않고 죄를 저질렀기 때문이다. 하지만결국 엘리는 아들들을 말리지 않았다."

사무엘은 아침이 될 때까지 누워 있다가 여호와의 성전 문을 열었습니다. 사무엘은 하나님에게 들은 것을 말하기가 두려웠어요. 하지만 엘리가 "내 아들 사무엘아."라고 부르자 "네, 여기 있습니다."라고대답했지요. 엘리가 사무엘에게 물었습니다.

"여호와 하나님께서 네게 뭐라고 말씀하셨느냐? 숨기지 말고 말해 보아라. 하나님께서 하신 말씀을 숨긴다면 그분이 벌을 내리실 것이다."

사무엘은 엘리에게 숨기지 않고 다 말해 주었어요. 엘리가 말했습니다.

"그분은 여호와 하나님이시니 뜻하신 대로 하실 것이다."

불에 타 죽는 아론의 두 아들
엘리는 이다말 계열의 사람이다. 모세의 형인 아론의 네 번째 아들이 이다말이다. 이다말 사람이 전통적으로 회막과 궤를 돌본다. 아론의 두·세 번째 아들은 하나님에게 죄를 지었기 때문에 불에 타죽었다. 「레위기」 10장의 이야기다.

이방 신을 무너뜨린 언약궤

그 무렵 이스라엘 사람들이 블레셋 사람들과 맞서 싸웠습니다. 격렬한 전투에서 이스라엘 사람들은 블레셋 사람들에게 패하고 말았어요.

이스라엘 사람들이 자기 진으로 돌아왔을 때 이스라엘의 지도자들이 말했습니다.

"왜 하나님께서는 우리를 블레셋 사람들에게 지게 하셨을까? 하나님의 언약궤를 실로에서 가져오자. 그러면 하나님께서 우리와 함께 나가 적을 우리 손에 넘겨주실 것이다."

이스라엘 사람들은 실로에 사람을 보내 만군의 여호와 하나님의 언약궤를 가지고 왔어요. 언약궤가 이스라엘의 진으로 들어오자 이스라엘 사람들은 기뻐하며 크게 소리를 질렀습니다. 이 환호 소리가 온 땅을 울렸지요.

블레셋 사람들은 이스라엘 사람들이 외치는 소리를 듣고 궁금해했어요.

"히브리 사람들의 진에서 나는 저 큰 소리는 대체 무엇인가?"

여호와 하나님의 언약궤가 이스라엘의 진에 들어갔다는 사실을 알

아스돗
예루살렘 서쪽 해안으로부터 5km 정도 떨어진 곳이다. 이곳 성채에서 후기 청동기 가나안 사람들의 주거지가 대규모로 발굴되었다. 아스돗은 블레셋의 주요 다섯 성읍 가운데 하나였다.

고 블레셋 사람들은 두려움에 떨었습니다.

"이스라엘의 신이 진으로 들어갔다. 큰 일이로구나. 마음을 강하게 먹어라. 사나이답게 행동해라."

블레셋 사람들은 용감하게 싸워 이번에도 이스라엘 사람들을 무찔렀어요. 이스라엘 사람들은 각자 자기 장막으로 도망쳤지요.

그날 베냐민 사람 하나가 싸움터에서 나와 실로로 뛰어갔습니다. 그는 너무 슬퍼 옷을 찢고 머리에 먼지를 뒤집어썼어요. 실로에서 엘리는 길을 내다보며 길가

의자에 앉아 있었습니다. 엘리는 전쟁터로 보낸 하나님의 언약궤 때문에 근심이 이만저만이 아니었어요.

베냐민 사람이 소식을 전하자 이스라엘 사람들은 모두 큰 소리로 울었습니다. 엘리는 울음소리를 듣고 "이게 무슨 소리냐?"라고 물었어요. 베냐민 사람이 재빨리 와서 엘리에게 말했지요.

"저는 싸움터에서 도망쳐 나온 사람입니다."

"여보게, 전투는 어떻게 되었나?"

"이스라엘 사람들이 블레셋 사람들에게 져서 도망쳤습니다. 많은 사람이 죽었고 제사장님의 두 아들도 죽었습니다. 하나님의 언약궤도 빼앗기고 말았습니다."

하나님의 언약궤에 대한 이야기를 듣자마자 엘리는 앉아 있던 의자

무너진 다곤 신상
우가리트 문헌 등을 볼 때 고대 근
동 사람들은 적군의 잘린 머리는
적군이 죽었다는 증거로 사용했고,
끊어진 손으로는 적군의 무력함을
증명했다.

뒤로 나자빠져 목뼈가 부러졌습니다. 엘리는 나이가 많고 몸도 비대
해서 그 자리에서 바로 죽고 말았어요.

　블레셋 사람들은 빼앗은 하나님의 언약궤를 아스돗(Ashdod)에 있는
다곤 신전으로 가져가 다곤 신상 옆에 두었습니다. 다음 날, 아스돗 사
람들이 일찍 일어나 다곤 신전으로 가 보니 다곤 신상이 얼굴을 땅에
대고 여호와 하나님의 언약궤 앞에 쓰러져 있었어요. 아스돗 사람들
은 다곤 신상을 일으켜 세워 제자리에 올려놓았지요. 하지만 그다음
날에도 다곤 신상은 얼굴을 땅에 박고 여호와 하나님의 언약궤 앞에
쓰러져 있었어요. 신상의 머리와 두 손이 부러져 문턱에 널브러져 있
고, 다곤 신상에는 몸통만 남아 있었지요.

　여호와 하나님은 아스돗 사람들에게 큰 벌을 내렸습니다. 아스돗 사
람들의 피부에 종기가 돋았어요. 아스돗 사람들이 놀라 말했지요.

"이스라엘 신의 언약궤를 가지고 있으면 안 되겠다. 이스라엘 신이 우리에게 큰 벌을 주고 있지 않은가?"

아스돗 사람들은 블레셋의 통치자들을 모두 불러 모았습니다.

"우리가 이스라엘 신의 언약궤를 어떻게 하면 좋겠습니까?"

블레셋의 통치자들이 말했어요.

"이스라엘 신의 언약궤를 가드(Gath)로 옮겨라."

블레셋 사람들은 이스라엘 신의 언약궤를 가드로 옮겼습니다. 여호와 하나님은 가드 성에 있는 사람들에게도 아이나 노인 할 것 없이 벌을 내려 종기가 나게 했어요. 블레셋 사람들은 언약궤를 다시 에그론(Ekron)으로 보냈습니다. 언약궤가 에그론에 도착한 것을 보고 에그론 사람들이 비명을 질렀어요.

"저 사람들이 우릴 죽이려고 이스라엘 신의 언약궤를 가져왔구나!"

에그론 사람들은 블레셋의 통치자를 불러 놓고 애걸했습니다.

"이스라엘 신의 언약궤를 원래 자리로 돌려보내십시오. 아니면 언약궤 때문에 우리 백성이 계속 죽어 나가는 꼴을 지켜만 보실 겁니까?"

블레셋 사람들은 제사장들과 점쟁이들을 불러 물었어요.

"우리가 언약궤를 어떻게 하면 좋겠소? 언약궤를 원래 있던 곳으로 돌려보낼 방법을 알려 주시오."

"이스라엘 신의 언약궤를 돌려보낼 생각이라면 언약궤만 보내면 안 됩니다. 반드시 언약궤에 저지른

에그론
현재 소렉 골짜기에 있는 텔 미크네다. 아래는 텔 미크네에서 발견된 토기다. 고고학자들은 이곳에 왕궁과 신전의 복합 건물이 서 있었다고 주장한다.

일을 사죄하는 제물과 함께 돌려보내야 할 것입니다. 그래야 병이 낫고 신이 왜 계속 형벌을 내렸는지도 알 수 있습니다."

"우리가 사죄의 제물로 어떤 것을 보내야 하오?"

제사장들과 점쟁이들이 대답했습니다.

"블레셋의 통치자 수대로 피부에 난 종기 모양의 금덩어리 다섯 개와 금 쥐 다섯 개를 만드십시오. 여러분과 여러분의 통치자가 같은 질병에 걸렸기 때문입니다. 또한 새 수레와 젖이 나는 소 두 마리를 준비하십시오. 소는 아직 멍에(수레나 쟁기를 끌기 위해 말이나 소 목에 얹는 구부러진 막대)를 메지 않은 것이어야 합니다. 새 수레를 소에 매고 새끼는 집으로 돌려보내십시오. 그런 다음 언약궤를 수레에 올려놓고, 사죄의 제물로 신에게 보낼 종기 모양의 금덩어리 다섯 개와 금 쥐 다섯 개는 상자에 담아 궤 옆에 두십시오. 이제 수레를 보내면 됩니다. 수레가 원래 언약궤가 있던 지역인 **벧세메스**(Beth Shemesh)로 가면 우리에게 큰 벌을 내린 분은 여호와 하나님이 분명합니다. 아니라면 우리에게 벌을 내린 분은 하나님이 아닙니다. 우연히 병들게 된 것이지요."

블레셋 사람들은 제사장들과 점쟁이들이 말한 대로 했어요. 소들이 벧세메스 쪽으로 곧바로 나아갔습니다. 큰길로 울음소리를 내며 곧장

벧세메스
'태양의 집'을 의미한다. 유다 평지에 있던 성읍이었다. 이스라엘과 블레셋의 접경 지역에 위치했다. 현재 텔 엘−루메일레다.

「언약궤의 귀환」
프랑스 화가 세바스티앙 부르동의
작품이다. 제단으로 큰 돌이 사용
되곤 했다. 높은 곳에 올려진 제물
의 피를 빼는 데 유용했다.
내셔널 갤러리 소장

갔지요. 오른쪽이나 왼쪽으로 벗어나지도 않았습니다. 블레셋의 통치

자들도 소를 따라 벧세메스까지 갔어요.

벧세메스 사람들은 골짜기에서 밀을 수확하다가 언약궤가 오는 것

을 보고 기뻐했습니다. 언약궤는 벧세메스 사람 여호수아(Joshua)의

밭에 와서 멈추었어요. 밭에는 거대한 바위가 있었습니다. 사람들은

나무 수레를 쪼개 장작으로 삼고, 수레를 끌던 소를 여호와 하나님에

게 번제물로 바쳤어요. 블레셋의 다섯 통치자는 이 광경을 보고 에그

론으로 돌아갔지요.

"사울 왕이여, 이스라엘 백성을 구하십시오."

기스(Kish)라고 하는 부유한 베냐민 사람이 **기브아**(Gibeah)에 살고 있었습니다. 기스에게는 **사울**(Saul)이라는 아들이 하나 있었어요. 의젓하고 잘생긴 젊은이였지요. 이스라엘 사람들 가운데 사울보다 잘생긴 사람은 없었습니다. 키도 다른 사람들보다 어깨 위만큼 컸어요.

어느 날, 기스가 기르던 나귀가 사라졌습니다. 기스가 사울에게 말했어요.

"종을 한 명 데리고 가서 나귀를 찾아오너라."

사울과 종은 에브라임 산지와 살리사(Shalisha) 땅을 돌아다녔지만 나귀를 찾지 못했습니다. 사알림(Shaalim) 땅에도 가 보았지만 그곳에도 나귀는 없었어요. 베냐민 땅도 돌아다녀 보았지만 역시 찾지 못했습니다.

사울과 종이 숩 땅에 들어섰을 때 사울이 종에게 말했어요.

"이제 그만 돌아가자. 아버지께서 나귀보다 우리를 더 걱정하시겠구나."

종이 대답했지요.

"이 마을에 하나님의 사람이 있어 백성에게 존경받고 있습니다. 그분이 말하는 것은 반드시 이루어진다고 합니다. 마을로 한번 들어가 보시지요. 어쩌면 그분이 어디로 가야 할지 말해 줄지도 모릅니다."

"그래, 가 보자. 그분께 무엇을 드려야

기브아
기브아를 그린 상상도다. 현재 텔엘 풀이다. 사울의 고향이어서 '사울의 기브아'라고도 부른다. 유다와 에브라임 산지를 통과하는 대로변 높은 곳에 위치한다.

하나? 가방에 먹을 것이 다 떨어져 하나님의 사
람에게 드릴 선물이 없구나. 뭐 좀 가지고 있는
게 있느냐?"

"제게 은 4분의 1셰켈(shekel, 과거 이스라엘인
이 쓰던 은화, 통화 단위)이 있습니다. 이것을 하
나님의 사람에게 주십시오. 그러면 우리에게 갈
길을 알려 줄 것입니다."

"네 생각이 옳다. 그럼 가자."

사울과 종은 하나님의 사람이 있는 마을로 들
어갔습니다.

사울과 종은 마을로 올라가다가 물을 길러 나
온 젊은 여인들을 만났어요. 사울과 종은 여인

「사무엘과 만나는 사울」
고대 근동 사람들은 군사 지도자
인 왕의 외모와 키를 매우 중시했
다. 아카드의 사르곤 1세, 바벨론의
느부갓네살, 에렉(우루크)의 길가메
시를 묘사할 때도 마찬가지였다.

들에게 "예언자께서 이 마을에 계십니까?"라고 물어보았지요. 여인들
이 대답했습니다.

"네, 예언자께서 이 마을에 계십니다. 오늘 언덕 꼭대기 예배 장소에
서 희생 제사가 있습니다. 그분은 그 제사 때문에 우리 마을에 오셨지
요. 방금 이곳을 지나가셨으니 서두르세요. 지금 마을로 들어가면 그
분이 예배 장소로 올라가 식사하기 전에 만날 수 있을 거예요. 사람들
은 식사하지 않고 기다리다가 그분이 제물에 축복을 한 후에야 비로
소 식사한답니다. 그러니 지금 바로 올라가 보십시오. 그분을 만날 수
있을 것입니다."

사울과 종은 마을로 올라갔어요. 성문 안으로 들어섰을 때 마침 예
배 장소로 가던 사무엘이 반대쪽에서 오고 있었지요. 사무엘은 사울

「에벤에셀 전투」
사울을 만나기 전에 사무엘은 블
레셋군을 이긴 적이 있다. 사무엘
은 승리를 기념해 기념비를 세우
고 '도움의 돌'이라는 뜻의 '에벤에
셀'이라고 불렀다.
부다페스트 미술관 소장

이 오기 전날 여호와 하나님의 말을 들었습니다.

"내일 이맘때쯤 내가 베냐민 땅에서 사람 하나를 네게 보낼 것이다. 너는 그 사람에게 기름을 부어 내 백성 이스라엘 사람들을 다스릴 왕으로 삼아라. 그가 블레셋 사람들의 손아귀에서 내 백성을 구해 낼 것이다. 나는 백성이 겪는 고통을 보았고 백성이 부르짖는 소리를 들었다."

사무엘이 사울을 보았을 때 여호와 하나님이 사무엘에게 말했어요.

"이 사람이 네게 말했던 바로 그 사람이다! 그가 내 백성을 다스리게 되리라."

사울과 사무엘은 성문에서 만났습니다. 사울이 사무엘에게 물었어요.

"예언자의 집이 어디에 있는지 아십니까?"

사무엘이 대답했어요.

"내가 바로 그 예언자입니다. 저보다 먼저 예배 장소로 올라가시지요. 당신과 당신의 종은 오늘 저와 함께 식사하게 될 것입니다. 내일 아침에 두 분을 보내 드리겠습니다. 지금 당신이 묻고 싶은 것도 내일 답해 드리지요. 3일 전에 잃어버린 나귀들에 대해서는 염려하지 마십시오. 그 나귀들은 이미 찾았습니다. 지금 이스라엘이 가장 기대를 거는 이가 누굽니까? 바로 당신과 당신 아버지의 집안이 아닙니까?"

"저는 이스라엘에서 가장 작은 지파인 베냐민 지파의 사람입니다. 제 집안은 베냐민 지파에 속한 집안 가운데서도 가장 작습니다. 어째서 제게 그런 말씀을 하십니까?"

사무엘은 사울과 종을 데리고 방으로 들어갔습니다. 방 안에는 손님이 30명 정도 있었어요. 사무엘은 사울과 종을 가장 좋은 자리에 앉히고 음식 만드는 사람에게 말했습니다.

「사무엘에게 왕을 요구하는 이스라엘 사람들」
「사무엘 상」 8장 5절에서 이스라엘 사람들은 라마에 있던 사무엘을 찾아가 왕을 요구했다. 사무엘과 사울이 만나기 전에 있었던 일이다. 고대 왕은 군사 지도자로서의 면모가 강했다.

"내가 자네에게 따로 챙겨 두라고 했던 고기를 내오게."

음식 만드는 사람은 넓적다리 고기로 만든 요리를 가져와 사울 앞에 있는 탁자에 올려놓았어요. 사무엘이 말했지요.

"당신을 위해 따로 고기를 준비해 놓았습니다. 앞에 놓고 드십시오. 사람들을 초대한 이 자리에서 당신에게 드리려고 잘 보관해 둔 것입니다."

사울과 사무엘은 예배 장소에서 식사를 마친 후 마을로 내려왔어요. 사람들은 사울을 위해 지붕 위에 잠자리를 준비했고, 사울은 그 잠자리에 누웠지요. 다음 날 날이 밝자 사무엘은 사울을 불렀습니다.

"일어나십시오. 제가 바래다 드리겠습니다."

사울은 자리에서 일어나 사무엘과 함께 집 밖으로 나갔어요. 마을 밖으로 나왔을 때 사무엘이 사울에게 말했습니다.

"당신의 종에게 먼저 가라고 하십시오. 제가 하나님의 말씀을 전해 드리겠습니다. 여기서 잠깐 기다리십시오."

사무엘은 기름병을 가져다 사울의 머리에 기름을 붓고 사울에게 입을 맞췄습니다.

벧엘
'하나님의 집'이라는 의미로 베냐민과 에브라임 사이에 있었던 마을이다. 이스라엘 역사를 통해 신성한 장소로 추앙받았다.

"여호와 하나님께서 당신에게 기름을 부어 당신을 자기 백성 이스라엘을 다스릴 왕으로 세우셨습니다. 당신은 여호와 하나님의 백성을 다스리고, 이 백성을 사방의 적으로부터 구해 내야 합니다. 이제 여호와 하나님께서 당신을 자기 백성을 다스릴 지도자로 기름 부었다는 증거를 일러 주겠습니다.

오늘 나와 헤어진 후 라헬의 무덤 가까이에서 두 사람을 만나게 될 것입니다. 그들은 이렇게 말할 것입니다. '당신이 찾아다니던 나귀들을 찾았습니다. 하지만 당신의 아버지는 "내 아들을 어떻게 찾아야 하나."라며 나귀보다 당신을 더 걱정하고 있습니다.'

그 후 당신은 다볼(Tabor)에 있는 상수리나무에 이르게 될 것입니다. 거기서 하나님을 만나러 벧엘로 올라가는 세 사람을 만날 것입니다. 한 사람은 염소 새끼 세 마리를 끌고 가고, 또 한 사람은 빵 세 덩이를 가져가고 있을 것입니다. 나머지 한 사람은 포도주가 담긴 가죽 부

「사울에게 기름 붓는 사무엘」
프랑스 화가 프랑수아 드 노메의 작품이다. 왕에게 기름 붓는 관습은 고대 근동 지역 일부에서만 시행되었다. 애굽에서는 왕이 신하에게 기름 부었다.

「예언자들에게 둘러싸인 사울」
메소포타미아의 기원전 2000년
대 역사를 서술한 '마리 문서'를 보
면, 신전에서 일하는 메소포타미아
사람들이 종종 음악으로 말미암아
황홀경에 빠졌을 때 예언적 메시
지를 받았다는 사실을 알 수 있다.

대를 가져갈 것입니다. 세 사람은 당신에게 인사한 후 빵 두 덩이를 줄 것이고, 당신은 그 빵을 받을 것입니다.

그 후 당신은 기브아로 가게 됩니다. 성에 도착하면 한 무리의 예언자들이 수금과 소고와 피리와 하프를 연주하면서 예배 장소에서 내려오고 있을 것입니다. 예언자들은 당신에게 예언할 것입니다. 그때 하나님의 영이 당신에게 내려와 당신은 예언자들과 함께 예언할 것이고 전혀 다른 사람으로 변합니다. 당신에게 일어난 이러한 일들은 하나님께서 당신과 함께하신다는 증거니, 무엇이든지 당신 뜻대로 하시길 바랍니다."

사울이 사무엘을 떠나자 하나님은 사울에게 새로운 마음을 주었어요. 그날 이 증거들은 모두 사울에게 일어났지요.

사울의 삼촌이 사울과 사울의 종에게 물었습니다.

"어디에 갔었느냐?"

"나귀를 찾으러 갔습니다. 나귀가 보이지 않아 사무엘에게 갔습니다."

"사무엘이 네게 뭐라고 말했는지 이야기해 보아라."

"사무엘은 제게 나귀를 이미 찾았다고 했습니다."

사울은 자신이 왕이 될 것이라는 예언은 삼촌에게 전하지 않았어요.

한 달 후에 **나하스**(Nahash)라는 암몬 사람이 군대를 이끌고 올라와 길르앗 땅에 있는 야베스(Jabesh) 성을 에워쌌습니다. 야베스 사람들이 나하스에게 말했어요.

"우리와 조약을 맺으면 당신을 돕겠소."

나하스가 말했습니다.

"이런 조건이라면 조약을 맺겠다. 너희 모두 오른쪽 눈을 뽑아 온 이스라엘에 모욕을 주어라."

야베스의 장로들이 나하스에게 말했습니다.

"우리에게 7일을 주시오. 그 안에 온 이스라엘로 사람을 보내 도움을 구하겠소. 우리를 구하러 오는 사람이 없다면 그때 항복하겠소."

야베스에서 보낸 전령들은 사울이 사는 기브아에도 왔습니다. 전령들이 기브아 사람들에게 소식을 전하자 모두 큰 소리를 내며 울었어요. 사울은 밭에서 소를 몰고 오다가 이 모습을 보고 물었습니다.

"무슨 일 때문에 다들 울고 있소?"

사람들이 야베스에서 온 전령들이 전한 소식을 들려주었어요. 사울이 이야기를 듣자마자 하나님의 영이 불현듯 사울에게 들어왔습

이스라엘 사람들을 위협하는 암몬 사람 나하스
암몬과 이스라엘은 요단 강 동쪽 지역을 놓고 끊임없이 싸웠다. 암몬 사람들은 다윗에게 정복당할 때까지 이스라엘의 오랜 원수였다.

「소를 제물로 바친 사울」
「사사기」 19장 29~30절에서도 신체를 절단하는 이야기가 나온다. 이때도 전투에 참여하라는 초청의 일환으로 토막 난 신체 부위를 각지에 보냈다.

니다. 사울은 불같이 화를 냈지요. 그런 후에 소 두 마리를 잡아 여러 토막으로 자르고 전령들이 토막들을 온 이스라엘 땅에 전하게 했습니다. 전령들은 이스라엘 백성에게 가서 외쳤어요.

"누구든지 사울과 사무엘을 따르지 않는 자는 그의 소도 이렇게 토막 내리라!"

여호와 하나님이 두려움으로 이스라엘 사람들을 사로잡아 이스라엘 사람들은 한 사람도 빠짐없이 앞으로 나왔습니다. 사울은 야베스에서 온 전령들에게 말했어요.

"길르앗 땅의 야베스 성 사람들에게 이렇게 전해라. '내일 햇볕이 가장 뜨거울 무렵 너희를 구할 것이다.'"

전령들이 돌아가 사울의 말을 전하자 야베스 성 사람들은 매우 기뻐했습니다. 성 사람들은 암몬 사람들에게 회답했어요.

"내일 당신들에게 항복하러 가겠소. 그러니 당신들이 원하는 대로 하시오."

다음 날, 사울은 군대를 세 무리로 나누었습니다. 사울의 군대는 이른 아침 암몬 사람들의 진으로 진격했고, 정오가 될 때까지 암몬 사람들과 싸웠어요. 살아남은 암몬 사람들은 단 두 사람도 함께 있지 못하고 뿔뿔이 흩어졌답니다.

이스라엘 사람들은 모두 길갈(Gilgal)로 갔습니다. 사람들은 여호와 하나님 앞에서 사울을 왕으로 세우고 하나님에게 제물을 바쳤지요. 사울과 이스라엘 사람들은 크게 기뻐했어요.

요나단의 용기가 이스라엘군을 이끌다

사울은 이스라엘 사람들 가운데 3,000명을 뽑았습니다. 나머지 사람들은 집으로 돌려보냈지요. 2,000명은 믹마스(Micmash)와 벧엘 산지에서 사울과 함께 있었고, 1,000명은 기브아에서 사울의 아들인 요나단(Jonathan)과 함께 있었어요.

요나단은 게바(Geba)에 있는 블레셋의 진을 공격했습니다. 블레셋 사람들이 이 소식을 들었지요. 사울은 이스라엘 땅에 소집 나팔을 불게 했어요.

"히브리 사람들에게 어떤 일이 일어났는지 알려라!"

이스라엘 사람들은 사울이 블레셋 사람들을 공격했다는 소식과 이스라엘이 블레셋의 미움을 샀다는 소식을 들었습니다.

블레셋 사람들은 이스라엘 사람들과 싸우기 위해 모였어요. 전차가 3만 대, 기마병이 6,000명, 보병은 해변의 모래알 수만큼 많았지요. 블레셋 사람들은 믹마스에 올라와 진을 쳤습니다. 포위된 이스라엘 사람들은 궁지에 빠졌다는 사실을 깨닫고 동굴, 구덩이, 바위틈, 무덤, 땅굴에 몸을 숨겼어요. 요단 강을 건너 갓(Gad)과 길르앗 땅으로 도망치기도 했지요.

사울이 함께 있는 사람 수를 세어 보니 600명 정도였습니다. 사울과 아들 요

「블레셋의 전초 기지에 대항하는 요나단」
영국 화가 윌리엄 홀의 작품이다. 팔레스타인의 동굴은 위험에 처한 사람들을 보호하는 역할을 했다. 지역 주민들만이 이 동물을 알고 있어 은신처로 안성맞춤이었다.

나단은 남아 있는 사람들과 게바에 머물렀어요. 블레셋 사람들은 여전히 **믹마스**에 있었지요. 블레셋 사람들은 보이는 것은 무엇이든 약탈하기로 하고, 군대를 셋으로 나누어 진을 떠났습니다. 한 부대는 수알(Shual) 땅에 있는 오브라 쪽으로 가고, 다른 부대는 벧호론(Beth Horon)으로 갔어요. 또 다른 한 부대는 스보임(Zeboim) 골짜기가 내려다보이는 언덕 쪽으로 갔지요. 블레셋의 수비대는 믹마스 어귀로 나갔습니다.

어느 날, 사울의 아들 요나단이 자기 무기를 옮기는 젊은 부하에게 말했어요.

"자, 블레셋 수비대가 있는 반대편으로 건너가자."

요나단은 이 사실을 아버지에게 알리지 않았습니다.

그 시각 사울은 기브아에서 그리 멀지 않은 곳에 있는 타작마당 근처 석류나무 아래에 앉아 있었어요. 군인 600명도 사울과 함께 있었지요. 그 가운데 아무도 요나단이 사라졌다는 사실을 몰랐습니다.

블레셋 군대로 건너가는 길에는 협곡이 있었어요. 협곡 양쪽에 가

믹마스
현재의 무크마스다. 높은 곳에 위치한데다 산이 많은 지역이었기 때문에 전차를 가지고 전투하기에 좋은 곳이 아니었다.

파른 바위가 있었지요. 한쪽 바위의 이름은 '반짝이는 바위'였고, 다른 바위의 이름은 '뾰족한 바위'였습니다. 반짝이는 바위는 믹마스의 북쪽을 향해 솟아올라 있었고, 뾰족한 바위는 게바의 남쪽을 향해 솟아 있었어요.

믹마스 전투
「사무엘 상」 13장 19~20장은 이스라엘군에 철로 된 무기가 없었다고 서술하고 있다. 블레셋인들이 이스라엘인들이 대장장이 일을 하는 것을 금지했기 때문이라고 설명한다.

요나단은 자기 무기를 옮기는 젊은 부하에게 말했어요.

"블레셋 야만인들의 진으로 쳐들어가자. 여호와 하나님께서 우리를 위해 일하실 것이다. 군인의 수가 많든 적든 무슨 상관이겠느냐? 하나님은 아무 문제없이 자기 백성을 구하실 것이다."

무기 옮기는 부하가 대답했습니다.

"무엇이든 하시고자 하는 대로 하십시오. 최선을 다해 돕겠습니다."

"자, 저들이 있는 곳으로 건너가 모습을 드러내자. 만일 적이 '우리가 너희 있는 곳에 갈 때까지 꼼짝 말고 서 있어라.'라고 하면 우리는 적이 있는 곳으로 올라가지 않고 있던 자리에 그대로 서 있을 것이다. 하지만 적이 '이리 올라와라.'라고 하면 우리는 올라갈 것이다. '올라와라.'라는 말을 하나님께서 블레셋 군대를 우리 손에 넘겨주셨다는 증거로 삼자."

두 사람이 모습을 드러내자 블레셋 사람들이 외쳤어요.

"히브리 사람들이 숨어 있던 굴에서 나오고 있다."

그러고 나서 요나단과 무기 든 부하에게 소리쳤지요

"우리가 있는 곳으로 올라와라. 너희에게 보여 줄 것이 있다!"

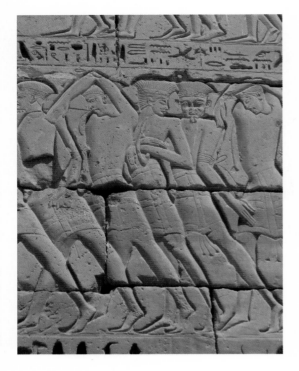

블레셋 포로
람세스 3세의 장제전인 '메디나트 하부'에 있는 부조다. 블레셋 사람들은 애굽 나일 강 하류를 공격하기도 했다. 하지만 람세스 3세에게 쫓겨나 가나안에 정착했다.

요나단이 무기 든 부하에게 말했습니다. "나를 따라 올라와라. 여호와 하나님께서 저들을 이스라엘 손에 넘겨주셨다."

요나단은 손발로 기어오르고 무기 든 병사도 요나단을 따라 올라갔어요. 요나단이 블레셋 군인들을 쳐서 쓰러뜨리고 무기 든 병사도 뒤를 따르며 블레셋 군인들을 죽였습니다. 첫 공격 때 요나단과 무기 든 병사는 들판에서 창과 바위로 적 20명을 죽였지요. 너른 벌판에 진을 치고 있던 블레셋 군인들은 이 모습을 보고 큰 두려움에 휩싸였습니다. 심지어 돌격대도 두려움에 떨었고 땅마저 흔들렸어요. 이 두려움은 하나님이 보낸 것이었지요.

기브아에 있던 사울의 경계병들은 블레셋의 거대한 군대가 점점 흐트러지고 군인들이 사방으로 달아나는 모습을 보았습니다. 사울은 함께 있던 사람들에게 말했어요.

"누가 우리 진에서 빠져나갔는지 살펴보아라."

조사해 보니 요나단과 무기 든 부하가 없었습니다. 사울은 제사장 아히야(Ahijah)에게 말했어요.

"하나님의 언약궤를 이리 가져오시오."

당시에는 언약궤가 이스라엘의 손에 있었어요. 사울이 제사장에게 말하는 순간에도 블레셋 군대의 아우성과 혼란은 점점 더 커지고 있었습니다. 사울은 블레셋의 전세가 이미 매우 불리하다는 것을 깨닫고 제사장에게 내렸던 명령을 거두었어요.

"여호와 하나님께 여쭤 볼 필요도 없겠소!"

사울과 이스라엘 군대는 싸움터로 달려갔습니다. 블레셋 군인들은 큰 혼란 가운데서 아군에게 칼을 휘두르고 있었어요. 블레셋 편을 들어 블레셋 군대에 가담했던 히브리 사람들도 사울과 요나단 편으로 넘어왔지요. 에브라임 산지에 숨어 있던 이스라엘 사람들도 블레셋 사람들이 달아나고 있다는 소식을 듣고 블레셋 사람들을 뒤쫓았습니다. 여호와 하나님은 그날 이스라엘을 구해 주었어요. 싸움은 벧아웬 (Beth Aven)을 지나 다른 곳으로 옮겨 갔습니다. 그러던 중 사울은 큰 실수를 저지르고 말았어요. 사울은 이스라엘 사람들에게 명령을 엄히

애굽의 적들
메디나트 하부 인근에 있는 궁전에서 발견된 유리 · 도자기 세공품이다. 애굽의 전통적인 적들을 새겨 놓았다. 왼쪽부터 누비아족, 블레셋족, 아모리족, 시리아족, 헷족이다.
보스턴 미술관 소장

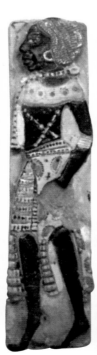

내렸습니다.

"오늘 저녁 나는 원수를 갚을 것이다. 그 전에 무엇이든 먹는 사람은 저주를 받게 될 것이다."

이스라엘 사람들은 숲에 들어가 꿀이 줄기를 이루어 땅 위로 흐르는 것을 보았습니다. 하지만 사울이 말했던 저주가 무서워 아무도 꿀을 먹지 않았지요. 요나단은 아버지가 내린 명령을 듣지 못했어요. 요나단은 손에 들고 있던 나무 막대기를 뻗어 막대기 끝에 꿀을 찍어 먹었습니다. 꿀을 먹으니 기운이 되돌아왔지요. 어떤 사람이 요나단에게 외쳤습니다.

"당신의 아버지께서 '오늘 음식을 먹는 자는 저주를 받을 것이다.'라고 엄히 말씀하셨습니다."

요나단은 이 말을 듣고 탄식했어요.

"아버지께서 이 땅에 고난을 불러오셨구나! 보시오, 내가 꿀을 이리

가드 유적지
가드는 블레셋의 대표적인 성읍이었다. 블레셋의 대표적인 다섯 도시는 모두 이스라엘의 남서쪽 해안에 위치한다. 가드 유적지 발굴은 1996년 이후부터 현재까지 활발하게 이루어지고 있다.

조금 맛보았는데도 눈이 번쩍 뜨였습니다. 오늘 적에게 빼앗은 먹을거리를 이스라엘 사람들이 마음껏 먹지 못하는 게 안타깝소. 그 힘으로 블레셋 사람들을 더 많이 죽일 수 있었을 텐데 말이오."

한편, 사울은 이스라엘 사람들에게 말했습니다.

"오늘 밤에 블레셋 사람들의 뒤를 쫓아 내려가자. 날이 밝을 때까지 그들이 가진 모든 것을 빼앗자. 한 사람도 살려 두면 안 된다."

사람들은 "왕께서 최선이라 생각하는 것은 무엇이든 하십시오."라고 답했어요. 하지만 제사장은 "하나님께 여쭤 보십시오."라고 말했지요. 사울은 하나님에게 물었습니다.

"제가 블레셋 사람들을 쫓아 내려가도 되겠습니까? 당신께서 이스라엘을 도우시겠습니까?"

하나님은 어떤 답도 주지 않았어요. 사울이 말했습니다.

"군대의 지도자들은 모두 여기 모이시오. 오늘 누가 잘못을 저질렀는지 찾아내시오. 이스라엘의 구원자, 살아 계신 여호와를 두고 맹세합니다. 죄를 지었다면 내 아들 요나단도 죽음을 피할 수 없을 것이오."

아무도 사울에게 말하지 않았어요.

사울은 이스라엘 사람들에게 다시 말했습니다.

"여러분은 이쪽에 서시오. 나와 내 아들 요나단은 저쪽에 서겠소."

이스라엘 사람들은 "왕께서 최선이라 생각하는 것을 행하십시오."

「꿀을 맛보는 요나단」
「시편」 69장 10절은 금식을 하나님 앞에서 자신을 정결히 하는 과정이라 소개한다. 따라서 이스라엘인들은 전쟁 전에 금식을 하곤 했다. 하지만 전쟁 도중에 금식을 요구하는 일은 거의 없었다.

우림과 둠밈

우림과 둠밈은 대제사장이 하나님의 뜻을 알기 위해 사용한 물건이다. 대제사장의 의복인 에봇에 달린 판결 흉패 안에 넣어 두었다. 사진에서 12개의 보석이 박힌 패가 판결 흉패다. 제사장은 판결 흉패를 흔든 다음 하나를 집어내 하나님의 뜻을 가렸다.

라고 말했어요. 사울은 다시 하나님에게 말했습니다.

"이스라엘의 하나님 여호와시여, 오늘 왜 이 종에게 답을 주지 않으십니까? 만일 죄가 저나 제 아들 요나단에게 있다면 이스라엘의 하나님 여호와께서 우림을 뽑게 해 주십시오. 그 죄가 당신의 백성인 이스라엘에 있다면 둠밈을 뽑게 해 주십시오."

요나단과 사울이 뽑혔어요. 사울이 말했습니다.

"나와 요나단 사이에서 뽑아라. 여호와 하나님이 선택한 사람은 죽어야 한다."

사람들이 "그럴 수는 없습니다."라고 반발했어요. 하지만 사울은 자신과 요나단 사이에서 제비를 뽑게 했지요. 뽑힌 사람은 요나단이었습니다.

사울이 요나단에게 물었어요.

"네가 무슨 일을 저질렀는지 내게 말해라."

"손에 들고 있던 나무 막대기 끝에 꿀을 조금 찍어 먹었습니다. 죄인이 여기 있습니다! 죽을 각오가 되어 있습니다."

온 백성이 사울에게 간절히 호소했습니다.

"요나단은 이스라엘에 큰 승리를 가져다주었습니다. 그런 요나단이 죽어야 한다니요? 절대 그럴 수 없습니다! 살아 계신 여호와 하나님을 두고 맹세합니다. 요나단의 머리카락 하나도 땅에 떨어져서는 안 됩니다. 요나단은 오늘 하나님께서 원하시는 일을 이루었습니다."

이스라엘 사람들은 결국 요나단을 죽음에서 건져 냈답니다.

사무엘의 직분이 여러 개였다고요?

'사사'는 왕이 등장하기 전까지 이스라엘을 통치하고 주변 국가의 공격과 위협으로부터 이스라엘 백성들과 영토를 지켰습니다. 사무엘은 이스라엘의 마지막 사사였어요. 사무엘이 이스라엘에 퍼진 아스다롯과 이방 신을 제거하고, 미스바에 온 백성을 불러 모았을 때 블레셋 사람들이 쳐들어왔습니다. 사무엘은 다른 사사인 옷니엘, 드보라, 기드온, 삼손 등과 마찬가지로 블레셋 사람들을 물리쳐 나라를 지켰지요. 사사로서의 역할을 충실히 수행했던 거예요. 한편, 사무엘은 다른 사사들과는 달리 하나님에게 제사 드리는 '제사장'과 하나님 말씀을 전하는 '선지자' 역할도 했습니다. 사무엘이 실로에 있던 회막에서 엘리의 보호 아래 세마포 에봇을 입고 하나님을 섬겼던 일 기억하지요? 엘리와 엘리의 두 아들이 죽은 후에는 백성들을 모아 금식 기도를 하고 어린 양을 잡아 번제를 드리는 등, 본격적으로 제사장 역할을 했어요. 회막에서 하나님의 음성을 들은 후에는 하나님의 말씀을 듣고 전달하는 선지자가 되기도 했답니다. 단에서 브엘세바까지 모든 백성에게 하나님의 말씀을 전했지요. 사무엘이 선지자로서 한 가장 큰일은 기름 부어 사울과 다윗을 왕으로 세운 일입니다. 사무엘은 이렇듯 하나님에게 세 가지 직분을 모두 받아 신정(神政) 왕국 건설이라는 사명을 감당했어요.

존 싱글턴 코플리가 그린
「엘리와 사무엘」

2 대반전 드라마 | 다윗과 골리앗

골리앗은 키가 2m 96cm나 되는 블레셋 최고의 전사였습니다. 이 거인을 다윗이라는 소년이 작은 돌멩이 하나로 무찔렀다면 믿어지나요? 다윗과 골리앗의 싸움은 그야말로 대반전 드라마였지요. 사실 양치기 다윗은 양을 지키기 위해 곰, 사자 등 수많은 맹수를 돌로 쳐 죽인 돌팔매질의 달인이었어요. 그러고 보면 다윗의 승리가 그리 놀라운 일은 아닙니다. 골리앗을 죽인 다윗의 인기는 하늘을 찔렀고 사울 왕은 다윗을 질투하지요. 매력적인 훈남 사울 왕은 온데간데없었어요. 사울 왕은 급기야 다윗을 죽이려 했습니다. 다행히 다윗은 요나단의 도움으로 목숨을 구할 수 있었지요.

- 너는 칼과 창과 단창으로 내게 나아오거니와 나는 만군의 여호와의 이름으로 네게 나아가노라. (『사무엘상』 17:45)
- 다윗에게는 만만을 돌리고 내게는 천천만 돌리니 그가 더 얻을 것이 나라 말고 무엇이냐. (『사무엘상』 18:8)
- 요나단이 다윗에게 거듭 맹세하였으니, 이는 자기 생명을 사랑함같이 다윗을 사랑함이었더라. (『사무엘상』 20:17)
- 너와 내가 말한 일에 대해 여호와께서 너와 나 사이에 영원토록 계시느니라. (『사무엘상』 20:23)

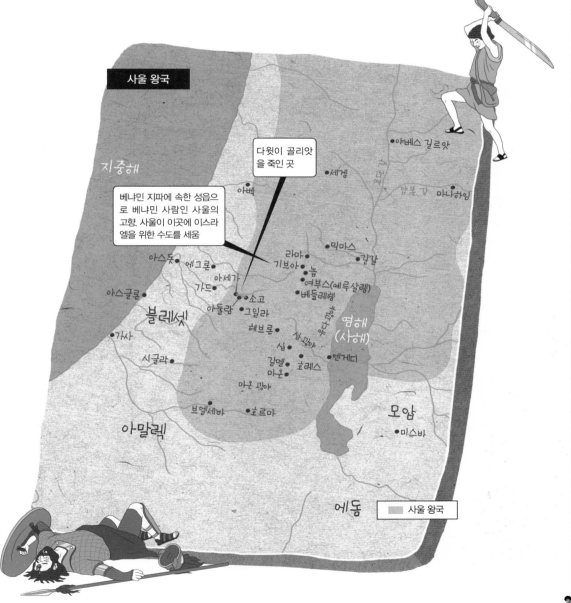

사울 왕국

다윗이 골리앗을 죽인 곳

베냐민 지파에 속한 성읍으로 베냐민 사람인 사울의 고향. 사울이 이곳에 이스라엘을 위한 수도를 세움

지중해

블레셋

아스돗

에그론

아스글론

가사

시글라

아말렉

아벡

세겜

암복강

야베스 길르앗

마나하임

믹마스

라마

기브아 놉

길갈

아세가

가드

소고

아둘람

그일라

여부스(예루살렘)

베들레헴

헤브론

십

엔게디

갈멜

호레스

마온

브엘세바

호르마

미스바

오암

에돔

염해(사해)

사울 왕국

수금 타는 소년이 거인을 쓰러뜨리다

사울은 평생 블레셋 사람들과 격렬하게 싸웠습니다. 강하거나 용맹한 사람을 보면 자기 수하에 두기도 했어요.

하지만 하나님의 영은 사울을 떠났습니다. 하나님이 보낸 악한 영이 사울을 괴롭히는 것을 보고 신하들이 사울에게 말했어요.

"왕이시여, 여호와 하나님께서 보낸 악한 영이 왕을 괴롭히고 있습니다. 여기 있는 종들이 감히 제안 하나만 할 수 있게 해 주십시오. 저희가 수금 연주를 잘하는 사람을 찾아보겠습니다. 악한 영이 왕에게 들어왔을 때 그 사람이 수금을 타면 왕께서 편안해지실 겁니다."

사울은 신하들에게 명령했습니다.

"수금 연주를 잘하는 사람을 찾아서 내게 데려오너라."

그때 젊은 신하 한 사람이 말했어요.

"제가 베들레헴 사람 이새의 아들을 본 적이 있습니다. 이새의 아들은 훌륭한 수금 연주자며 강하고 용맹한 군인이기도 합니다. 말도 잘

「다윗에게 기름 붓다」
이탈리아 화가 파올로 베로네세의 작품이다. 사울에게 실망한 하나님은 이스라엘의 다음 왕으로 다윗을 선택한다. 「사무엘 상」 16장 1~13절의 이야기다.
빈 미술사 박물관 소장

하고 얼굴도 잘생겼지요. 게다가 여호와 하나님께서 그와 함께하고 계십니다."

사울은 신하의 말을 듣고 이새에게 사람을 보내 명령했습니다.

"내게 양 떼를 치는 네 아들 다윗을 보내라."

이새는 빵 열 덩이, 포도주가 담긴 가죽 부대 하나, 염소 새끼 한 마리를 아들 다윗과 함께 사울에게 보냈어요. 다윗은 사울의 시중을 들기 시작했지요. 사울은 다윗을 아꼈고 다윗은 사울의 무기를 맡는 부하가 되었습니다. 사울은 다윗이 마음에 꼭 들어 이새에게 "다윗은 이곳에 머물며 내 시중을 들 것이다."라고 전했어요. 하나님이 보낸 악

「사울과 다윗」

스웨덴 화가 에른스트 요셉손의 작품이다. 고대 근동에 있었던 대부분의 궁정에는 궁정 음악가가 있었다. 궁정 음악가의 역할은 통치자를 즐겁게 해 주고, 종교 의식에 필요한 음악을 연주하는 것이다.
스톡홀름 국립 미술관 소장

한 영이 사울에게 들어갈 때마다 다윗은 수금을 연주했습니다. 수금 소리를 들으면 사울은 더 편하게 숨을 쉬었고 상태도 나아졌지요. 결국 악한 영은 사울에게서 떠나갔어요.

한편, 블레셋 사람들은 전쟁을 벌이기 위해 군대를 모았습니다. 그런 후에 소고(Socoh)와 **아세가**(Azekah) 사이에 있는 에베스담밈(Ephes Dammim)에 진을 쳤지요. 사울과 이스라엘 사람들도 **엘라**(Elah) 계곡에 집결해 진을 치고 블레셋 군대와 맞서 싸울 태세를 갖추었어요.

골짜기를 사이에 두고 블레셋 사람들이 한쪽 언덕에, 이스라엘 사람들이 반대쪽 언덕에 섰습니다. 블레셋 사람들 사이에서 골리앗(Goliath)이라는 장수가 나왔는데 키가 3m 정도였어요. 골리앗은 머리에 놋으로 만든 투구를 쓰고, 몸에는 놋으로 만든 가슴 갑옷을 걸쳤습니다. 가슴 갑옷의 무게는 무려 57kg이었답니다. 다리에는 놋으로 만든 정강이 받이를 차고 두 어깨 사이에는 놋으로 만든 등 갑옷을 찼지요. 골리앗의 창 자루는 마치 베틀 채 같았어요. 쇠 창의 날은 7kg이나 나갔지요. 골리앗 앞으로 방패를 든 부하가 걸어 나왔어요.

골리앗은 이스라엘 진영을 향해 외쳤습니다.

"나와서 전투 대형을 갖춰라! 나는 블레셋 사람이고 너희는 사울의 종들이 아니냐? 너희 가운데 한 사람을 뽑아 내 앞에 보내라. 그 사람이 나와 싸워 나를 죽일 수 있다면 우리는 모두 너희 종이 되겠다. 하지만 내가 그 사람을 죽인다면 너희는 종이 되어 우리를 섬겨야 한다."

골리앗은 마지막으로 이렇게 외쳤어요.

"내가 오늘 이처럼 이스라엘 군대를 조롱하는데도 나와 싸울 사람을 보내지 않을 테냐?"

사울과 이스라엘 사람들은 골리앗의 말을 듣고 두려움에 떨었습니다. 그때 다윗이 사울 앞에 나섰어요.

"저 사람 때문에 왕께서 용기를 잃으시면 안 됩니다. 제가 저 블레셋 놈과 싸우겠어요."

사울이 다윗에게 말했습니다.

"그만두어라, 네가 어떻게 저 블레셋 사람과 싸운단 말이냐? 너는 아직 어린 소년이고 저 사람은 평생 싸움터에서 뼈가 굵은 뛰어난 전사다."

아세가에서 바라본 엘라 계곡
아세가는 소고에서 북서쪽으로 5km쯤 떨어진 요새다. 엘라 계곡을 가로지르는 도로들을 통제했다. 이 도로들은 블레셋 평야와 유대 산지를 잇는 중요한 통로였다.

▶ 「다윗」

화가 엘리자베스 제인 가드너의 작품이다. 골리앗이 믿는 신은 다곤이었을 것이다. 혹은 아스다롯 여신일 수도 있다. 아스ㄷ
ㅔ존이 믿었던 사랑과 다산의 여신이다. 흔히 '이스타르'라는 이름으로 메소포타미아에서 널리 숭배받았

"당신의 종 다윗은 아버지의 양 떼를 지켜 왔습니다. 사자나 곰이 양 떼에 달려들어 양을 한 마리라도 물어 가면, 저는 그때마다 쫓아가 그놈을 죽이고 그놈 입에서 양을 구했어요. 만일 맹수가 저를 공격하면 저는 그놈의 목을 움켜잡고 단숨에 죽여 버렸습니다. 당신의 종은 사자와 곰도 죽여 보았습니다. 이제 저 블레셋 이방인의 차례입니다. 저 사람은 살아 계신 하나님의 군대를 모욕했기 때문에 마땅히 죽어야 합니다. 사자의 발톱으로부터, 곰의 발톱으로부터 저를 구해 주신 여호와 하나님이 저 블레셋 놈의 손에서도 저를 구해 주실 거예요."

"좋다, 나가거라. 여호와 하나님께서 너와 함께하실 것이다."

사울은 다윗에게 자신의 옷을 입혀 주었습니다. 머리에는 놋으로 만든 투구를 씌우고, 갑옷 한 벌도 주었지요. 다윗은 사울의 갑옷 위에 사울의 칼을 찼어요. 다윗은 갑옷과 칼에 익숙하지 않아 걸을 수 없었습니다. 다윗은 사울에게 말했어요.

"갑옷과 칼을 차고는 걸을 수 없겠어요. 무장해 본 적이 없어 그렇습니다."

결국 다윗은 장비들을 다 벗어 버렸습니다.

다윗은 대신 시냇가에서 매끈한 조약돌 다섯 개를 골라 주머니에 넣었어요. 그런 다음 손에 막대기를 들고 골리앗에게 다가갔습니다. 골리앗은 다윗의 용모가 아름답고 살결이 불그레한 것을 보고 다윗을 얕보았지요.

"막대기를 들고 오다니 내가 개로 보이느냐?" 골리앗은 자기 신들의 이름으로 다윗을 저주했어요. "어서 오너라. 내가 네 살점을 공중의 새와 들의 짐승들에게 먹일 것이다."

다윗이 골리앗에게 답했습니다.

"너는 칼과 창과 투창을 들고 나왔지만 나는 네가 오늘 모욕한 이스라엘 군대의 하나님, 만군의 여호와 하나님의 이름으로 나왔다. 하나님께서 너를 내게 넘겨주실 것이니 너를 죽이고 네 목을 베겠다."

골리앗이 다윗을 공격하려 하자 다윗은 주머니에 손을 넣어 돌 하나를 꺼냈어요. 그러고는 물매로 돌을 던져 골리앗의 이마를 맞혔습니다. 돌이 골리앗의 이마에 박혔고 골리앗은 앞으로 고꾸라졌지요. 다윗은 달려가 골리앗을 밟고 서서 칼을 꺼내 골리앗을 죽였습니다. 마지막으로는 죽은 골리앗의 머리를 베었지요.

블레셋 사람들은 골리앗이 죽은 것을 보고 모두 달아났습니다. 이스라엘과 유다 사람들은 일어나 함성을 지르며 가드와 에그론 성문까지 블레셋 사람들을 쫓았어요. 싸움터에서부터 가드와 에그론에 이르는 길에는 부상당하거나 죽은 블레셋 사람들이 쓰러져 있었지요.

「다윗과 골리앗」
이탈리아 화가 카라바조의 작품이다. 돌이 급소에 맞지 않고서야. 물매로 던진 돌에 골리앗 같은 거인이 고꾸라지지는 않을 것이다.
프라도 미술관 소장

물매
끈에 작은 돌을 매고, 끈 양쪽을 잡고 돌리다가 한쪽을 놓아 돌을 멀리 던지는 방식이다. 표준어로는 '무릿매'다. 「사사기」 20장 16절에 따르면 베냐민 지파 사람이 특히 물매를 잘 던졌다고 한다.

질투로 분별 잃은 왕

이스라엘 군대와 다윗은 골리앗을 죽이고 전쟁에서 돌아왔습니다. 이스라엘의 모든 성에서 여자들이 노래하고 춤추고 소고와 경쇠를 치고 기쁨의 환호성을 지르며 사울 왕을 맞이했어요.

사울은 수천 명을 죽였고
다윗은 수만 명을 죽였네.

사울은 이 노래가 몹시 거슬렸습니다.

"다윗에게 수만을 돌리면서 내게는 단지 수천을 돌리고 있구나! 다윗이 더 가질 수 있는 게 이제 이 왕좌말고는 없는 듯하다."

그날 이후 사울은 다윗에게서 눈을 떼지 못했어요. 심지어 다윗이 두려워 가까이에 두지도 않았지요. 또한 다윗을 천부장(千夫長, 1,000명의 군사를 거느리는 군대 지휘관)에 임명해 군대를 주고 싸움터로 보냈습니다. 하나님이 다윗과 함께했기에 다윗은 모든 전투에서 현명하게 대처해 승리를 거두었어요. 사울은 다윗이 전투를 지혜롭게 이끌어 가는 것을 보고 더 두려워했지요. 하지만

「다윗과 미갈」
고대 왕은 뛰어난 용사에게 충성을 받고 싶어 했다. 따라서 결혼 협약으로 왕과 용사의 가문이 맺어지는 일이 종종 있었다. 이러한 협약으로 왕은 백성의 인기를 얻고, 용사의 가문은 명예를 얻었다.

이스라엘과 유다 사람들은 모두 다윗을 사랑했어요. 다윗이 전쟁에 앞장서면 이스라엘이 늘 승리했기 때문이지요.

사울의 딸인 미갈(Michal) 역시 다윗을 사랑했습니다. 사울은 이 사실을 알고 기뻐했어요.

"내 딸 미갈을 다윗에게 주고 미갈을 이용해 다윗을 파멸에 빠뜨릴 것이다. 블레셋 사람들 손에 저놈을 죽게 해야겠다."

사울은 신하들에게 명령했습니다.

"다윗에게 슬쩍 가서 전해라. 왕이 다윗을 좋아하고 왕의 신하들도 다윗을 사랑하니 다윗을 왕의 사위로 삼겠다고 말이다."

사울의 신하가 다윗에게 전하자 다윗이 말했어요.

"저는 비천하고 보잘것없는 사람입니다! 그런 제가 어찌 감히 왕의

사위가 될 수 있겠습니까?"

사울의 신하가 다윗의 말을 왕에게 전했습니다. 사울은 다시 명령했어요.

"다윗에게 다시 가거라. 가서 사울 왕은 블레셋 사람 100명의 목숨 외에는 아무것도 바라지 않는다고 해라."

사울은 다윗을 블레셋 사람들의 손에 죽게 할 속셈이었지요.

다윗은 사울의 명령대로 군대를 이끌고 나가 블

「다윗에게 딸을 주는 사울」
고대에는 결혼할 때 남자가 여자의 부모에게 '신부값'을 주었다. 남편이 죽거나 아내를 버릴 것을 대비한 것이다. 본문에서 사울은 다윗의 재산이 아니라 군사적 용맹을 신부값으로 요구한다.

레셋 사람 100명을 죽였습니다. 사울은 다윗에게 딸 미갈을 아내로 줄 수밖에 없었지요. 사울은 여호와 하나님이 다윗과 함께하고 이스라엘 사람 모두가 다윗을 좋아한다는 사실을 깨닫고 다윗이 더욱더 두려워졌습니다.

사울은 아들 요나단과 신하들에게 다윗을 죽이라고 명령했어요. 하지만 요나단은 다윗을 아주 좋아했기 때문에 사울을 설득했습니다.

"아버지의 종인 다윗에게 악한 일을 하지 마십시오. 다윗은 아버지에게 잘못한 일이 없습니다. 오히려 아버지 앞에서 언제나 훌륭하게 행동했습니다. 다윗은 자기 목숨까지 바쳐 가며 블레셋 사람 골리앗을 죽였습니다. 덕분에 여호와 하나님께서 이스라엘을 구원하셨지요. 그때 아버지 역시 기뻐하시지 않았나요? 그런데 왜 아무 이유도 없이 다윗을 죽이려 하십니까? 왜 무고한 피를 흘리려 하십니까?"

요나단의 말을 듣고 사울은 약속했어요.

"살아 계신 여호와 하나님께 맹세한다. 나는 결코 다윗을 죽이지 않을 것이다."

요나단은 다윗을 불러 지금까지 있었던 일을 말해 주었습니다. 또한 다윗을 사울에게 데려가 전처럼 사울을 모시게 했어요.

다시 전쟁이 일어나 다윗은 블레셋 사람들과 싸웠습니다. 다윗은 블레셋 사람들을 많이 죽였어요. 살아남은 블레셋 사람은 모두 달아났지요. 한번은 사울이 손에 창을 들고 자기 집에 앉아 있고, 다윗은 그 앞에서 수금을 연주하고 있었습니다. 그때 여호와 하나님이 보낸 악한 영이 사울을 덮쳤어요. 사울은 창을 들어 벽 쪽에 있던 다윗에게 던졌습니다. 다윗은 순간 몸을 피했고 사울이 던진 창은 벽에 박혔지요. 다윗은 그 자리에서 바로 도망쳤어요.

「다윗을 공격하는 사울」
이탈리아 화가 구에르치노의 작품이다. 사울의 창은 왕권을 상징하는 물건이다. 앗수르 왕 역시 종종 창을 들고 있는 모습으로 묘사되었다.
바르베니 궁전 소장

도망치는 다윗
미갈이 꾸민 '우상'은 고대 사람들이 가족의 행운과 번영을 비는 입상이었다. 이 입상에는 조상이나 가족의 수호신이 새겨져 있었다.

그날 밤, 사울은 다윗의 집에 사람들을 보냈습니다. 다윗을 지켜보다가 아침에 바로 죽이라고 명령했지요. 다윗의 아내인 미갈이 다윗에게 알렸어요.

"당신이 오늘 밤 목숨을 아끼지 않는다면 내일 죽을지도 모릅니다."

미갈은 다윗을 창문 밖으로 내려보냈고 다윗은 그 길로 도망쳤습니다. 미갈은 다윗 대신에 우상을 만들어 머리에 염소 털을 씌우고 몸에 옷을 입혔어요. 그런 후에 우상을 침대에 눕혔지요. 사울이 보낸 사람들이 집에 왔을 때 미갈은 다윗이 아프다고 말했어요.

사울은 다윗의 집에 다시 사람을 보내면서 명령했습니다.

"침대를 통째로 들어 그놈을 데리고 오너라. 내가 직접 다윗을 죽이겠다."

다윗을 잡으러 간 사람들이 집에 들어가 확인하니 침대 위에는 염소 털을 머리에 쓴 우상이 있었어요. 사울이 분통을 터뜨리며 미갈에게 말했습니다.

"왜 나를 속였느냐? 왜 내 원수를 도망가도록 내버려 두었느냐?"

미갈이 꾸며서 대답했어요.

"도망갈 수 있도록 돕지 않으면 절 죽이겠다는데 그럼 어떡합니까?"

죽마고우 요나단의 우정

다윗은 요나단을 찾아가 따져 물었습니다.

"내가 무슨 잘못을 했나? 죄목이 무엇인가? 내가 무슨 죄를 저질렀기에 자네 아버지가 나를 죽이려 하신단 말인가?"

"아닐세, 아니야! 자네는 죽지 않을 것이네. 자네도 알다시피 아버지께서는 큰일이든 작은 일이든 내게 다 말씀하신다네. 자네를 죽일 생각이셨다면 왜 내게 알리지 않았겠나? 아버지가 자네를 죽이는 일은 결코 없을 거야."

"자네 아버지는 자네가 나를 좋아한다는 사실을 잘 알고 있네. 자네 아버지는 자네가 슬퍼할까 봐 말하지 않기로 한 거야. 그러니 요나단, 살아 계신 여호와 하나님과 자네를 두고 맹세하네만 죽음이 내 목전에 왔네."

"그러면 내가 자네를 위해 무엇을 해야 하나?"

"내일은 초하루 축제일이네. 원래 사울 왕과 한 식탁에서 식사해야 하지. 하지만 나는 저녁때까지 들에서 몸을 숨기고 있겠네. 만약 자네 아버지가 나를 찾으면, 내가 매년제를 드리러 고향 베들레헴에 다녀오게 해 달라 왕께 청하더라고 말해 주게. 이때 사울 왕이 '좋다.'라고 하면 나는 무사할 것이네. 하지만 사울 왕이 화를 내면 나를 해칠 계획이 있는 것으로 알게나.

자네는 여호와 하나님 앞에서 나와 약속했네. 이제 자네 종인 내게 자비를 베풀어 주게. 내게 죄가

초하루

고대 이스라엘에서는 음력으로 매달 첫째 날을 뜻하는 초하루를 지켰다. 이날 사람들은 모든 일을 중단하고 하나님께 제사를 드렸다. 왕정 시대에는 왕이 초하루 축제의 주인공이었다.

「골리앗을 죽인 다윗을 축하하는 요나단」
「사무엘 상」 18장 4절에서 요나단은 골리앗을 죽인 다윗에게 자신의 겉옷, 군복과 칼, 활과 띠를 준다. 왕위 계승자인 자신의 지위를 기꺼이 양도할 수 있을 만큼 다윗을 존경한다는 표시다.

있다면 자네 손으로 날 죽여 줘. 굳이 아버지에게 나를 넘겨줄 필요는
없을 거야."

"절대 그런 일은 없어! 아버지에게 자네를 해칠 생각이 있다는 것을
알게 되면 반드시 자네에게 알려 주겠네."

다윗이 요나단에게 물었어요.

"만약 아버지가 자네에게 대답할 때 화를 낸다면 누가 그 사실을 알
려 주지?"

"이스라엘의 하나님 여호와께서 우리의 증인이시네. 내가 내일 이
맘때까지 아버지의 마음이 어떤지 알아보겠네. 아버지께서 자네에게
호의를 갖고 계신다면 내가 사람을 보내 알리겠네. 만일 아버지에게
자네를 해칠 마음이 있어도 내가 꼭 알려 주겠네. 내가 이 사실을 알
리지 않아 자네가 안전하게 피신하지 못한다면 하나님께서 무슨 벌을
내리든 이 요나단은 달게 받겠네.

여호와 하나님께서 아버지와 함께하셨듯 자네와도 함께하시길 바
라네. 다윗, 내가 살아 있는 동안 내게 하나님의 사랑을 베풀어 줘. 내
가 죽더라도 우리 집안에 대한 사랑을 결코 저버려서는 안 되네. 여호
와 하나님께서 벌을 내려 온 땅에서 다윗의 원수를 모두 쓸어버리신
다 해도 이 요나단의 집안은 다윗의 집안에 멸망해서는 안 되네."

요나단은 다윗과 맺은 언약을 지키겠다고 거듭 맹세했습니다. 요나
단은 자기 목숨을 사랑하듯 다윗을 사랑했기 때문이지요.

요나단이 다윗에게 말했습니다.

"내일은 초하루 축제일이네. 아버지는 자네가 자리를 비운 것을 눈
치챌 거야. 3일째 되는 날에는 자네가 없다는 것을 완전히 알게 되겠

지. 자네는 예전에 아버지가 자네를 해치려고 할 때 숨었던 장소로 가서 바위 더미 곁에서 기다리게. 나는 표적을 맞히듯 바위 근처로 화살 세 발을 쏘겠네. 그러고서 아이를 하나 보내 화살을 찾으라고 할 거야. 내가 아이에게 '애야, 화살들이 네가 있는 곳보다 더 안쪽에 있다. 다 주워 오너라.'라고 말하면 모든 일이 잘된 걸세. 살아 계신 여호와 하나님께 맹세하지만 그때 자네가 두려워할 일은 전혀 없네. 하지만 내가 아이에게 '애야, 화살들이 네가 있는 곳보다 훨씬 먼 곳에 있다.'라고 말하면 그때는 여호와 하나님께서 자네를 보내는 것이니 멀리 떠나가게나. 자네와 내가 한 약속에 대해서는 하나님께서 영원한 증인이 되실 걸세."

다윗은 들에 가서 몸을 숨겼어요. 초하루 축제일이 되자 사울은 식사하려고 식탁에 앉았습니다. 사울은 항상 하던 대로 벽을 등지고 자기 자리에 앉았어요. 요나단은 사울 맞은편에 앉았고 아브넬(Abner)은 사울 옆자리에 앉았지요. 다윗의 자리는 비어 있었습니다. 사울은 '다윗에게 무슨 일이 있구나.'라고만 생각하고 아무 말도 하지 않았어요.

다음 날, 다윗의 자리가 또 비어 있었습니다. 이번에는 사울이 요나단에게 물었어요.

"왜 이새의 아들은 어제와 오늘 식사 자리에 보이지 않느냐?"

요나단이 대답했습니다.

"다윗이 베들레헴에 갈 일이 있어 제게 허락을 구했습니다. 다윗은 '나를 보내 주게. 고향 마을에서 제사가 있다고 형이 꼭 오라 했네. 괜찮다면 내가 가족들을 보러 갈 수 있게 해 주게나.'라고 했습니다. 이것이 다윗이 식사 자리에 나오지 못한 이유입니다."

「요나단의 표시」
영국 화가 프레데릭 레이턴의 작품이다. 요나단은 이스라엘 왕국의 초대 왕 사울의 장남이다. 요나단의 초기 생애는 성경에 나오지 않는다. 다윗과의 우정으로 유명하다.
미네아폴리스 미술관 소장

316 통일 왕국 시대 I

사울은 요나단에게 화를 내며 소리쳤습니다. "이 도리에 어긋난 계집의 자식아! 네가 이새의 아들과 친하게 지낸다는 사실을 내가 모를 줄 아느냐? 너는 너뿐만 아니라 네 어미도 수치스럽게 하고 있다. 이새의 아들이 살아 있는 한 너나 네 나라 어느 것도 안전하지 못할 것이다. 당장 다윗을 끌고 오너라. 그놈은 죽어 마땅하다."

요나단은 사울에게 항의했어요.

"다윗이 왜 죽어야 합니까? 다윗이 대체 무슨 잘못을 저질렀습니까?"

사울은 그 말을 듣고 요나단에게 창을 던졌습니다. 요나단은 아버지가 정말 다윗을 죽이려 한다는 사실을 알게 되었어요. 요나단은 매우 화가 나 식탁을 떠났지요. 그날 요나단은 아버지가 다윗을 죽이려 한다는 사실 때문에 마음이 찢어질 듯 아파서 아무것도 먹지 않았습니다.

다음 날 아침, 요나단은 아이 하나를 데리고 들로 나섰어요. 요나단은 다윗과 약속했던 곳으로 가서 아이에게 말했지요.

"달려가서 내가 지금 쏘는 화살을 가져오너라."

아이가 달려가자 요나단은 아이 앞쪽으로 화살을 쏘았습니다. 아이가 화살이 떨어진 곳에 도착했을 때 요나단이 아이에게 외쳤어요.

"화살들이 네가 있는 곳보다 훨씬 먼 곳에 있지 않으냐? 서둘러라, 빨리 가! 멈추면 안 된다!"

아이는 화살을 주워서 주인에게 돌아왔습니다. 아이는 요나단이 보낸 신호를 전혀 눈치채지 못했어요. 요나단과 다윗만이 이해했지요.

골리앗이 속한 블레셋 민족에 대해 알아볼까요?

블레셋 민족의 기원은 아직 정확하게 규명되지 않았습니다. 구약 성경 「예레미야」 47장 4절은 블레셋을 갑돌섬 일대에서 온 해양 민족으로 보고 있어요. 갑돌섬은 오늘날 에게 해에 위치한 크레테 섬이지요. 애굽 기록에 따르면 블레셋은 후기 청동기 시대 말인 기원전 13세기경에, 철기 문명을 발달시킨 헷족(the Hittites, 히타이트족)을 멸망시키고 남쪽으로 이동해 람세스 3세가 다스리는 애굽을 위협했습니다. 하지만 실패하고 가나안의 해안 지역에 정착했지요. 그 후 영토를 확장해 블레셋 영토는 북으로는 욥바, 남으로는 가사에까지 이르게 되었어요. 블레셋의 주요 거주지는 해안 지역인 아스돗, 아스글론, 가사와 내륙 지역인 에그론과 갓이었습니다. 이 도시들의 수장을 '방백'이라 불렀어요. 다섯 방백들은 민사권뿐 아니라 군 통수권도 가지고 있었지요. 이들은 연합해 블레셋을 다스렸답니다. 블레셋 사람들은 금속 세공술에 뛰어나 팔레스타인 지역의 철기 문화를 독점했습니다. 블레셋 거주지인 서남부 해안에서는 쇠를 녹이기 위한 용광로가 많이 발견되었어요. 블레셋은 사무엘 시대까지 이스라엘을 위협했지요. 역사적 기록과 유물을 살펴볼 때, 블레셋은 이스라엘보다 높은 문명과 정치 제도를 가지고 있었습니다. '아벡 전투'에서 블레셋에 크게 패한 이스라엘 백성들은 지금까지의 국가 체제로는 적에게 무력할 수밖에 없다는 것을 실감하고 이스라엘에도 왕을 세워 달라고 요구했어요.

∞
블레셋 민족의 발상지라 여겨지는
크레테 섬